公共部门人力资源管理与开发

刘晓光　马　静　王　瑾◎著

吉林科学技术出版社

图书在版编目(CIP)数据

公共部门人力资源管理与开发/刘晓光,马静,王
瑾著.--长春:吉林科学技术出版社,2020.10
ISBN 978-7-5578-7779-8

Ⅰ.①公… Ⅱ.①刘… ②马… ③王… Ⅲ.①人力资源
管理 ②人力资源开发 Ⅳ.①F24

中国版本图书馆 CIP 数据核字(2020)第 198452 号

GONGGONG BUMEN RENLI ZIYUAN GUANLI YU KAIFA

公共部门人力资源管理与开发

著 刘晓光 马 静 王 瑾
出 版 人 李 梁
责任编辑 端金香
封面设计 马静静
制   版 北京亚吉飞数码科技有限公司
开   本 710mm×1000mm 1/16
字   数 355 千字
印   张 18.75
印   数 1—5 000 册
版   次 2021 年 8 月第 1 版
印   次 2021 年 8 月第 1 次印刷

出   版 吉林科学技术出版社
发   行 吉林科学技术出版社
地   址 长春市人民大街 4646 号
邮   编 130021
发行部传真/电话 0431—85635176 85651759 85635177
                              85651628 85652585
储运部电话 0431—86059116
编辑部电话 0431—85635186
网   址 www.jlsycbs.net
印   刷 三河市铭浩彩色印装有限公司

书   号 ISBN 978-7-5578-7779-8
定   价 75.00 元

如有印装质量问题 可寄出版社调换
版权所有 翻印必究 举报电话:0431—85635186

前　言

　　"治国之要,首在用人。"公共部门人力资源在国家经济和社会发展中扮演着非常重要的角色,发挥着重要的作用。公共部门是旨在提供公共产品和公共服务、实现公共利益的部门,而这一切均需依赖公共部门中的人力资源方能实现。人力资源居于世界各类资源之首,是一切资源价值得以实现的前提,人力资源在自我实现的过程中完成其他资源价值的升华。随着中国改革开放进程的日益深化,人力资源在管理实践中展现了巨大的效用,其自由自觉的能动性注定其会在不断适应外在环境的同时不断调整自我,进而实现自我。由此可见公共部门人力资源管理与开发在管理实践中的地位和作用。

　　风云变幻,物换星移,世间不存在一成不变之物。为了不断适应千变万化的世界,通过自我调节,顺应时事,确保自我价值、公共利益的实现,有效构建科学的人力资源管理体制机制,全面激发公共部门人力资源的活力,充分发挥公共部门人力资源管理效益,成为当前公共部门人力资源管理研究的重要课题。

　　本书是作者在多年教学经验及公共部门人力资源管理等科研工作的基础上,对公共部门人力资源管理与开发进行的大量的理论探索和实践总结。在习近平新时代中国特色社会主义思想指导下,我们一方面希望反映学术界对公共部门人力资源管理与开发研究取得的进步,以使本书的出版有一定的学术价值;另一方面也希望适度反映我们在公共部门人力资源管理与开发方面的研究成果。

　　本书首先对公共部门人力资源管理的相关内涵与历史延革进行介绍;进而依次阐述公共部门人力资源管理的制度安排、战略规划、组织结构与功能方面的内容;并重点就公共部门的工作分析与人员分类、人员招募与选拔、培训、绩效考核、薪酬与福利、职业生涯、人员流动等进行了深入的探讨;最后讨论了公共部门人力资源管理的战略转变与发展趋势。具体说来,本书实现了"公共"和"人力资源管理"的融合,编写内容注重实用性,坚持联系本领域最新学术成果和管理实际,反映了我国公共管理领域理论研究与实践的经验与教训。本书对于爱好、钻研公共人力资源管理的读者具有普遍的适用性。

本书由刘晓光、马静、王瑾共同撰写,具体分工如下:

第一章至第四章、第六章:刘晓光(中共阿拉善盟委党校、阿拉善盟行政学院),共计约 15.5 万字;

第九章至第十二章:马静(中共阿拉善盟委党校、阿拉善盟行政学院),共计约 10.3 万字;

第五章、第七章、第八章:王瑾(中共阿拉善盟委党校、阿拉善盟行政学院),共计约 8.4 万字。

在本书写作过程中,作者参阅和借鉴了大量相关文献,在书中尽量按照学术规范标注,对于缺失之处,敬请谅解并谨表谢意。当前国内已经出版了不少公共部门人力资源管理与开发方面的著作,其中不乏优秀作品,尽管我们希望有所创新,在前人基础上有所突破,但是我们深知自身水平有限,本书仍存在疏漏和不足之处,恳请各位同行和广大师生批评指正。

作　者

2020 年 8 月

目 录

第一章 公共部门人力资源管理的相关内涵与历史延革 ……………… 1

  第一节 公共部门人力资源管理的内涵与框架 ……………… 1

  第二节 公共部门人力资源管理的理论基础 ……………… 10

  第三节 公共部门人力资源管理的历史演进 ……………… 14

  第四节 国内外公共部门人力资源管理具体概况 ……………… 18

第二章 公共部门人力资源管理的制度安排 ……………… 24

  第一节 公务员制度 ……………… 24

  第二节 事业单位人事制度 ……………… 35

  第三节 相关法律制度 ……………… 44

第三章 公共部门人力资源管理的战略规划 ……………… 48

  第一节 公共部门人力资源配置 ……………… 48

  第二节 公共部门人力资源规划 ……………… 52

  第三节 公共部门人力资源开发 ……………… 65

第四章 公共部门人力资源管理的组织结构与功能 ……………… 75

  第一节 公共部门人力资源管理的组织结构 ……………… 75

  第二节 公共部门人力资源管理的机构与功能 ……………… 86

  第三节 我国公共部门人力资源管理组织结构与功能的变革 …… 93

第五章 公共部门的工作分析与人员分类管理 ……………… 98

  第一节 公共部门的工作分析 ……………… 98

  第二节 公共部门的职位评价 ……………… 105

  第三节 公共部门人力资源分类管理 ……………… 112

第六章 公共部门人力资源招募与选拔管理 ……………… 119

  第一节 公共部门人力资源的招募 ……………… 119

第二节　公共部门人力资源的甄选　••••••••••••••　128

第三节　公共部门人力资源的录用　••••••••••••••　140

第七章　公共部门人力资源培训管理　••••••••••　153

第一节　公共部门人力资源培训概述　••••••••••••　153

第二节　公共部门人力资源培训的组织与管理　　158

第三节　公共部门人力资源培训的发展趋势　•••••　163

第八章　公共部门人力资源绩效考核管理　••••••••　168

第一节　公共部门人力资源绩效管理概述　•••••••　168

第二节　公共部门人力资源绩效管理流程　•••••••　176

第三节　公共部门人力资源绩效管理方法与应用　•••••　188

第九章　公共部门人力资源薪酬与福利管理　•••••••　203

第一节　公共部门人力资源薪酬管理　••••••••••••　203

第二节　公共部门人力资源福利管理　••••••••••••　207

第三节　我国公共部门的行为规范与权益保障　••••••　211

第十章　公共部门人力资源职业生涯管理　•••••••••　233

第一节　公共部门人力资源职业生涯概述　•••••••　233

第二节　公共部门人力资源职业生涯管理理论与实践　••••••　238

第三节　我国公共部门人力资源职业生涯管理面临的问题与对策　•••　248

第十一章　公共部门人力资源流动管理　•••••••••••　251

第一节　公共部门人力资源交流与调配　••••••••••　251

第二节　公共部门人力资源离职管理　••••••••••••　256

第三节　公共部门离退休人员管理　••••••••••••••　262

第十二章　公共部门人力资源管理的战略转变与发展趋势　••••••••　267

第一节　公共部门战略性人力资源管理　••••••••••　267

第二节　人力资本管理　••••••••••••••••••••••••　270

第三节　公共部门人力资源管理的挑战与未来趋势　•••••　276

参考文献　••••••••••••••••　290

第一章 公共部门人力资源管理的相关内涵与历史延革

公共部门人力资源管理是整个社会人力资源管理系统的重要组成部分。基于管理内容、管理对象、工作环境和目标等方面的差异，公共部门人力资源管理具有自身的特性。作为现代管理学理论和管理工作实践的一个新概念，公共部门人力资源管理已经被学术界和实践部门普遍接受。但是，这个概念是公共部门、人力资源、管理的复合概念。因此，要准确理解和把握公共部门人力资源管理的内涵，必须先弄清"人力资源""人力资源管理""公共部门"等概念的含义，方能准确地界定公共部门人力资源管理的概念。

第一节 公共部门人力资源管理的内涵与框架

一、公共部门人力资源管理的内涵

（一）公共部门的含义

公共部门人力资源管理是整个社会人力资源管理系统的一部分，要理解公共部门人力资源管理的内涵，首先应从公共部门的基础概念入手。

私营部门（private sector）是指提供私人物品（private goods）谋求实现自身利益最大化的个人和组织。私营部门包括个人、家庭和私有企业。

公共部门（public sector）是相对于私营部门的一种社会组织形态。公共部门主要是指以公共权力为基础、运用公共权力管理社会公共事务、谋求社会公共利益最大化的具有法律和习惯所赋予强制性权力的管理性组织机构。公共部门存在的合法性来源于公众的信任与支持，公共部门的产出是维持社会存在与发展的公共物品（public goods）、公共秩序与安全，以及社会公共价值的分配。公共部门主要包括国家立法机构、行政机构、司法机构等，即国家政权的组织机构，其中国家行政机构是公共部门这一角色的主要承担者。

经济学家希克斯认为,公共部门是指这样一种提供服务和产品的部门,其所提供服务和产品的范围与种类不是由消费者直接愿望决定,而是由政府机构决定的,在民主社会,是由公民的代表来决定的。该定义揭示出公共部门是以命令为基础的——具有相当的强制性,而市场则是自愿行为。孙伯瑛等人则明确指出,公共部门是相对于私营部门的一种重要组织形态。有研究人员为了适应公管管理范围日益拓展的趋势,将公共部门具体划分为政府部门、事业单位、公共企业和民间组织四类。公共部门是以公共权力为基础的。这种公共权力产生于社会,凌驾于社会之上,具有明显的强制性。

需要指出的是,第二次世界大战后,随着社会经济的发展,公私部门之间的界限出现了相互渗透、相互交融的趋势。随着国家行政权力的扩大,政府的管理功能也随之不断扩张,政府管理经济与社会各方面事务的形式发生了巨大的变化,因此公共部门的范围也出现了明显的变化。如今的公共部门不仅包括国家的政权组织,同时还包括了由政府直接投资、在所有制形式上属于国有的公营企业、公立学校、公立医院与得到行政授权的机构,以及大量的非营利性组织,等等。

随着社会的发展,大量的私营非盈利组织涌现,丰富了公共部门的认识。一些学者提出了第三部门的概念。约翰霍普金斯大学专家关于"第三部门"的定义是指不同于政府和市场组织的非营利、志愿、非政府组织。"第三部门"具有五个特征:①组织性,即一定程度的机构化;②私人性,即与政府部门分开、不执行政府权责;③非盈利性,即使有盈利也用于该组织的目的;④自我管治,即具有内部管治程序来控制其自身活动并享受有意义的自主;⑤志愿性,即有意义地志愿参与组织的实际运作、活动或管理组织的事务。

由于第三部门的服务性质带有很大程度的公共性,我们也将其纳入公共部门进行考察。因此,从广义的角度考察,公共部门主要是指以谋取社会公共利益为目的,依托公共权力或相关的法律,管理或参与社会公共事务,包括政府、科研院所、医院以及大量的弥补市场失灵和政府失灵的第三部门(NGO/NPO,非政府、非盈利组织,简称 NGO)。以政府为主体的传统公共部门是主体,本书所研究的公共部门人力资源管理主要是传统的公共部门。

(二)人力资源管理的含义

1. 人力资源的含义

资源是现代经济学中的一个核心概念,经济学的基础假定就是资源是稀缺的。《辞海》中的资源为"资财的来源"。从字面意义看,资源是资财或财富的来源。经济学通常将为了创造物质财富而投入生产过程的一切要素称为资源。当代西方经济学把资源分为人力资源、自然资源、资本资源和信息资源,这种资源的划分方法得到了人们的普遍认同。

对于人力资源的定义,有人认为,人力资源是在现有的生产过程中投入的劳动力的总量,即现有组织内的劳动人口存量;而有人则认为,人力资源是指在一定的区域范围内,所有具有劳动能力的人口的总和,它既包括现有生产过程中投入的劳动力人口,也包括即将进入生产过程的潜在的劳动人口和暂时失去工作职位但仍有劳动能力的失业或待业人口。

从管理的角度出发,我们认为,所谓的人力资源就是人所具有的,在一定条件下可以被组织所利用,对价值的创造起贡献作用的体能、知识、技能、能力、个性行为特征与倾向等载体中的经济资源的总和。需要强调的是,现代管理愈发重视个性行为特征与倾向的价值,这种资源的属性在很大程度上决定了资源可使用程度及方向,一般性的能力可以通过短时间的培训获得或改变行为,倾向一旦形成则短时间内难以改变。就如"嘎嘎叫"是鸭子的行为倾向,要找一个具有执行力的人就必须寻找老鹰而不是光说不练的鸭子。

目前得到普遍认同的人力资源(human resources)的含义是:在一定范围内,能够作为生产性要素投入社会经济活动的全部劳动人口总和。它可以分为现实的人力资源和潜在的人力资源两部分。现实的人力资源是指一个国家或一个地区在一定时间内拥有的实际从事社会经济活动的全部人口,包括正在从事劳动和投入经济运行的人口以及由于非个人原因暂时未能从事劳动的人口;潜在的人力资源则是指处于储备状态,正在成长,逐步具备劳动能力的人口总和,或虽具有劳动能力,但由于各种原因不能或不愿意从事社会劳动的,并在一定条件下可以动员投入社会经济活动的人口总和,例如在校学生、现役军人、从事家务劳动的家庭妇女等。

2. 人力资源管理的含义

认识人力资源管理,先要认识管理。什么是管理呢? 哈罗德·孔茨认为,所谓的管理,就是设计和保持一种良好环境,使人在群体里高效率地完成既定目标。彼德·德鲁克认为,管理是"人的价值与行为相整合的约束或社会秩序与知识探求"及"自由的艺术"。当今著名管理学家亨利·明茨博格在一次演讲中提出,管理是科学也是艺术,同时也是手艺。这些认识丰富了管理的内涵,并使我们相信,要理解管理就必须从实践出发。彼得·德鲁克的《管理实践》指出:"最终检验管理的是企业的业绩。唯一能证明这一点的是成就而不是知识。换言之,管理是一种实践而不是一种科学或一种专业,虽然它包含这两方面的因素。

现代管理学认为,管理就是营造一个磁场,通过磁场效应凝结整合各个生产要素,使之整合在一起,形成合力和向心力,最终实现组织预先制定的目标。管理所营造的磁场效应通过机制、文化、政策、制度和权力实现。其中,制度是基础,机制是保障,文化是源泉,权力是杠杆,政策是措施。

人力资源管理(human resource management,HRM)是指国家和各种组织对本国或本组织人力资源的过去、现状和未来进行统计、规划、投资、成本收益核算、培训、使用和开发、保障、研究和发展等一系列组织、管理与决策的社会活动。人力资源管理有宏观和微观之分。宏观的人力资源管理是指国家对人力资源整体的管理,它立足于社会经济发展的总体规划,有计划地进行人力资源管理,通过培养、开拓、利用人力资源,保证人力资源整体结构的适应性与合理性。微观的人力资源管理是指各类组织对其管辖范围内的人力资源进行的各种具体管理活动。家庭作为人力资源培养投资的重要来源之一,也是微观人力资源管理的一个方面。

人力资源管理顾名思义就是对人力资源的管理,是组织为了更好地实现组织目标,所进行的以人为核心的选拔、使用、培养、激励等活动,通常分为人力资源开发和人力资源管理两个方面,在具体工作内容上主要包括:人力资源规划职位分析、绩效管理、薪酬管理、员工招聘、员工培训、劳动关系、员工心理援助等内容。

(三)公共部门人力资源管理的含义

一般而言,公共部门人力资源有狭义和广义之分。狭义的公共部门人力资源是指公共部门现有的、能够作为生产性要素投入经济社会公共事务中的劳动力人口的数量和质量总和。广义的公共部门人力资源则是指公共部门在现有的运行过程中或运作模式下,能够投入的劳动力的总量;或者说,在人力资源可能获取的范围内,所有可以为公共部门所利用的、具有劳动能力的人口总和。它既包括现有的已经在公共部门中从事生产性或服务性活动时所投入的劳动力人口,也包括将来可能加入公共部门中从事生产性或服务性活动的潜在的劳动力人口等。前一个定义注重现实活动过程中公共部门的人力资源构成,而后一个定义则从更为广泛的意义上使用了这一概念。

过去,公共部门的人事管理通常使用"人事行政管理"这个概念,在当代则更多地使用"公共部门人力资源管理"这一术语。结合公共部门人力资源的特性,我们将公共部门人力资源管理(public sector human resources management,PSHRM)定义为:以国家行政组织和相关国有企事业组织的人力资源为主要分析对象,研究管理机关依据法律规定对其所属的人力资源进行规划、录用、任用、使用、付酬、保障等管理活动和过程的总和。公共部门人力资源管理是为实现政府目标而对人与职位的管理。人们普遍认为,公共部门人力资源管理是民主社会和公共行政中一个极为关键的因素所在。

公共部门人力资源管理有宏观管理及微观管理两个层面。从宏观上看,公共部门人力资源管理是指为了保证整个公共组织系统的有效运行,实现工作性质与人力资源整体结构的相互动态匹配,所进行的人力资源供需预测、规划,拟订人力资源管理的基本制度、政策以及相应管理标准,实现公共部门的社会服务职能。从微观上看,公共部门人力资源管理就是某个具体的公共行政组织为了履行其公共管理职能,实现公共利益,而依据国家相关法律规定对其所属的人力资源进行规划、录用、培训、调配、保障等管理活动和过程的总和。公共部门以提升社会总体福利为工作目标,不具有盈利性,国家拟订了包括《公务员法》等特殊的法律法规予以约束。

宏观的公共部门人力资源管理与微观的公共部门人力资源管理互为条件、相互保障、互相依赖,并且有机地结合在一起,共同形成了公共部门人力资源管理系统。

二、公共部门人力资源管理的框架

(一)公共部门人力资源管理的环境

任何管理活动本身也就是环境之一,环境与管理活动之间形成交互作用。公共部门人力资源管理的产生和发展始终与其环境密切相关。依据环境因素对公共部门人力资源管理系统及其活动的关联程度,将环境划分为一般环境和交互环境。其中,一般环境包括文化环境、教育与人口环境、技术环境和社会环境,是能够影响一切人力资源管理活动的共同因素。交互环境包括政治制度与行政体制、行政发展改革与政府组织目标、组织文化与组织气候等,是直接影响和作用于公共部门人力资源管理系统与活动的各种要素的总和。我们认为,对象处于环境之中,并与环境始终保持能量交换,所以公共部门人力资源管理活动的环境是指一切影响公共部门人力资源管理活动的因素,包括其管理活动自身。

一般地,公共部门人力资源管理环境因素包括外部环境和内部环境。外部环境指公共部门以外影响公共部门人力资源管理活动的环境因素。公共部门人力资源管理活动离不开组织的外部环境。影响人力资源开发与管理活动有效实施的组织外部环境因素主要有：政治、经济、科学技术及社会文化等。

内部环境指公共部门内部影响人力资源管理的因素，是直接影响和作用于公共部门人力资源管理活动的各种要素的总和。人力资源开发与管理的内部环境包含两个层次：一是整体方面的组织战略与组织结构；二是具体的人力资源开发与管理活动的主体和因素。人力资源开发管理应与企业战略和组织结构相符合、相匹配。战略发挥指导作用，结构发挥支持作用；人力资源开发管理活动反过来也影响战略的制定和结构的设计。组织中行使人力资源开发管理活动的基本职能不仅仅是人力资源开发管理部门的专职，它还广泛地涉及组织中的各个层次和方面。

（二）公共部门人力资源管理的核心价值取向

价值观是公共部门人力资源管理开展的基石，不同的价值观将形成不同的公共部门人力资源管理的指导思想和评价。

公共部门人力资源管理的核心价值是公共部门管理者进行人力资源管理的条件假设和管理态度，它的取向深刻地影响公共部门人力资源管理的每一个环节。

美国的罗纳德·克林格勒（Donald E. Klingner）、约翰·纳尔班迪（John Nalbandian）认为公共部门人力资源管理中经常发生冲突的基本社会价值可以归纳为四个肯定公共部门作用的价值取向（政治回应性、组织效率、个人权利和社会公平）与三个否定和置疑公共部门作用的价值取向（个人责任、有限与分权的政府、社区提供公共服务的责任）。他们认为公共管理是一个顺应外界环境的变化，为了分配稀缺的公共工作职位而在特定的人事制度和各种彼此竞争的基本社会价值之间取得动态平衡的连续互动过程。他们还对美国的公共人事管理制度的历史演进进程做了分析和总结，试图说明现代化、民主化和国家公共人力资源管理之间可能存在着一个普遍的关系模式。

虽然罗纳德·克林格勒等人提出的普遍公共人事管理演进模式并没有在理论上得到有力的证明，但世界各国在近20年来的公共部门人事管理体制的改革过程中确实与其有诸多的相似点。全球一体化浪潮和公共选择理论的迅猛发展可能是这些现象背后的深层原因。

在上述背景下，社会公平、组织效率和政府责任日益成为公共部门主导性的核心价值导向。在这些核心价值导向的影响下，公共部门大力引进私营部门的卓有成效的管理方式，诸如绩效评估、目标管理、弹性的组织模式等,重视结果,以顾客为导向的管理理念逐步成为主导性的公共部门人力资源管理理念。

(三)公共部门人力资源管理的基本内容

从传统的人事管理到现代人力资本管理不是一个简单的文字游戏。实践中,许多单位更改部门名称或日常的称呼,其实质仍然是从事传统的人事管理,但工作本身并没有发生实质性改变。

现代人力资源管理重视人的开发和利用,重视适人适岗,一个组织具体的人力资源管理工作可以用 3P 来概括。3P 即选人(pick)、育人(professional)和用人(placement)。3P 模式则明确了组织人力资源管理主要就是选人、育人和用人,一切的职能都是为了有效地推动 3P 的有效运行。3P 成功运行的关键是识别人。人力资源管理者必须具备火眼金睛,通过各种途径识别人才,这是组织人力资源管理的基础。这里我们仍然以 3P 模式为基准,讨论公共部门人力资源管理的基本内容。

1. 选人

选人要依据组织的性质、面临的任务和传统而提出组织自身的用人标准,并从社会招聘或内部现有员工中选出适宜的人员。

人力资源管理中有"5 个恰当"的提法,即恰当的时间、恰当的地点、恰当的方法、恰当的人、恰当的目标。选人是实现"5 个恰当"的基本手段。

任何管理都是时间、任务、资源及相应的资源组合手段的结合。要做好选人,就需要从组织的目标入手,界定基本任职资格。要选好人,首先就必须做好人力资源规划。在此基础之上,进一步核算组织现有的人力资源及未来潜力,结合市场供需,确认组织的选人计划及实施方案。

选人涉及人力资源管理中的规划、工作岗位设计和分析、招聘等相关具体环节。需要提醒的是,实现拟定好用人的标准是选人的前提条件。公共部门由于其性质具有相当多的公共性质,对人力资源就存在一些具体的要求,国家通过法律法规予以明确。

2. 育人

育人是要把选出的人从一个一般意义上的劳动力变成组织生产经营活动所需要的人,在知识经济时代人力资本折旧速度加快,员工通过不断的学习实现自身能力的保值增值,满足组织当前以及未来参与市场竞争或服务的需要。

育人与选人相结合的重要环节是选出一个具有培训价值的人,也就是具有培养潜力的人。依据组织的目标,一方面选到岗即用的人,另一方面选择具有培训价值的人。在制订和实施育人计划时,需要首先考虑一个问题,即是通过育人提高现有人员的素质还是从外部招人更符合经济原则。相对于企业而言,公共部门的育人更加重视对被培训对象的个人人格(特别是公德心)、政治性等方面进行培训。具体地讲,育人涉及组织的绩效评估、培训、人力资源费用预算及核算、人力资源绩效考核结果等环节。

3. 用人

用人则提出要按照组织参与可持续竞争的需要,根据人员的能力,寻求企业、员工与竞争的最佳结合,实现企业人力资本的保值增值。可以认定,正确地使用正确的人以实现企业的目标是企业人力资源管理活动的归属,因为资本只有使用才能带来效益。

从人力资源管理的定义看,实现人尽其才,事得其人是人力资源管理用人需要遵循的基本原则。用好人的好,一方面是作为人的形容词,说明人是一个"好人";另一方面则是作为用的状态词,说明将人用好。因此,用人就涉及两个问题,即什么人是好人以及判断人用好的标志是什么。

在用人的环节上判断人是否是好人,首先是看此人能力(动态)与岗位要求之间的匹配度,再考察此人与其他相关岗位现有人员的合作度,最后再考察此人是否有意愿在此岗位上尽心工作。

在用人的过程中考察我们是否是将人用好的首要判断标准是,看是否达到了我们事先设定的用人目标,其次是考察团队乃至组织的绩效是否因此而得到保障或提升,最后考察是否充分挖掘了此人现有的能力并开发出其潜力。将人用好,涉及人力资源管理中的激励管理、团队管理、薪酬福利等。

(四)公共部门人力资源管理的任务

1. 建立符合社会主义市场经济要求的新型管理体制

整个中国社会正处在从计划经济向社会主义市场经济全面转轨、转型的发展阶段,这就为公共部门的改革和发展,公共部门的建立及运行提出了新的要求。建立符合社会主义市场经济体系、有助于公共部门社会公共职能有效发挥的公共部门人力资源开发与管理机制,就成为当前公共部门人力资源管理的首要任务。

2. 强化公共部门人力资源管理的法制化建设

依法治国是现代社会的基本治国原则和行为准则。强化公共部门人力资源管理的法制化就是为了规范政府的人事行政管理行为，坚持公开、公平、公正的原则，推动公共服务职能的实现。我国公务员立法及实施就是这一管理原则的体现。

3. 建立一套科学的公共人力资源管理方法及管理手段

人力资源管理是一门科学。长期以来，我们对人的管理及考核多为定性，更多是沿用传统的经验式管理方法，在管理以人为本和管理需要定量的指导下，我们需要大量引进现代人力资源管理的方法，包括心理测评、绩效考核以及拓展训练等，使公共部门人力资源管理更为科学和现代化。

4. 创造一个良好的用人环境

管理学大师哈罗德·孔茨认为：管理就是设计和保持一个良好的环境，使人在群体里高效率地工作，完成既定目标。公共部门的管理者首先就应该在创造环境方面下功夫，良好的环境使人心情愉悦，并能够发挥能动性，自觉以维护社会大众利益为行为的基本出发点。良好的环境可以激发人的潜能，推动人才的成长，而恶劣的环境将压制人才的积极性，甚至扼杀人的创造性和成长。

（五）公共部门人力资源管理的目标

公共部门人力资源管理是指对公共部门人力资源进行管理的活动，由于公共部门人员在公共问题决策中居于主导地位，因此公共部门人力资源管理是公共管理的核心组成部分。研究和探讨公共部门人力资源管理的规律和科学方法有助于提高管理工作的效率和效果。

总体而言，公共部门人力资源管理的管理目标是挑选、组织和激励公共部门的人力资源。科学决策和高效完成工作任务，达成公共组织的工作目标。

公共部门人力资源管理的目标就是紧紧围绕政府等公共部门的社会管理和社会服务等公共管理目标，配套设计包括竞争机制、保障机制、激励机制、更新机制和监控机制在内的一整套公务人员管理规则或制度化措施，提升公共部门人力资源管理的效率及水平，促进公共部门雇员职业的发展，并最终促进社会经济福利总水平的提升。从本质上看，公共部门人力资源管理的目标就是建立起与公共部门性质相吻合的内部人力资源运行机制，以充分发挥公共部门人力资源的能力最终提升公共服务水平。

第二节　公共部门人力资源管理的理论基础

人力资源管理的理论基础是人力资源管理的科学依据,它为人力资源管理的理论研究和实践活动提供相应的科学理论指导。现代人力资源管理主要受到以下理论的明显影响。

一、人力资本理论

人力资本是人们以某种代价获得并能在劳动力市场上具有一种价格的能力或技能,是凝聚在劳动者身上的知识、技术、能力和健康,是对人力资源进行开发性投资所形成的可以带来财富增值的资本形式。

人力资本理论随着市场经济的不断发展,伴随知识经济和世界经济全球化的到来深化了人们对人力资源的认识。

（一）人力资本理论的主要观点及基本思想

人力资本理论的主要观点如下:

(1)人力资本是与物质资本相对应的概念。

(2)人力资本的特征:第一,人力资本必然附着于人类自身,人力资本与其生物载体—人身不可分离。第二,人力资本具有时效性。第三,人力资本具有可再生性。第四,人力资本具有能动性。第五,人力资本是一种无形的资本,以潜在的形式存在于人体之中,必须通过生产劳动才能体现出来,因此人力资本难以直接测度和比较。第六,人力资本具有社会性。第七,人力资本具有收益递增性。第八,人力资本具有个体差异性。

(3)人力资本是促进现代经济增长的首要因素。

(4)人力资本管理是现代企业经营管理的核心。

(5)人力资本要素包括:教育投资、科学研究费用、卫生保健投资、劳动力国内流动支出和国际移民费用。

人力资本理论的基本思想主要包括以下几个方面:

第一,单纯从自然资源、资本资源和技术资源这些生产要素的投入角度来看,无法解释现代社会生产力提高的全部原因。经济学家们往往忽略了一个极为重要的生产要素即"人力资本",它对人类社会的进步具有决定性的作用。

第二,人力资本的取得不是无代价的,其成长过程需要消耗各种稀缺的资源,即需要消耗资本投资。人力资本投资是为了获得人的知识、能力和素质所付出的各项货币形态的开支。例如教育、培训支出、保健支出和劳动力迁徙支出等。

第三，人力资本投资的结果是将货币资本或财富转换为人的知识和能力形态，使人力资本与其他商品一样，具有使用价值与价值。人力资本投资的核算集中体现在人身上的知识、技能、资历、经验、工作熟练程度等因素上。当人的素质既定后，人力资本则可以表现为从事工作的总人数以及劳动力市场上的总工作时间。

人力投资的目的是要获得投资收益。人力资本投资的收益率要远比其他生产要素的投资高得多。

(二)人力资本理论对人力资源管理的影响

人力资本理论凸显了人在物质生产中的决定性作用，发现了投资人力资本的价值，对人力资源管理发展为战略性人力资源管理和人力资本管理起到了重要的推动作用。

(1)人工成本观念向人力投资观念的转变。随着经济增长方式的转变，对人力投资带来的收益率超过了对一切其他形态资本的投资收益率。由此可见，企业用于员工发展的费用不是简单的成本性支出，而是实现增值的投资性支出。因此，花在员工身上的钱并不是越少越好，科学合理的人力投资不仅回报率高，而且是实现企业价值扩张的最终源泉。

(2)企业和员工之间新型关系的建立。人力资本是资本化了的劳动力，具有资本增值性，而且它天然地依附于"人"，属于个人产权范畴。随着人力资本重要性的凸显，员工以人力资本为生产要素更加平等地参与到企业生产活动之中，企业与其员工的关系也不再局限于雇佣关系，更是投资合作的伙伴关系。

(3)人力资源战略性开发的重要性愈加凸显。一方面，由于凝聚在劳动者身上的知识、技术能力和健康作为一种资本形式，能为企业带来巨大的收益，因此，企业必须通过开发性投资不断提升员工个人价值以实现企业效益的最大化；另一方面，由于人力资本的所有权和使用权具有高分离性，以及人力资本的生物性和能动性特征，企业效益实现与员工价值提升之间构成相辅相成的辩证关系。企业在对人力资源进行开发的过程中必须考虑员工个人价值和主观意愿，通过关注员工职业素质的可持续发展达到员工和企业两方面价值共同最大化的目标。

(4)股票期权和员工持股等多种激励方式的出现。人力资本的生物性特征及其在社会财富创造中的决定性作用使得人力资本持有者在利润分配中的权利得到认可，加之企业和员工之间的关系由雇佣关系向投资伙伴关系的转变,股票期权和员工持股等更为接近利益分配核心的激励方式成为可能。

二、核心价值观

公共部门人力资源管理的核心价值是公共部门管理者进行人力资源管理的条件假设和管理态度。它的取向深刻地影响公共部门人力资源管理的每一个环节。

(一)公平公正原则

在罗伯特·B·登哈特(Robert B. Denhardt)所著的《公共组织理论》一书中指出:"公平包括平等感与正义感,具体地说,公平的重点就在于去纠正现存社会价值与政治价值分配过程中的不平衡。"公正与公平这两个概念有细微差别,公正是理念化、理想化的公平,而公平则是现实化、具体化了的公正。

简言之,组织公正性理论主要是引导组织从组织公正的角度,提升员工的组织公平感,从而调动员工的工作积极性,最终提升人力资源管理水平。

(二)管理效率原则

效率是早期公共行政的首要目标、指导原则和评估标准。公共管理的效率原则直接导致了管理主义,管理主义总是试图通过科学化、技术化的管理来实现政府的目标,效率中心、技术至上、价值中立是其核心内容。

公平公正和管理效率这两大原则恰如公共组织管理的两条基因链,始终缠绕、交融和并存,始终是公共组织管理的核心问题,只是不同时期有其不同的侧重点而已。

三、人性假设理论

人性假设理论的核心是从管理者的角度看待被管理者在工作中的特点,或者说员工在管理活动中表现的人性特征问题。

对人性的理解是管理理论和管理方法的基础,管理理论的构建和方法的设计都是以对人性的看法为基础的。麦格雷戈(MeGregor)认为,每项管理决策与措施,都是依据有关人性与其行为的假设。在现代以人为中心的管理中,怎样看待人的本性直接关系到对管理活动中人的看法,关系到对管理对象工作动机、态度、工作积极性、才能发挥、群体作用、人际关系以及领导行为、组织结构设计等系列心理现象的理解和解释，进而影响管理者管理决策的进行和管理制度措施的制订与实施。同时，在很大程度上，管理者对管理对象的人性假设也制约着管理者对管理方法与措施的选择。从管理学的研究中可以发现，领导者实施的管理方式、管理措施以及形成的领导风格，都与领导者对人性问题的认识有关。对管理对象人性问题的认识不同，指导思想、手段措施、方法也不同，结果就会有很大的差别。因而在人力资源管理中人性假设理论有着十分重要的影响。

从人性假设理论的发展路径来看，管理领域对人性的认识明显地呈现出日趋多维化、社会化和复杂化的趋势、人力资源管理也越来越从关注个体转向关注总体，从关注经济转向关注文化等。

更为重要的是，这些人性假设理论不仅有助于对人力资源进行质的认识，而且当前还能通过人力资源素质测评等心理学技术手段加以量化、刻度出来以指导管理实践。如可以通过经济性、社会性和文化性这三个坐标，通过设计相应的测评方法对不同的人形成不同级别的评价得分结果（如 1～10 级），最后通过雷达图等方式表示出来，从而对人力资源诊断和组织架构重组等环节起到支撑作用。

随着社会的发展，不同的组织和管理者的人性观价值观念的差异，所持的人性假设也会表现出一定的差异，但不可否认的是，每个管理者都会有自己的人性假设基础，并影响着单位的人力资源管理制度和实施效果。

以上各种理论的合理内核将为公共部门人力资源管理理论提供新的思路和来源。从人力资源管理理论的发展趋势来看，人的需要和内在动力、组织对其成员的吸引力，以及对个人责任感、成就感、事业心的鼓励和组织，整体性、协调性和稳定性等问题将构成今后公共部门人力资源管理理论的主要内涵。

四、人员激励理论

激励是通过一定的刺激以满足被激励者的需要，从而达到增强其内在行为动力的过程。简言之，就是通过一定的刺激使管理对象产生行为积极性的过程。

（一）人员激励理论的主要内容

西方的激励理论主要包括内容型激励理论和过程型激励理论。内容型激励理论集中研究什么样的因素能够引起人们的动机和行为，也就是研究管理者应该使用什么因素来激励被管理者,以促使其产生积极的行为动机。内容型激励理论的典型代表有马斯洛的需要层次理论、阿德佛的生存—关系—成长理论、麦克利兰的成就需要理论、赫茨伯格(F. Herzberg)的双因素理论。

过程型激励理论试图解释和描述动机和行为的产生、发展、持续及终止的全过程,它可以清楚地告诉人们为什么员工在完成工作目标时选择某种行为方式,而不是其他行为方式。典型的过程型激励理论包括亚当斯(J. S. Adams)的公平理论、布鲁姆(Vroom)提出后经波特尔(Porter)和劳勒(Lawer)发展的期望理论。实际上,这两种激励的区分也反映了两种截然不同的人力资源管理观点方法。

(二)人员激励理论对人力资源管理的影响

人力资源管理十分重要的任务是充分调动管理对象的工作积极性,提高能力素质,以便更好地完成工作任务要求。而用什么东西来调动工作积极性? 如何来调动管理对象的工作积极性? 激励理论提供了非常丰富的内容。

激励理论可以很好地指导对管理对象的绩效管理,促进管理对象更好地提高工作绩效;在薪酬管理中,更好地发挥薪酬的激励功能;在培训中,更好地激发培训对象学习动机,增进培训效果。可以说,激励理论为有效解决人力资源的行为动力问题提供了坚实的理论支撑。

第三节　公共部门人力资源管理的历史演进

公共部门人力资源主要是在政府组织、国有企事业单位等组织中的各类工作人员的总和,既包括公务员,也包括公共组织中的各类专业技术人员和其他员工。公共部门人力资源管理是对国家行政组织及其他公共组织的人力资源这一特殊的对象进行有效开发、合理利用和科学管理,它既具有一般人力资源管理的共性,同时又有公务员管理制度方面的特性。这里我们探讨人力资源管理的一般演化过程。

迄今为止,科学的人力资源管理活动大约经过了百年历史。这个过程大体划分为传统人事管理阶段(20世纪初至30年代)、人力资源管理阶段(20世纪30年代至70年代)、人力资本管理阶段(20世纪80年代以后)三个阶段。

一、传统人事管理阶段（20 世纪初至 20 世纪 30 年代）

传统人事管理"主要处理工作中人的问题，以及人与企业的关系"。

人事管理（personnel management，PM）是人力资源管理产生之前企业雇员管理的统称。人事管理或人力资源管理的产生是一个积累的过程，人力资源管理是此前的雇佣管理实践的集大成。它既是企业组织管理应对环境变化的产物，也是组织应对环境变化的方法和手段的集合。在不同的历史发展阶段，企业所面临的环境不同，企业自身的情况也不同，就会有不同的雇佣管理实践。

传统的人事管理重物轻人，把人当作工具，强调人事的有效配置，人适应机器。传统人事管理的一个缺陷就在于，它只把人作为机器，忽略人的能动性和潜能开发，注重人的能动性使人事管理转变为人力资源管理。但从行为标准角度出发，将人作为机器管理或许是一个训练的历程。这一点对于没有大规模经历工业革命的中国具有较强的指导价值。

20 世纪 30 年代的霍桑实验为人事管理的发展开拓了新的方向。霍桑实验证明：员工的生产率不仅受工作设计和员工报酬的影响，而且受到许多社会和心理因素的影响。因此，有关工作中的人的假设发生了变化，工业社会学、人际关系学、工业关系学和行为科学等新兴学科应运而生，大量的研究成果在人事管理领域得到了广泛的运用，并推动了人事管理的迅速发展。霍桑实验带来了整个管理学在 20 世纪前半叶对人的因素的关注，也促成了人事管理的发展，但这一时期所确定的人事管理内容领域仍是杂乱的。人事管理没有能形成一个科学、严格的定义，而是将以人为中心的管理活动合并在一起统称为人事管理。

二、人力资源管理阶段（20 世纪 30 年代至 70 年代）

1984 年，亨特提出了人事管理重点转移的设想，引起人事管理有关人员的广泛注意，最终导致了人事管理向人力资源管理的转变。首部产生巨大影响的人力资源管理著作是哈佛商学院教授迈克尔·比尔等人 1984 年出版的《管理人力资本》。比尔等人指出，传统的人事管理定义狭窄，人事管理活动是针对各自特定的问题和需要，而不是针对一个统一、明确的目标做出的反应，这造成了人事管理职能之间以及人事管理职能与其他管理职能之间相互割裂、互不相关。

人力资源管理最早由美国学者提出。人力资源管理的出现是由于当时美国企业所面临的环境因素变化,这些因素包括:日益加剧的国际产品市场的竞争、来自日本的威胁、工会组织的削弱等。其中起关键作用的是日趋激烈的国际竞争环境和日本的威胁。面对激烈的国际竞争,理论界和企业界不得不思考究竟什么是企业的竞争优势的源泉,如何使企业在竞争中生存和发展。面对来自日本的威胁,欧美的学者和企业家想从日本企业的成功中寻找管理方面的秘诀,日本企业对员工的管理理念、方式及管理模式对欧美的管理界产生了巨大的影响。在这样的背景之下,人力资源管理作为与过时的观念相联系的人事管理的代替者让人耳目一新。

人力资源管理是对此前的雇佣管理——人事管理的继承与发展,人力资源管理继承了以往人事管理的大部分职能,是传统的人事管理或雇佣关系管理的最新形式或发展阶段。在人力资源管理阶段,人们首先批判了传统的"经济人"人性假设,提出"社会人假设"和"自我实现人假设",将人视为一种重要的资源,其需求具有层次性,因此将开发和激励作为人力资源管理的重点。在此基础上,人们强调了非正式组织和劳资合作对于提升人力资源管理绩效的重要性。

与传统人事管理单纯强调理性管理相比,人力资源管理更加注重其管理的社会性和心理性,用"人性管理"统率对人的理性管理,拓宽了人力资源管理思想的内涵,具有"以人为中心"的管理雏形,但它仍只停留在对人的行为、人的心理、人的观念等分析认识基础之上,希望通过软化人的行为,平和人的心理,让劳动力"资源"更充分地发挥出来。它忽略(至少是不提)劳动者的文化科学技术素质。同时,即使对于"理性人"和"社会人"的关系,任何偏向一方而"淡化"(其极端是否定)另一方,都同样会陷入片面与僵化,达不到真正有利于提升人力资源管理效率的目的。

三、人力资本管理阶段(20 世纪 80 年代以后)

20 世纪 80 年代初,随着发达国家在 70 年代末从工业社会向信息社会(后工业社会)的转变,人力资源管理思想出现了一个新动向:一方面是上一阶段"以人为中心"的管理思想日趋成熟,另一方面是人力资本理论开始全面介入企业管理。这种思想产生的背景,一是企业文化理论的系统化,促使一个新的管理学派——文化管理学派诞生;二是 20 世纪 50 年代末期由 W. 舒尔茨创立的人力资本理论,越来越多地被人们所认识和接受;三是以计算技术、现代通信革命为代表的信息科学,使世界经济全球化进入了前所未有的时代,市场竞争日趋白热化,企业之间的竞争就是科学技术的竞争、人才的竞争；四是系统科学与管理学的结合，把人力资本经营战略放在整体企业发展战略和企业管理的核心，逐渐达成共识。所有这些变化，标志着初期的把人当作物的附属物进行的"人事管理"，经过从 20 世纪 30 年代到 70 年代大约 50 年的"人力资源管理"，最终被代之以知识经济为特征的"人力资本管理"时代。著名管理学家德鲁克，著名经济学家加里·贝克尔、罗默、卢卡斯等人，都为这个阶段的发展做出了重要的贡献。

人力资本管理强调人是一种资本要素，而且是组织生存和发展的第一资本，强调人的自我发展和自我能力的释放。在具体的管理过程中重视以人力资本为中心的无形资本的经营。

人力资本管理论者主张，人力资本营运是一个系统工程。它具有两大体系：一是把人力作为资本进行运作的体系，二是把人力资本作为生产要素进行管理的体系。两大体系下面又有相关的若干子系统，如组织结构系统、指挥控制系统、计划配置系统、技术开发系统、市场信息系统、评价与考核系统、培训教育系统、监督（会计与审计）系统、社会心理测试系统、人事管理系统等。各个系统之间相互联系、相互影响、相互作用，从而构成一个整合的人力资本营运体系。

人事管理、人力资源管理和人力资本管理对人的认识有所不同，但管理的基本都立足于人。

四、现代公共部门人力资源管理

现代公共部门人力资源管理是从传统人事管理学科发展而来的。人事就是指在用人治事的过程中发生的人与人、人与组织、人与事（工作）之间的相互关系；所谓人事管理，就是对人事关系的管理，其目的在于使人与事、共事的人与人之间实现最佳的关联，有效地实现组织目标。人事管理的全部内容都围绕人与事的关系来展开和进行，追求最终实现事得其人、人尽其才、才尽其用、人事相宜。

20 世纪 80 年代末以来，随着全球化、市场化、信息化和科技进步的不断加速，经济社会发展面临种种新问题及新压力，西方各国公共部门纷纷进行了人力资源制度改革。企业人力资源管理模式和具体的管理方式方法在公共部门被广为借鉴和应用。这一过程既实现了对传统人事管理的超越，又吸取了企业人力资源管理和公共管理等相关领域的新成果，是公共部门人事管理领域的一次革命性转变，并且正在形成一套不同于传统人事管理理论与实践的完整体系。

第四节　国内外公共部门人力资源管理具体概况

随着经济全球化和国际竞争的加剧知识经济时代的到来,"新公共管理"理念的传播与实践,当今公共部门正面临着内外部环境的巨大变化,而这也促使公共部门积极转变职能,不断创新管理方法。在我国经济"新常态"的背景环境下,我国公共部门正面临创新治理体系、深化行政体制改革、改善政府绩效等一系列改革任务,在公共部门改革的大背景下,人力资源的重要性越发突出,积极转变公共部门人力资源管理模式以服务于公共部门改革目标成为迫切要求。

一、公共部门人力资源管理现状及问题

(一)公共部门人力资源管理理念亟待进一步优化和完善

长期以来,我国公共部门人力资源管理沿袭着传统人事管理的理念缺乏对现代人力资源管理理念的系统认识。当前,我国公共部门的人力资源管理普遍还停留在人事管理阶段,注重以制度为本、以事为中心,将人力视为成本而非资源,注重对现有人才的利用,实施以事为中心的考评,把人看作完成组织目标的工具,强化对人的控制和约束,而忽视人员自身的主观能动性和个人发展意愿。进一步解放思想、优化人力资源管理理念成为公共部门人力资源管理必须解决的重要课题。

(二)公共部门需要进行改革以应对私营部门改革的需要

私营部门的迅速变化以及私营经济和国家竞争力受到公共部门的管理和效率的影响是公共部门变革面临的一个紧迫问题。在许多国家,为了应对日益激烈的国内外竞争,私营部门的管理和人事方面经历了极大的变革。如果政府不像私营部门那样对公共部门进行改革,那么,它的信用就会受到挑战。对国家竞争力的关注也会自然地产生改革各个部门的需要。寻求和保持国际贸易的愿望促使许多国家为了创造一个良好的投资和商业环境而试验和改革它们的政府。

(二)在人力资源管理的制度建设和实施上仍然有大量的工作需要完善

我国的公共部门人力资源管理制度在解决人员招录的科学性与公平

性、人治现象等方面都取得了明显的改革成效,但仍不能完全适应我国政治体制发展和经济体制改革要求。在人力资源管理的一些关键模块上仍然存在科学性和先进性不足的问题。如在人员的退出机制上,公共部门普遍存在一般人员能进不能出,进入公共部门就等同于进入保险箱,就获得了铁饭碗;在激励措施上,普遍存在收入差距过小,收入与绩效关联度差,干多干少一个样的现象还很突出;在职位晋升上,普遍存在能上不能下等问题。诸多制度需要优化与完善,以进一步提升人力资源管理水平。

(三)人力资源管理技术和方法亟待科学化、信息化

根据新公共管理运动的思想,我国公共部门不断向企业学习人力资源管理技术,目前员工制、派遣制、绩效考核 KPI、平衡计分卡 BSC、人力资源管理职能外包等技术和方法在公共部门已经被接纳,但鉴于人力资源管理理念、组织性质、实施环境和背景的因素,我国公共部门人力资源管理的技术和方法仍然落后于西方发达国家、落后于私营部门,很多先进管理技术并没有发挥应有的作用。

随着网络技术的快速发展,信息化技术在私营部门人力资源管理中得到很好的发展,诸如在人才测评绩效薪酬管理、员工培训中信息化平台建设等方面已经取得了明显成效。然而,目前信息化技术在我国公共部门人力资源管理中的运用还处于探索阶段,信息化程度尚不够。

二、公共部门人力资源管理问题的应对策略

每一个时代和不同的历史时期皆有不同的管理理念、制度和方法,管理和环境之间存在共生和依存的关系。我国目前的公共部门人力资源管理正处在由传统人事行政管理向现代人力资源管理的过渡期,怎样把握公共部门人力资源管理的发展趋势,对我国目前的政府机构发展和政府职能转变有着十分重要的意义。纵观西方现代公共部门人力资源发展的脉络,今后公共部门人力资源管理呈现出来的特点和趋势,概括起来,主要有以下几个方面。

(一)人力资源管理理念将会发生积极转变

传统的人力资源管理往往将组织成员看作战略目标的被动执行者,注重对人的控制和约束。传统的公共部门人力资源管理,是一种以控制为导向的消极的管理,这种管理的基本特点在于:强调效率价值的优先性;强调公务员的工具角色;强调严格的规划和程序;重视监督的控制;强调集中性

的管理等。传统的以控制为导向的管理不免使公共部门人事制度僵化、缺乏活力。

随着我国公共部门对人力资源的管理由传统人力资源管理向现代人力资源管理的变革,人力资源管理与组织战略之间的关系越来越紧密,组织战略的形成与实施越来越依赖于组织中员工的知识、技能、信念和行为。人才资源将更多地被视为组织提高核心竞争力、获得持续竞争优势和达成战略目标的优势资源。新的公共部门人力资源管理更具积极性。所谓积极性的公共部门人力资源管理,乃是要在已有的公共部门人事制度的基础上,创造一个公务员潜能发挥的良好环境,促使公务人员具有使命感,从而更好地促使组织目标的达成和效能的实现。与传统的控制导向不同,新的公共部门人力资源管理强调的"授能"(empowerment),即授权赋能,主要特征表现在:开放参与决策机会;提供行政人员发展自主性的机会;发展组织共同愿景;发展并维持组织成员之间的依赖、开放式沟通等。

随着人力资源管理在组织战略管理中扮演的角色愈加重要,公共部门对人力资源价值的认识愈加深刻,公共部门人力资源管理也愈发突出人的根本地位,坚持以人为中心的管理思想。由此,公共部门将会更加开放管理对象参与决策机会,更加重视管理对象的发展自主性,更加重视组织和管理对象共同愿景的打造,更加重视发展并维持组织成员之间的依赖、开放的沟通等。

（二）公共部门将会更加注重向私营部门学习先进的人力资源管理制度

随着公共部门职能从"守夜者"到"积极的干预者"再到"市场调节与政府干预相结合"的转变,公共部门人力资源管理的价值、内容和目标也在不断调整变革。一方面,随着公共部门职能的市场化和社会化,其人力资源管理也应逐步迈向市场化和社会化,向精简、高效和高素质模式转变;另一方面,随着公共部门人力资源管理理念的变革,公共部门人力资源管理将越来越注重向私营部门学习先进的人力资源管理经验和模式,从而全面提升公共部门的人力资源管理水平。

（三）公共部门人力资源管理的重要内容将进一步改革和完善

1. 专家治理以及政府管理职业化,知识工作者兴起

随着知识经济和信息社会的来临,政府管理复杂性的增加,政府管理对大量信息的需求,以及政府管理日趋技术化和专门化,政府管理对专门

性的需要更加强烈,这一切均导致了知识工作者的兴起。以发达国家为例,据估计,在不远的将来,无论是公共组织还是私营组织的工作,将有90％为专家系统或人工智能所扩张或替代。所谓扩张,系指专家系统与专门技术人员兼顾工作,使工作的效率效能提高;所谓替代,系指未来相当比例的工作,由机器代替人力去做。与此同时,知识和信息工作者,在政府公务领域内将占主导地位。在未来的公共组织中,知识和专家的权威将会日益显现。

2. 重视绩效管理,拓展激励办法

绩效管理对于实现组织战略目标,提升员工素质和组织业绩有着十分重要的作用。未来的公共部门将在现有考核基础上,进一步完善绩效管理环节,优化绩效管理流程,提升绩效管理质量,让绩效管理更好地发挥在组织目标实现中的作用。

良好有效的激励机制对激发公共部门活力、提升组织成员工作效率起着重要作用,这要求我国公共部门的激励机制坚持公平、公开、公正、择优的原则,并通过对人力资源管理实践各环节的变革建立起合理的分配机制、有效的评估体系和公平的竞争机制。为此,要进一步完善绩效管理与报酬分配、级别调整和职务变动等激励措施之间的关系,全面探索除物质激励以外的多元激励模式,更好地提升公共部门员工的工作积极性。

3. 完善培训体系,重视人才长远发展

面对知识经济和信息社会的到来,面对新知识和新技术的挑战,越来越多的组织认识到公共部门人力资源发展——即通过持续的学习以改变公务员和公共管理者的态度、行为和技能的重要性。更为重要的是,由于今天公共组织管理者和公务员面临的是一个快速变迁的社会,过去被动式的学习已经无法适应时代的要求,具备新的学习能力是公共部门人力资源发展的核心。

公共部门为组织成员提供有助于知识更新和技能提升的培训开发是提高公职人员自身素质、优化公共部门绩效的必然选择。公共部门将更加注重学习型组织建设,建立健全培训开发体系,使公共部门员工能够始终保持先进的思想意识高超的工作技能、优良的个性品质,为促进组织发展起到更大的作用。

4. 注重人才测评,提升人岗匹配

人才测评是以心理测量学、应用统计学以及人力资源管理科学为基

础,通过标准化的技术和方法对各类人员的能力、个性等进行评价的一门学科(活动)。科学的人才测评将有利于组织的干部晋升人员招录、择优汰劣。随着公共部门人力资源管理要求的提高,在组织选人、职位晋升、能力素质诊断等方面将会越来越多地使用人才测评技术,从而高质量地实现人员与岗位的匹配,全面提升公共部门人力资源管理质量。

5. 灵活用工形式,开展志愿者活动

由于民营化及签约外包的用工形式的发展以及弹性公共雇佣关系的广泛应用,公共部门与私营部门之间出现了相互渗透的趋势,传统公共部门与私营部门的界限变得模糊了,这也意味着人事职能的相对重要性以及这些职能的运行方式发生了变化。公共事务中非政府组织的应用,减少了公共部门雇员的数量,因而削弱了人事部门人力资源管理的职能——尤其是那些与雇员招募、开发、雇佣法律有关的职能,却增加了人事规划与监督的重要性,这方面的工作包括预测提供确定水平的公共服务需要何种类型或多少合同工,设计合同,对建议实施结果进行评估,以及监督合同的执行等。

志愿者活动的广泛开展,也对公共部门人力资源管理实践产生影响。非营利组织经常用志愿者替代付酬雇员,因此人事主管和其他部门雇员越来越多地与志愿者一起工作,这就要求公共部门人事管理者擅长录用、甄选、培训和激励志愿者的工作技能。此外,采用临时工、兼职人员和季度工、以合同形式雇佣不受公务员制度有关权利保护的雇员等弹性雇佣形式的广泛应用,意味着公共部门人力资源管理规划和开发职能的削弱。

(四)公共部门将充分利用现代技术提高质量和效率

1. 业务外包

随着公共部门电子政务的不断发展,公共人力资源管理信息化、电子化成为未来发展的趋势。充分利用网络技术可以使公共部门人力资源管理的招聘培训、福利支付和内部沟通等各个环节简化程序、提高效率。公共部门业务外包是20世纪80年代政府改革与新公共管理学说结合的一大建设性成果,指的是利用基层政府部门自治、企业合约承包第三部门业务承揽等措施,化外部人力资源为内部人力资源。随着公共部门对业务外包可行性的积极探索,公共部门人力资源管理中出现了越来越多的外包行为。例如,公共部门经常将考试、绩效考核、流程再造中许多事务委托给专家处理;政府机关与高校进行合作,将公职人员的培训委托给高校。

2. 虚拟政府

技术革新带来了工作地点与方式变化及虚拟政府的出现。随着新信息技术在公共领域的应用,公共部门人力资源管理实践也发生了变化。现在各种人力资源管理活动都是基于网络进行的,它们包括相关的法律法规、招聘信息发布、虚拟网络招聘中心(交互语音应答系统、基于计算机的面试和背景审查)、工作分析软件、福利计划、绩效考评、虚拟现实培训以及在诸如员工纪律领域的专家系统等。

第二章　公共部门人力资源管理的制度安排

高效的管理依托规范的制度。国家公务员制度是半个世纪以来公共部门主导性的人事行政管理制度,以反对"人治"、个人(或党派)恩赐与政治分赃为主线,倡导公务员价值中立性,以能力和功绩评价为本位进行了制度安排,顺应了20世纪以来公共组织的理论发展和实践探索,为公共部门职能的发挥奠定了制度基础。本章将对西方国家公务员制度、中国公务员制度、中国事业单位的人事制度进行介绍,以便对现代公共部门人力资源管理基本制度有所了解。

第一节　公务员制度

一个半世纪以来,公共部门主导性的人事行政制度是国家公务员制度。这一以反对"人治"、个人(或党派)恩赐与政治分赃为主线,倡导公务员价值中立性,以能力和功绩评价为本位的制度安排,恰与现代公共行政的发展并驾齐驱,相互支持,适应了20世纪公共组织走向理性、效率、非人格化、职业化的理念需要以及构建国家官僚体系的组织需要,为政府提供了稳定、连续的公职人员队伍。公共组织力图通过公务员制度平台,实现客观、科学、高效地完成行政管理职责的目标。

公务员制度在公共行政发展史中占有举足轻重的地位。盖伊·彼得斯指出:"支撑传统公共行政的第四个基本假定,是指应该建立一个制度化的公务员制度,并把它当作一个法人团体来进行管理。"尽管在政府改革运动中,伴随着对传统官僚制组织的攻击,公务员制度也遭到诸多质疑,打破公共部门单一化人事管理模式的变革正在进行。但是,公务员制度作为一种依然在政府组织中发挥着重要作用的制度框架,无论在过去还是在今天,仍然有着关键性的影响。对公务员制度优势与存在问题的检视,有助于我们明确它在政府改革浪潮中的走向和发展路径。

一、公务员的含义及国家公务员制度的缘起

(一)公务员和公务员制度的概念

现代意义上的公务员制度,最初形成于西方资本主义国家,以英国1855

年 5 月 21 日公布的《关于录用王国政府文官的枢密院令》作为现代公务员制度(也称文官制度)正式确立的标志。公务员制度的历史不过 160 多年,至今已形成了比较稳定的特征。

"公务员"(civil service 或 civil servant)是个专门名词,也是个舶来语。英国公务员原本称为"crown scrvant",直译为"女王的仆人",近代则改为(civil scrvant),通常译为"文官"或"文官制度",有人译作"公务员"或"公务员制度"。美国则称为"政府雇员"(governmental employe)。日本在第二次世界大战前称"文官",战后改称"公务员"。法国直称"公务员"(fonetion-naire)。当今世界,许多发达国家以及一些发展中国家都纷纷仿效英美等国,把政府中从事公务活动的人员称为"公务员",建立起自己的公务员制度,但在不同的国家,公务员的内涵和外延有着种种区别。

我国《公务员法》将公务员定义为"依法履行公职、纳入国家行政编制、由国家财政负担工资福利的工作人员"从者眼于维护和发展中国基本政治制度出发,确定我国公务员范围的原则包括:第一,必须是行使国家权力,执行国家公务的工作人员;第二,必须是纳入国家行政编制的工作人员;第三,由国家财政负担工资福利的工作人员;第四,必须是受国家有关法律、公务员法及其配套法规管理的工作人员。其具体包括:中国共产党机关工作人员、各级人大机关工作人员、各级国家行政机关工作人员、各级政协机关工作人员、法官、检察官、各民主党派机关工作人员等。这比许多西方国家公务员的范围要宽泛。

公务员制度(又称现代文官管理制度),是现代关于公务员管理的原则、规范和体系的通称,是一种科学、系统、规范的政府机关人事管理系统。公务员制度是整个社会人事管理体系的一个重要分支,其内容包括公务员管理的各项具体制度,如公务员的聘任条件义务权利、职位分类、考试录用聘任、考核奖惩、职务任免与职务升降、培训、交流回避、工资保险福利、辞职辞退、退休、申诉控告、法律责任等制度,是通过制定法律、法规和规章对政府中行使国家权力、执行国家公务的人员,依法进行科学管理的制度。

(二)国家公务员制度建立的背景

现代国家公务员制度(civil service system)又称现代文官制度,出现于19 世纪中叶的英国。几乎同时,美国和德国等一些西方主要资本主义国家也相继探索朝向文官制度的政府人事制度改革,目的是能够适应当时政府改革目标,引入更为理性化的科学管理模式,减少公众对政府的不信任和压力。克林格勒和纳尔班迪说:"公务员或功绩制度的建立,表现了公众对政治恩赐制度造成的浪费和无效率的愤怒。"二战后,伴随着西方发达国家的经济、政治、军事援助和西方行政管理经验的输入,国家公务员制度也进入欠发达国家,并试图成为推进这些国家政治民主化的一个重要工具。这又启动了欠发达国家探索西式公务员制度本土化的历程。

国家公务员制度是指一国公共组织依靠立法和规章规制的手段,以功绩制为中心原则,以官员稳定性、连续性和职业化为目标,通过专门的人事管理机构,对规定范围内的公务员(指公务员个体)的获得、任用、晋升、工作福利、考核激励、纪律惩戒等方面进行管理而逐步形成和确立的公共组织人事管理制度。

在工业革命完成后,西方国家纷纷开始尝试新的政府人事制度,这不是偶然的。国家公务员制度的建立是当时社会政治力量与利益格局变化作用的结果,是西方政治民主化进程中一个重要的里程碑。

1. 社会经济背景

西方国家相继完成工业革命后,新生代资产阶级的经济地位显著提高,逐步成为社会生活中的强势力量。为了达成他们的经济利益,保护私有产权和市场竞争,他们面对当时不尽如人意的政府统治,与其他社会阶层的公众一起向政府施加压力,提出了一系列新的要求。英国公务员制度从表面看是英国国内民众对英国传统的选官制度不满和反败反贪污而导致的结果,本质上则是英国工业革命在民主政治方面产生的结果。19世纪初,英国在世界上最终完成了工业革命,成为世界经济霸主。社会化大生产使政府增加了管理社会事务的内容。政府不但管理治安、国防、财政、税收等传统事务,而且日益增加了对经济、文化等社会事务的管理,政府内部管理的多元化和复杂化要求推进人事制度的改革。进一步地,经济的高速发展提升了民众对政治更高的要求。在工业革命中发展壮大起来的资产阶级和其他社会阶层要求建立廉洁而有效率的政府,要求更多地参与政治事务,要求政府公职向社会更广泛地开放,以维护资本主义的生产关系,促进资本主义社会生产力的发展。

2. 社会政治背景

19世纪以后,主要资本主义国家相继形成了两党或多党政治和官职分赃的政治格局,使政府组织内出现了混乱状态。竞选获胜的政党在组阁的同时,将官职作为战利品,合法、公开地进行分赃,赠予那些与获胜党有千丝万缕利益关系的、为政党获胜立下汗马功劳的利益集团或个人。这种执政党垄断官职并依照与政党的亲疏关系分配官职资源的方式,给政府带来了一系列问题,结构性腐败、周期性政治震荡、人才匮乏、效率低下等成为政府人事制度改革的直接原因。

官吏的频繁更换,破坏了政府工作的连续性,影响了社会的安定和政局的稳定,也阻碍了社会经济的发展,引起了公众的不满。1883年美国一个支持在野党而不被雇佣的求职者刺杀了当时的总统加尔菲尔德,直接促成美国国会通过《彭德尔顿法案》,确立了美国现代国家公务员制度。因此,政务官与事务官相分离,职业文官不与政党共进退,实行职务常任成为公务员制度的重要原则。

3. 思想文化背景

国家公务员制度的产生有着深厚的政治文化基础。资产阶级革命所具有的人人平等、天赋人权的思想、资产阶级要求参与政治的思想,为文官制度提供了主要的理论依据。民主主义思想形成的浓厚政治文化氛围,为公民争取平等的公职权力创造了良好的社会环境。

4. 经验借鉴背景

中国科举考试制度给现代西方国家公务员制度提供了直接的素材。中国自隋唐以来发展起来的文官科举制、公开考试、择优取仕的制度,打破了政府官职由门阀、世族垄断的特权,将取仕权直接向社会所有有学、有才之士开放,以求得治国良才。科举制度设计恰恰适合西方政府人事改革的口味,所以中国科举考试制度成为现代国家公务员制度建立参照的重要蓝本。西方国家公务员制度无一例外采用了公开考试、择优录用的方式,并将它作为制度的主要支柱之一。

二、中国国家公务员制度的特征

中国的国家公务员制度是在替代中国干部人事制度基础上建立起来的。伴随中国改革开放的深入推进,公共部门的改革尤其是人事制度的改革也不断深入推进。为保证机关工作人员优化、精干、稳定、廉洁,形成强有力的、高效能的机关工作系统,卓有成效地管理国家公共事务,促进社会主义市场经济建设,我国在学习西方现代公务员制度优点基础之上,探索建立起符合我国政治体制和社会发展阶段的公务员制度。

我国公务员制度的建立虽然借鉴了西方国家公务员制度的一些合理因素,但由于我国的社会政治背景与西方国家不同,所以我国的公务员制度也显示出自己的特点。

（一）我国公务员的分类管理方式与西方国家不同

分类管理是现代公务员制度的共同原则。但西方国家的具体做法是：一方面，在政务官和事务官之间进行严格的区分，即所谓"两官分途"，政务官强调"政治化"，事务官强调"职业化"，两者之间相互不能转任；另一方面，在事务官的分类中，多以职位分类为主。我国公务员没有西方意义上的严格的"政务官"和"事务官"的区分，而是采用了"领导职务"和"非领导职务"两个序列的划分。此外，我国政府组成人员和非政府组成人员虽然在产生方式上不同，但他们在政治上都要接受党的领导，与党中央保持一致，他们之间也可以根据需要互相转任。

（二）我国公务员的考试录用范围与西方国家不同

西方国家的考试录用方式适用于所有事务类公务员，也就是说所有事务类公务员都必须通过考试并取得合格证书才能被录用为公务员，考试录用是进入事务类公务员队伍的主要途径。在我国，进入公务员队伍有多种方式。对于非领导职务的公务员主要通过公开考试方式录取，而对于担任领导职务或者副调研员以上及其他相当职务层次的公务员，则可以从国有企事业单位、人民团体和群众团体中从事公务的人员中调任。

（三）我国对公务员的政治要求与西方国家不同

西方国家为了避免多党政治给政府管理工作带来不利影响，对事务类公务员提出了"政治中立"要求，限制他们参加党派之间的政治活动，要求他们在公务活动中不得带有党派的政治倾向。我国的公务员制度是在党的组织路线和干部策略指导下确立的，是党的干部路线的重要组成部分，公务员必须坚持党的基本路线，必须执行党的路线、方针和政策；公务员中的党员必须参加党的组织生活，执行党的决议，遵守党的纪律，发挥党员的模范带头作用。

（四）我国公务员的管理体制与西方国家不同

西方国家公务员管理"不受政党干涉""与党派政治脱钩"，是独立于党派之外的政府人事管理系统，任何党派不得直接管理公务员。我国公务员制度的各项具体管理制度是按照党的干部路线、方针、政策来制定的。各级政府组成人员和其他重要干部由各级党委管理，他们的任免由党委组织部门考察，党委集体讨论决定，然后推荐给各级人民代表大会进行选举产生或由政府任命。这种管理体制体现了党的领导与法制管理相结合的原则。此外,中国的公务员制度不实行政务官和事务官的区分。公务员系统划分为政府组成人员和非政府组成人员,领导职务序列与非领导职务序列,他们的产生虽然有所不同,但所有公务员不论职务高低,都是人民公仆,他们之间可以根据需要相互转任,管理体系有较大的开放性。

三、国家公务员制度的基本精神与运行机制

(一)国家公务员制度的基本精神

尽管每个国家根据自己独特的国情,设计了具有自己特色的国家公务员制度,以反映自己国家独特的政治背景和政治形式,但是,国家公务员制度有其本质要求,反映出一些共同的特征。

1. 法治主义精神

实行法治化的人事行政管理,以法律为依据和准绳,明确公职人员的权利、义务、行为规范和行动规则。政府组织和公务员个人都必须做到有法可依,有法必依,依法办事,违法必究,遵守法律的精神和原则,遵守法定的管理程序。

2. 功绩主义精神

以工作业绩和能力作为公务员任用和晋升的基本标准,切实贯彻任人唯贤的原则。功绩主义不以年资高低、亲疏关系、党派关系、家庭背景、性别、宗教信仰等因素评价公务员,突出客观、公平地测量公务员职业行为在公务员发展中的重要作用。

3. 分权主义精神

在各国公务员制度中,基本都采取了折中制。这种体制是将人事管理的权限在部内管理机构和部外管理机构之间进行有机的划分。实现集中化控制和分散化管理的有机结合。在人事管理的分权模式中,部外管理机构主要负责宏观制度、法规和统一性规划、政策的制定,提供、维持统一性的公务员评价标准,解释和仲裁相关的管理法规,发挥宏观调控和人事监督功能。而部内管理机构则负责组织内公务员具体的管理事务,将治事权和用人权结合起来,以发挥组织行政首长的积极性和相对自主性。

4. 人才主义精神

人才发展是现代国家公务员制度的重要目标之一。只有政府治国人

才得到充分储备,人才的才华得以充分施展,国家才具有竞争实力。公务员制度力求给人才发展提供一个广阔的空间,围绕着求才、用才、育才和留才展开工作。公开招募、择优机制和以能力、功绩为本的人事任用、晋升和调配发展路线,在制度设计上都力图突出公务员的知识、能力和技能对组织的意义,这确立了组织尊重人才、使用人才、发展人才的组织文化环境。

5. 市场主义和竞争主义精神

现代国家公务员制度试图将市场主义的法则和机制引入人事行政管理活动中。它认为,只有通过市场式的竞争方式和强化的择优机制,才能保证人才主义精神的实现。故而,公务员制度建设强调为公职人员成长创造一个优胜 劣汰的竞争环境。考录制、绩效评估、奖励惩戒、组织激励等措施无不体现这一管理价值。

(二)公务员制度的精神原则

公务员是政府管理的主体,直接关系到政府的工作效率,必须考虑如何既保证政府机构使命的较好完成,又能充分调动广大公务员的积极性这一问题。作为现代社会的一种管理方式,美国的公务员制度取得了一定的经验,不能不说是人类社会的共同财富,主要包括以下方面。

1. 公开竞争

公务员的招募选拔,主要根据其自身的能力、知识和技能。公平竞争的目的是通过此种方式使得那些优秀人才脱颖而出,人尽其才,各得其所。公开所有的人事行政法律法规政策,公开有关考核录用、工资等级的标准、原则、程序以及结果等所有内容。赋予每个公民平等竞争的权力,不论其政党派别、种族肤色、宗教、民族、性别、年龄等,均受到公平合理的对待。

通过公开的竞争考核将高素质的人才选拔出来,使其参与到国家的政治生活中去,从而优化政府公务员的整体结构。

2. 功绩为先

根据客观的标准来确定每个人的工作才能及其他素质,其升降、奖惩均以此作为考核、评价的标准。每个公务员都必须保持良好的工作绩效,若成绩不好,要么予以改进,要么予以调整甚至解雇。以功绩作为评价的标准,有利于对公务员做出较为客观、实事求是的评价,有利于提高工作效率,有利于克服平均主义,最大限度地调动公务员的积极性。绩效工资制这种"结果导向"实际上是对"规则导向"和奖励年资的传统分配精神的挑战,在一定程度上起到了调动公务员工作积极性的作用。

3. 依法管理

要求通过立法程序将公务员管理的目的要求、内容、步骤和方法等规范起来。公务员的身份和合法权利受到法律保护,并按照法定的程序和规定加以实施。公务员有权揭露违法行为和管理不善、滥用权力以及威胁公共健康和安全的现象且不得对其打击报复。若一旦公务员的行政行为超过了法律的范围或违反了法律的规定即构成违法渎职行为,公务员也将会因此受到制裁。

(三)国家公务员制度的运行机制

为实现其精神,国家公务员制度形成了一整套运行机制。它指政府或公务员主管机关围绕着公共行政管理的需要和公共部门人事管理的目标,配套设计的一整套公务人员管理活动的规则或制度化措施。

1. 监控机制

监控机制也包括两层含义:一是公务员主管机构依据法定的公务员义务和纪律,对公务员的行政管理活动进行监督,依法追究共违法乱纪的行为;二是政党、立法机关、司法机关、公众对公职人员及其所属的行政机关以及政府人事管理部门的工作进行监督。前者要求公务员忠于政府,恪尽职守,依法行政;后者保证所有公共组织,包括公务员管理机关,在法律的范围内,依照法律程序行使人事管理权。公务员的监控机制渗透在人事行政的各个管理环节,通过对公务员行为的法律监控,旨在实现公务员权利与义务的平衡。公务员监控机制包括义务与权利、惩戒、回避、申诉控告与仲裁、法律责任等项制度。

监控机制的必要性来源于政府人事部门和公务员本身的性质。即无论是公务员的管理者(主管机构),还是被管理者(公务员),他们对社会和公众而言,都行使着国家赋予的行政管理和行政执法权。他们有可能超越或偏离法律的规则,不正确地使用权力,因此,监控机制是政府公务员管理中不可缺少的制度设计。对公务员而言,监控措施包括公务员的纪律规章、行政惩戒、人事档案管理等。对公务员管理机构而言,监控的主要内容是人事行政管理体制和构设置、权力机关和司法机关的监督等。

2. 竞争机制

为了促使公职系统获得优秀的人才,并激发现有公务员的活力和进取精神,公务员管理体系必然引人竞争机制。竞争机制是市场主义法则在公务员制度中的体现和应用,它促成了一个人才优胜劣汰、竞争发展的环境。竞争机制需要法制的规则,它有效运行的基础是:所有的公务员和愿意成为公务员的社会人才,在公务员管理的法律规定面前人人平等;公务员管理机构以客观、公正、公开的原则与程序从事管理活动。在国家公务员制度的设计中,竞争机制已广泛地运用于国家公务员的管理环节中,包括公开考试、择优录用、工作分析与评价、职位分类、考绩考核、功绩晋升、人才流动、适才适用、薪酬设计、同工同酬、劳酬相符等环节。

3. 激励机制

激励机制是激励公务员的工作动力,提高其积极性的一项重要机制。人才的竞争必然要求组织建立相应的激励机制作为配套措施,因为虽然竞争是激励机制建立的基础,但是只有组织同时制定了相关的激励政策,竞争的环境和结果才能得到根本的保证。

在现代公务员制度中,激励机制通过以下管理环节和措施得以保证:人事奖惩、考绩考核、职务升降、在职培训、工资级级、辞退和奖金制度等。

公务员考核制度是指公务员主管部门和各机关按照公务员管理的有关法律,对所属公务员的思想品德、工作成绩、工作能力和工作态度等方面进行的定期和不定期的考核评价。

职务升降是指根据行政机关工作需要和公务员的工作实绩,依法提高或降低公务员职务的行为。职务升降包括职务的晋升和降职。职务升降是公务员管理中的关键环节和重要内容,是选贤任能的重要手段,是形成竞争激励机制,促进公务员能上能下,保持公务员队伍的生机和活力的主要途径。

公务员的奖励,是机关对在工作中表现突出有显著成绩和贡献,或者有其他突出事迹的公务员或者公务员集体给予一定精神和物质利益以示鼓励的制度。公务员奖励既注重奖励个人,也注重奖励集体;既注重定期,又注重及时;既以精神奖励为主,又要与物质奖励相结合。对公务员进行奖励,对激励公务员奋发向上,尽忠职守具有重要的示范作用。

工资福利保险是公务员的基本保障。工资是劳动者根据其劳动成果以货币形式表现的收入。公务员实行职务和级别相结合的基本工资制度,其工资结构由基本工资(职务工资、级别工资)、津贴、补贴和奖金组成。级别与待遇适当挂钩,实行向基层公务员倾斜的政策,这有利于确立公务员"职务晋升"与"级别晋升"的双梯制。福利是指机关为改善和提高公务员物质文化生活水平而采取的一些措施或提供的待遇。

如果没有激励,公务员干得好,得不到组织的奖励、晋升,干得不好,得不到惩戒、辞退,那么,竞争的效用就无从谈起。对组织而言,竞争和激励是不可分割的。

4. 保障机制

公务员是执行国家行政管理职责的主体,他们为维护社会安全和发展社会经济作看自己应有的贡献。政府要保证公务员队伍的稳定性、连续性,并吸引更多的优秀人才,就必须充分保障公务员工作和生活的基本条件,满足他们生产、再生产以及自我发展等不同层次的需求,而不能将公务员只看成是完成工作的机器、实现组织绩效的工具或被管理控制的对象。现代公务员制度保障机制的设计,包含在以下措施中:公务员职业身份的保障、政治权利的保障、经济权利的保障、救济权利和其他法定权利的保障等。通过保障机制,力求使公务员权利和义务、贡献与补偿平衡。

5. 更新机制

更新机制是保证和不断提高公务员素质水平的一项非常重要的机制。公务员的更新机制包括两层含义:一是政府工作人员正常的新老交替,以保持公职人员队伍的稳定性和年龄结构的合理性;二是现有公务员知识结构和技能手段的更新以及根据适才适用的原则和职业生涯发展的条件,进行工作再设计、职位交流调配的人才流动活动。

公务员的更新机制包括录用、职务、任免、培训、交流、辞职、辞退、退休、职位聘任等项制度。它是适应社会飞速发展的需要,保证公务员队伍整体素质和活力的必然措施,也适应了公职人员个人职业生涯发展的需要。

四、中国公务员制度的改革与完善

中国国家公务员制度形成于中国市场经济改革初期,政府是经济的绝对主导力量,时至今日,市场力量日益强大,政府也更多从权力型政府向服务型政府转型发展,完善公务员制度,既要充分总结 2006 年《公务员法》实施以来的经验教训,又要密切关注当代新公共管理理论的发展以及中国全面深化改革大背景下公共部门改革的需要,考虑信息化时代人力资源管理的新特征。

(一)以结果换取权限下放,稳步改革人事管理体制

西方多数国家普遍下放公务员管理权限,以增强地方与部门人才资源开发的积极性、主动性与灵活性。我国公务员管理体制也存在下放公务员管理权限的压力与动力,既存在管理权限过于集中的弊端,又面临公务员管理机关权威不够的难题。因此,比较现实的做法是"以绩效换放权",当然,这样的做法还必须与我国行政体制改革尤其是部门设置的改革相结合,直管县、撤县设区、撤县设市、纵向直管都是这种改革的体现。

(二)兼顾品位分类的合理因素,建立富有中国特色的公务员分类管理制度

划分职位类别是我国公务员分类管理的突破口。2016年4月18日,中央深改组第二十三次会议审议通过了《专业技术类公务员管理规定(试行)》和《行政执法类公务员管理规定(试行)》。会议指出,深化公务员分类改革,加快建立专业技术类、行政执法类公务员管理制度。要着眼于提高管理效能和科学化水平,确立体现工作性质和职位特点的职业发展通道,分类录用、分类考核、分类培训,突出对公务员特别是基层公务员的持续激励,更好地调动公务员的积极性。

第一,根据中国的国情。采用了结合职位分类和品位分类优势的职务分类管理方式,既保证公务员分类的科学性,又保证公务员体系有一定的弹性。《中华人民共和国公务员法》建立中国公务员职位分类体系,将依法履行公职、纳入国家行政编制、由国家财政负担工资福利的公务员职位划分为三类,即综合管理类、专业技术类和行政执法类。分类管理体系进一步明晰公务员不同的工作性质和人力资源发展特质,将公共部门人力资源的录用、评价、开发、薪酬等管理措施与职位工作性质及其能力素质要求紧密联系起来,体现不同类别公共部门人力资源对于组织的价值和贡献能力。

第二,不实行政务官和业务官的分野。公务员系统划分为政府组成人员和非政府组成人员、领导职务序列与非领导职务序列,他们虽然在产生方式上不同,但所有公务员不论职务高低,都是人民的公仆,而且他们之间可以根据需要相互转任,管理体系有一定的开放性。

第二节　事业单位人事制度

事业单位人事制度是与我国经济体制、政治体制和干部管理体制相联系、相适应的。中华人民共和国成立以来,在建立高度集中的计划经济体制和干部管理体制的过程中,逐步形成了一套以管理党政机关干部的模式管理事业单位工作人员的人事管理制度。截至 1993 年,我国并不存在独立的事业单位人事制度,事业单位人事制度与机关单位人事制度同属于机关事业单位人事制度。1993 年,国家开始推行公务员制度,在机关事业单位人事制度中剥离出公务员制度,事业单位人事制度才成为相对独立的人事制度体系。2014 年,《事业单位人事管理条例》的出台和实施标志着事业单位工作人员的"铁饭碗"全面打破,中国事业单位人事制度改革和建设进入新的历史发展阶段。

一、事业单位的概念及特点

事业单位是一个有着鲜明中国特色的概念,是我国特有的提法,产生于中华人民共和国成立之初。随着事业单位的不断发展,对事业单位范围的界定也不断变化。对事业单位概念的界定,存在着多种说法。根据 2014 年修改发布的《事业单位登记管理暂行条例实施细则》的规定,事业单位"是指国家为了社会公益目的,由国家机关举办或者其他组织利用国有资产举办的,从事教育、科研、文化、卫生、体育、新闻出版、广播电视、社会福利、救助减灾、统计调查、技术推广与实验、公用设施管理、物资仓储、监测、勘探与勘察、测绘、检验检测与鉴定、法律服务、资源管理事务、质量技术监督事务、经济监督事务、知识产权事务、公证与认证、信息与咨询、人才交流、就业服务、机关后勤服务等活动的社会服务组织"。按此规定,本书所称事业单位,仅指国有事业单位即全民所有制事业单位。

事业单位是我国各类组织类型中仅次于企业单位的第二大类组织类型。从总体上看,事业单位具有非政府机关、非营利特征。与机关单位和企业单位相比,事业单位具有以下特点:

(1)事业单位不代表国家行使行政权力,不具有行政职能(不包括法律、法规授权的具有公共事务管理职能的事业单位)。

(2)事业单位通常以社会公益为主要发展取向,具有社会和经济双重属性,需兼顾社会和经济双重效益。

（3）事业单位一般以脑力劳动者为主体，是人才知识密集程度较高的社会组织，其劳动成果一般是知识和精神产品。

（4）事业单位门类繁多，情况复杂，既有社会公益性事业单位，又有经营开发性事业单位；既有全额拨款、差额拨款的事业单位，又有自收自支、企业化管理的事业单位；既有党政机关举办的事业单位，又有社会力量举办的事业单位；既有数万人的大型事业单位，又有几个人的小型事业单位。事业单位可谓人员多、门类广、跨度大。

事业单位的这些特点，要求我们在推进事业单位人事制度改革时，必须从我国事业单位的实际情况和基本特点出发，对不同类型的事业单位，逐步研究探索出科学分类的改革和管理办法，逐步建立符合各类事业单位特点的人事管理制度。

二、事业单位管理中存在的主要问题

（一）"政事关系"错乱

长期以来，各项事业一直采取全部由政府直接组织方式，大到机构设立、目标确定、经费供给，小到人员管理、具体业务活动组织等，几乎全部都要依靠政府。近些年来，虽然进行了一系列改革探索，全面扩大了事业单位的自主权，但总体上看，由政府直接组织社会事业的体制，特别是政府与事业单位的基本关系模式并没有发生实质性变化。我国"政事关系"错乱已成为事业单位管理体制中存在的最突出问题，主要表现为以下三个方面：政事组织不分、政事人事管理不分、政事产权不分。

（二）缺乏科学、严格的激励与约束机制

20 世纪 80 年代中期以来，中央政府有关部门及不少地方政府对事业单位的微观管理体制进行了一系列的探索。基本改革内容就是全面扩大事业单位在业务活动及内部分配制度等各个方面的自主权，并允许事业单位利用所占有的资源或结合业务内容进行创收，而且创收收入可以全部或部分由各个机构自主支配，可以或多或少与员工收入和福利挂钩。在计划经济体制下，各种社会事业不仅由政府直接组织。事业单位的所有内部事务也都要接受严格的计划管理。这种僵化体制的结果就使机构及个人都缺乏积极性，运行效率极其低下。

（三）体制僵化，忽视市场作用

在长期的计划经济体制下，人们已经形成了一整套与传统公共事业管

理体制相适应的传统观念。例如。长期以来人们认为,科学教育、文化、体育、卫生等活动都属于"事业",而凡是"事业"都应该由政府举办。并应由财政供给经费。这些观念既是形成传统事业管理体制的理论基础,又是传统事业管理体制的现实反映。再加上我国长期以来对公共事业资源配置缺乏明确的目标,各事业部门和单位之间不通有无,相互分割,相互封闭,互不开放。从而导致大量低水平的重复建设,造成公共事业资源的大量浪费。这些传统观念已经成了阻碍市场经济体制下我国公共事业管理体制改革的重要因素必须进行彻底的转变。

（四）法制不健全,法制化管理意识单薄

首先,从立法角度来看,缺乏公共事业组织单行法。政府虽然承认公共事业组织的多样性,但对不同性质的公共事业组织仍然采取了"一法统揽"的做法,这样就使公共事业组织的特殊性在法律上得不到体现。其次,当前我国公共事业管理法规的立法层次较低、立法的权威性不足、约束力不强。中华人民共和国成立以来颁布的三个公共事业管理条例(如 1950 年的《社会团体登记暂行办法》及 1989 年、1998 年、2016 年的《社会团体登记管理条例》)都属于程序性法规。虽然现行的《社会团体登记管理条例》较前两个法规多了一些实体性的规定,但从总体上来看,仍然主要是以社团登记管理为核心的程序性规定,缺乏实体性内容的体统规范。

此外,我国事业单位的管理体制中还存在政府监管体制不健全,公共事业运行机制效率低下和财务管理不严,导致资金严重浪费等不良现象,急需推进事业单位管理体制的全面改革。

三、事业单位人事制度改革

（一）事业单位人事制度改革的基本思路、目标及内容

事业单位是我国各类人才的主要集中地,是增强我国综合国力的重要领域,是实施科教兴国战略的重要阵地。搞好事业单位人事制度改革,对建设高素质、社会化的专业技术人员队伍,推动经济发展和社会全面进步,实现我国改革开放和现代化建设的宏伟目标都具有十分重要的意义。新的改革中,将把全额拨款单位、差额拨款单位和自收自支单位重新划分为一类公益事业单位和二类事业单位。一类公益事业单位保留编制,财政全额拨款;二类公益事业单位则取消编制,实行全员聘任。这些改革都需要系统设计,既要面向未来发展还需要充分考虑历史。

1. 事业单位人事制度改革的基本思路

事业单位人事制度改革的基本思路是：按照"脱钩、分类、放权、搞活"的路子，改变用管理党政机关工作人员的办法管理事业单位人员的做法，逐步取消事业单位的行政级别，不再按行政级别确定事业单位人员的待遇；根据社会职能、经费来源的不同和岗位工作性质的不同，建立符合不同类型事业单位特点和不同岗位特点的人事制度，实行分类管理；在合理划分政府和事业单位职责权限的基础上，进一步扩大事业单位的人事管理自主权，建立健全事业单位用人上的自我约束机制；贯彻公开、平等、竞争、择优的原则，引入竞争激励机制，通过建立和推行聘用制度，搞活工资分配制度，建立充满生机活力的用人机制。通过制度创新、配套改革，充分调动各类人员的积极性和创造性，促进优秀人才成长、增强事业单位活力和自我发展能力，减轻国家财政负担，加速高素质、社会化的专业技术人员队伍建设。

2. 目前我国事业单位人事制度改革的主要目标

（1）政事职责分开。立足政事分开原则，合理划分事业单位职能和明确政府职责是事业单位人事制度改革的重要前提。无论从性质特点、功能定位抑或是组织模式的角度来看，事业单位都不应该等同于政府组织，必须通过改事分开创新传统的事业单位管理体制。

实现政事分开，从根本上来讲，就是要改变过去国家政府包办统揽社会事业的状况，调整政府部门与事业单位的隶属关系，政府行政主管部门对事业单位进行宏观管理，事业单位自主解决日常管理中具体事务。具体来说：

首先，要明确界定政府在公共服务中的角色和地位，重新界定、调整、收缩和转换政府的事业职能范围，从根本上改变国家政府包办一切事业的状况。明确政府公共服务供给中的角色，有利于厘清政府，市场和社会在公共服务供给中的分工与合作，非但没有削弱政府公共服务供给的职责和功能，相反，通过政府、市场和社会的合理分工和有效平衡，可以提升公共服务供给的质量和效率。

其次，要求减少政府部门对事业单位的直接干预，下放管理权限，适度借鉴或参考国外公共服务体系建设的有益经验，建立与中国社会主义市场经济体制以及各项社会事业自身发展规律相适应的现代事业制度，以达到事业举办主体多元化、公共服务资源配置社会化、公立事业组织相对独立化事业单位人事制度科学化、事业监督管理体系有效化的理想状态。

（2）单位自主用人。在计划经济体制下，政府用行政或计划的手段管理事业单位，事业单位实际上成为政府机关的附属物，政事不分的现象严重,虽然"行政"与"事业"分属不同的组织序列,但在行政事业一体化的高度集中的管理体制下,事业单位普遍缺乏用人自主权,事业单位人员作为国家干部,其身份由国家赋予,也由国家所有,国家通过高度集中的管理权限,将所有权延伸至事业单位工作人员个体,事业单位对本组织的人事管理活动缺乏必要的自主权,由此产生"管人和管权分离"的现象。在事业单位改革实践中,虽然扩大用人自主权一直是贯穿事业单位体制改革的核心内容之一,但真正意义上的事业单位法人治理结构并未确立,这也使得落实事业单位用人自主权的改革一定程度上甚至流于形式。20世纪80年代中期开始陆续推行的事业单位行政首长负责制改革,就是扩大事业单位用人自主权的重要举措。行政首长负责制要求确立事业单位行政首长在本部门的中心地位及其业务活动权,尤其是用人方面的自主决定权,在一定程度上打破了事业单位的僵化局面,提高了事业单位的工作效率,也提升了事业单位的公共服务供给效能。但是,这些创新举措由于缺乏相关的配套措施,扩大事业单位用人自主权的改革还缺乏一定的深度,要么用人自主权没有切实投予下属事业单位,要么投权过分随意,对事业单位用人决策缺乏必要的监管,既没有明确的事前审核,也缺乏有效的事后评估。独立的事业单位法人治理结构是真正落实事业单位用人自主权的制度保障。因为法人制度的核心在于人格独立与有限责任,其功能在于维护一个得以永续存在的、区别于其成员的、能以其自身名义从事各种活动,并享有权利和承担义务的组织体。因此可见,只有确立独立的事业单位法人治理结构才可从真正意义上实现事业单位的用人自主权。

（3）人员自主择业。全面建立和推行人员聘用制度,是事业单位由身份管理走向岗位管理,由单纯行政管理向法制管理,由行政依附关系向平等人事主体转变,实现人员自主择业的前提和突破口。建立和推行人员聘用制度,要求所有事业单位与职工都要按照国家有关法律法规,在平等自愿和协商一致的基础上,通过签订聘用合同,确定单位和个人的平等人事关系,同时明确单位和个人的义务和权利。通过聘用制度的建立和推行,可以实现用人管理上的公开、公平和公正,促进事业单位自主用人的同时,也促进和保障了事业单位人员自主择业的权利。同时,还需要建立健全事业单位的解聘辞聘制度,即事业单位可以按照聘用合同解聘职工,职工也可以按照聘用合同辞聘。通过建立事业单位解聘辞聘制度,疏通事业单位人员的出口渠道,可以增加用人制度的灵活性,解决事业单位人员能进不能出的问题。在此基础上,还应逐步建立固定与流动相结合的事业单位用人制度。要改变现有单一的固定用人方式,有条件的事业单位应积极实行固定岗位与流动岗位相结合、专职与兼职相结合的用人办法、鼓励和支持事业单位人力资源的合理和有序流动、促进事业单位人力资源配置的社会化和市场化。

(4)政府依法管理。从改革的效果来看,政事分开的改革思路确实是盘活事业单位的有效举措,实践中也确实调动了事业单位的积极性,并提升了公共服务的供给效能,但问题的关键在于,放权的同时还需要加强政府的监管。政府监管缺位带来的一系列问题事实上已日益引起公众的诟病。公共是一种聚合,是一种对个人私利所不能涵盖之领域的包容。政府既然是公共利益的代表,那么公共利益就从根本上规定了政府的伦理精神、人性要求以及职能设置。在公共服务供给过程中,必须形成有效的政府监督和约束机制,确保公共服务组织的行为不偏离于公共服务的本原和目标。当然,政府对事业单位的监管,必须是基于法治内核的宏观管理,而非传统计划经济体制下的直接控制或干涉的方式。强调政府的依法管理,首要任务就是建立覆盖更多类型公共服务供给者的法律框架,通过相关立法规范事业单位作为公共服务供给者的权利和责任。

(5)配套措施完善。配套措施完善是事业单位改革进一步向纵深推进的重要保障。为此,要做到如下几点:

首先需要完善公共财政体制。公共财政体制的完善一个很重要的方面是,应基于公共服务的需求,加强对事业单位预算收入的政府监管,将税收政策方面的决策和公共服务的支出决策联系在一起通盘考虑,建立结果导向的事业单位预算支出评估机制。

其次要着力推进事业单位社会保障制度改革。推进事业单位社会保障制度改革、要求理顺社会保障管理体制、建立体现事业单位特点,并与政府机关和企业组织社会保障制度相配套和衔接的事业单位社会保障体系,这一体系应具有资金来源多元化、保险制度规范化、保障方式多层次、管理服务社会化的基本规定性。

最后要建立健全社会事业法律法规体系。需要在借鉴国外公共服务供给相关立法经验的基础上,尽快建立健全社会事业的法律法规体系,由此既能巩固前期事业单位体制改革的成果,又可以为日后的事业单位体制创新奠定法制基础。

(二)我国事业单位人事制度改革的重点内容

1.在用人制度上,全面推行聘用制度

破除干部身份终身制,引入竞争机制,在事业单位全面建立和推行聘用制度,把聘用制度作为事业单位一项基本的用人制度。所有事业单位与职工都要按照国家有关法律、法规，在平等自愿、协商一致的基础上，通过签订聘用合同，确定单位和个人的人事关系，明确单位和个人的义务和权利。通过建立和推行聘用制度，实现用人上的公开、公平、公正，促进单位自主用人，保障职工自主择业，维护单位和职工双方的合法权益。通过聘用制度转换事业单位的用人机制，实现事业单位人事管理由身份管理向岗位管理转变，由单纯行政管理向法制管理转变，由行政依附关系向平等人事主体转变，由国家用人向单位用人转变。

要完善聘用合同制度，应做到：

首先，在实际工作中贯彻落实以岗定酬原则。不同行业以及不同单位都要根据自身实际情况制定出符合本行业、本单位的分配制度，并且要高度重视多劳多得的劳动原则的体现。在定酬过程中。要在岗位职能的基础上按照岗位职责、岗位的工作量、工作的业绩进行岗位定酬，并将职工的实际收入与职工的工作业绩进行挂钩。在国家政策的前提下实行合理的内部分配。此外，还要建立有效的激励机制，以调动职工的积极性，使职工具备良好的职业道德素质，进而更好地为社会服务。

其次，要保证聘用合同制度的有效性就要将以"事"为核心的岗位管理作为该制度制定的基础。随着社会的不断进步以及经济的飞速发展，岗位管理在事业单位人事制度改革中发挥着越来越重要的作用，同时岗位管理也是事业单位聘用合同制度的重点内容，因此，必须要加强岗位管理。在岗位管理过程中要切实执行按需设岗、按岗聘用以及按岗定酬的政策方针，以使每位员工的价值都能得到最大的发挥。

最后，建立健全规章管理制度。聘用合同制度是事业单位人事制度改革的必然要求，要使聘用合同制度在事业单位中有效实行，就要建立起健全有效的规章管理制度，并将之贯彻落实到实际工作当中，才能为聘用合同制度的有效实行提供保障。在制定相关规章管理制度的时候要注意公平公正，也要保证该制度适用于每一位工作人员，还要根据单位自身的实际情况进行及时的调整，以使其价值得到最大的发挥。

2，在人员引进上，实行公开招聘和考试的制度

要使事业单位人事制度更好地满足社会发展的需要，就要加强对事业单位人事制度改革的创新，而要加强事业单位人事制度改革的创新，就要不断地落实和规范公开招聘制度。进一步落实和规范公开招聘制度不仅能够吸引更多的优秀人才进入事业单位，为事业单位注入新鲜的血液，还能为事业单位人事制度改革的提供良好的人员条件，加快改革的进程。所以，政府要不断完善和落实公开招聘制度，为事业单位工作人员的招聘

提供理论依据。落实和规范公开招聘制度,首先要保证对新进人员的招聘是公开招聘;其次要确保招聘制度的规范化,要尽量做到招聘信息公开考试过程公开。考试结果公开,并打破地域以及身份的限制,做到公开、公平的人员招聘。此外,还要采用灵活多样的形式进行公开招聘,以更好地满足招聘的需要及岗位对工作人员的要求。

3、在人员管理上,推行事业单位内部的岗位管理

(1)树立岗位设置管理新观念。思想观念的假化是制约岗位设置管理制度不断完善及事业单位人事制度改革有效进行的重要因素。不少干部和相关职工都对其缺乏足够的认识,相应的工作方式也具有较强的传统性、依赖性以及盲目性,因而都不是很重视岗位的设置管理,这极大地影响着事业单位人事制度改革的发展。所以,在制定岗位设置管理制度的时候,一定要进行岗位设置管理制度的创新,以带动事业单位内部竞争、自立以及效率意识的提高,调动职工工作的积极性,进而推动事业单位人事制度改革的不断完善。

(2)建立符合事业单位性质和工作特点的岗位管理制度。遵循按需设岗、精简效能、结构合理、依法管理的原则,在界定职能、核定编制、裁减冗员的基础上,科学合理设置岗位,实行岗位管理。对专业技术岗位,坚持按照岗位要求择优聘用,逐步实现专业技术职务的聘任与岗位聘用的统一,强化并完善专业技术职务聘任制度。对管理岗位,要建立体现管理人员的管理水平、业务能力、工作业绩、资格经历、岗位需要的等级序列,推行职员制度。对工勤岗位,建立岗位等级规范,规范工勤人员"进、管、出"等环节的管理办法。

(3)以灵活的体制来完善岗位设置管理制度。就目前我国事业单位的政事制度来看,还存在职责不分的情况、管理的规范化以及法制化还有待加强。所以建立科学的、健全的岗位设置管理制度已是大势所趋。事业单位要以实际情况为前提,以为社会服务为目标,以事业单位人事制度改革为手段,建立起政事分开,各单位自主选拔人才,政府加强监督管理的科学用人体制,从而使岗位设置管理制度发挥出应有的作用,更好地为事业单位人事制度改革服务。

(4)实行全员竞聘上岗。彻底打破传统的职级观念,在科学设岗基础上,按照"公开、平等、竞争、择优"原则,根据人员履行职责能力对照岗位要求和任职条件,每1~2年实行一次全员公开选拔,竞争上岗、按岗聘任,可低职高聘、高职低聘,也可试聘、缓聘、待聘,努力做到能者上,平者让,庸者下,为实现人尽其才、才尽其用提供制度保障。事业单位领导任用,改变单

一的委任制,在坚持党管干部原则、严格干部管理权限的前提下,结合单位实际,按规定的程序,采取竞争择优、招标聘任和选举聘任等多种形式予以聘用,实行任期制;一般管理、技术岗位和工人岗位全面实施竞争、双向选择上岗,签订聘用合同。对于紧缺的特殊人才,实行重点倾斜,但特殊人才的认定必须以其成果为主要依据,履行有权部门鉴定手续,可以一人一策,签订聘用合同。

(5)建立形式多样、自主灵活的分配激励机制。贯彻按劳分配与按生产要素分配,效率优先、兼顾公平的分配原则,扩大事业单位内部分配自主权,逐步建立重实绩、重贡献,向优秀人才和关键岗位倾斜,形式多样、自主灵活的分配激励机制。全面深化分配制度改革,逐步建立符合各类事业单位特点、体现岗位绩效和以岗位绩效工资为主体,分级分类管理的事业单位薪酬制度。加强对事业单位工资总量的调控,在事业津贴全面实行考核发放的基础上,加大浮动工资力度,彻底打破"铁饭碗",扩大档案工资与实际收入相分离的力度,全面放开搞活差额补贴与定额补贴事业单位薪酬分配机制。采取特殊人才特殊分配、优秀人才优厚待遇的政策,对关键岗位特殊人才实行协议工资制,事业单位主要领导试行年薪制,提倡科技成果、技术、管理、信息等生产要素参与分配,鼓励自带成果参股,无形资产配股等股权激励机制。

(6)要有灵活的机制作后盾。目前我国事业单位的人事管理运行机制还比较落后,按人设岗,因人设相关机构和岗位的现象还普遍存在,有些一个人就能做的事却要几个人或者十几个人来完成,极大地制约了事业单位的快速发展。此外,事业单位主体的国办化使得事业单位难以参与到市场竞争中来,也无法有效地进行结构的调整,因而使得事业单位人事制度的社会服务功能日渐渐弱。因此,在制定岗位设置管理制度的时候要有灵活的机制作为后盾,才能使其作用充分发挥出来。

4. 在人员解聘上,实行解聘辞聘制度

建立与聘用制度相配套的、保证人员正常流动的解聘辞聘制度。事业单位可以按照聘用合同解聘职工,职工也可以按照聘用合同辞聘,在解决社会保障基础上形成人员退出机制。通过建立解聘辞聘制度,疏通事业单位人员出口渠道,增加用人制度的灵活性,解决人员能进能出的问题。

5. 在人事监管上,建立起宏观管理、政策监管和个案争议处理相结合的监管机制

加强对事业单位人事工作的监督,要保障单位和职工的合法权利,

保证事业单位在国家法律、法规规定的范围内行使用人自主权；建立健全事业单位人事工作的宏观管理制度，对主要靠财政拨款的事业单位要建立健全工资调控体系，建立起人员总量、结构比例、收入分配的宏观调控体系；做好事业单位人事争议的处理工作，要积极开展人事仲裁工作，及时受理和仲裁人事争议案件，切实维护用人单位和职工双方的合法权益。

要加快推进事业单位人事管理立法进程，应做到：

第一，为事业单位人事制度改革创造良好的运行环境。事业单位人事制度改革的实现除了要有完善的事业单位人事制度改革政策以外，还必须要有良好的运行环境为事业单位人事制度改革的实行提供保障，才能加快事业单位人事管理立法的进程，进而保证事业单位人事制度得到较好的贯彻落实，如进行事业单位的分类改革、不断完善岗位管理制度以及激励制度等。

第二，加强法律的支持。加强法律的支持是加快推进事业单位人事管理立法进程的最重要的保障。因此，国家应重视相关法律法规的制定，并积极出台具体可行可操作的事业单位人事管理细则性规定，对工作人员的考核、处分、聘用及奖励等进行规定，以实现事业单位人事管理的法制化，从而确保事业单位人事管理的法治化、规范化。

第三节　相关法律制度

公共部门人力资源管理活动是在国家法律规范下进行的，公共部门工作人员作为特定的职业群体，其权利、义务、责任是由法律和法规加以规范的；管理主管机构的行为也是由法律、法规确定的。公共部门人员管理涉及大量法律事务，国家立法和司法审判为公共部门人力资源管理过程提供基本的法律原则、行为准则、判例和程序。

一、与监控约束相关的两个制度

（一）惩戒制度

对公共部门成员的惩戒，或者称为纪律处分，是指对违反公职人员义务按有关规定进行惩罚。惩罚的主要功能是补偿违反纪律的行为所带来的损失和惩戒违纪的公职员。通过惩戒这种手段，可以更好地对公共部门成员进行良好的约束与监督。

一般而言,对公共部门成员的惩戒按违纪的轻重程度分为三类:一是申诉、警告、记过等,适用于对轻微的失职行为及考绩劣"者"的惩戒;二是减薪、停薪、停升等,适用于比较严重的违纪行为和考绩"中劣"者的惩戒;三是降级、降职、调职、免职、离职、休职以及取清退休金等,适用于严重的违纪行为和考绩"特劣"者的惩戒。

公共部门的惩戒有着极其重要的意义:首先,它有利于保证公共机关正常运行;其次,它有利于加强对公共部门成员的管理;最后,可以防止公共部门运用的权力不正当的侵犯公民的权利。

(二)回避制度

回避制度的建立可以有效防止因亲情、乡情等特殊关系给人事管理所带来的种种弊端,为公共部门公正康洁、依法行政创造良好的工作环境,从面有利于有效对公职人员进制约与监督,加强公共部门的管理。

回避制度主要包括以下几种类型:

(1)任职回避,又称为职务回避,是公共部门在任用上的限制,是指不允许有亲属关系的人员在同一公共部门形成上下级关系、监督与被监督关系。

(2)地域回避,即原籍回避,是限制公职人员在其家乡所在地担任某一级别的领导工作。

(3)公务回避,是指公共部门公职人员在执行公务时,遇到处理自己及其亲属有利害关系的问题时,要自觉避开,本人不得参与,也不得施加任何影响。公务员回避是针对某一特定的公务而言,确定公共部门回避范围时,要着重说明其在执行公务时,涉及处理哪些类亲属、哪些事项需要回避。公务员回避的目的是为了保证公物处理结果的公正性。

回避制度的建立,有利于保证公共部门人才依法执行公务,有利于党政机关的廉政建设,有利于群众对公务活动进行监督。

二、公职人员权利、义务的法律规定

除了赋予公职人员宪法规定的相应的公民权利和义务以外,为了保证公职人员能够履行应尽的公务管理职责,完成国家和政府委托的任务,有关的国家公务员法律还规定了其在履行公职时,能够做出或不得做出的行为。这就明确了公职人员基于法律赋予的身份而拥有的特定权利,以及必须承担的义务和责任。有关公职人员权利、义务的规定界定了公职人员的法律地位。

（一）公职人员权利的基本规定

除赋予公职人员相应的宪法权利和义务以外，为了保证公职人员能够履行应尽的公务管理职责，完成国家和政府委托的任务，法律还规定了在履行公职时，公职人员能够做出或不得做出的行为。这就明确了公职人员基于法律赋予的身份而拥有的特定权利，以及必须承担的义务和责任。

公职人员的权利是指为使公务员有效地履行公务，而以法律形式赋予公职人员某种利益或者做出某种行为的许可和保障。公职人员的权利是以责任和身份为基础的，通过合法的途径获得，为法律所保护。权利具有选择性，即可以按照自己的意愿，不享受或放弃某些权利，包括以下方面：身份保障权、执行公务应有的职务权力和工作条件、政治权利、经济权利、救济权利与监督权利、对机关工作和领导人员提出批评和建议的权利、接受培训的权利、依法辞职的权利和享有法定休假的权利等。

（二）公职人员义务的基本规定

公职人员的义务是指以法律形式规定的，在其执行公务的过程中，必须做出或者不得做出的一定行为的约束，它可分为作为义务和不作为义务。前者是国家或政府以肯定的、命令式的法律规范要求公务员必须做出一定行为的义务；后者是国家以否定的、禁止式的法律规范要求公务员不得做出一定行为的义务。如果公职人员违反了国家规定的禁止性义务，或者对作为义务采取了不作为的态度，他就必须承担相应的责任。公职人员的主要义务有：

（1）遵守国家宪法、法律、法规，依照国家法律、法规和政策执行公务。

（2）忠于政府、忠于职守。遵守公务员的职业道德。为公众服务，忠实履行组织交办的公务责任。勤勤恳恳的工作作风是公务员的基本职业道德。

（3）维护国家安全、利益和政府的声誉。不能散布有损于政府声誉的言论和鼓动对政府不信任的情绪。

（4）在工作中，服从领导的命令，听从组织的指挥。

（5）遵守公职人员的纪律，保守国家秘密和公务机密。

（6）不得接受馈赠，不得兼职从事营利性活动。

（7）接受公众监督。

（8）遵守作为公民应遵守的社会公德，自觉维护公共秩序等其他法定义务。

公职人员不依法履行或不履行其法定义务时，必须为其行为承担的事后相应的法律的或行政的责任,即对其行为后果所付出的代价。公职人员根据没有履行法定义务的程度,相应承担着四种法律的或行政的责任:

(1)身份处分。使公职人员丧失其身份,以使其承担其未能有效履行义务的后果。

(2)行政处分。通过名誉、物质、职级、公职身份的处分,使其承担应负的行政责任。

(3)行政赔偿责任。所在的组织对公职人员因故意或过失损害相对人利益的行为,给予受损人经济上或名誉上的赔偿,并进而追究公职人员的行政或法律责任。

(4)刑事责任。当公职人员的行为违反法定的义务规定并构成犯罪时,依法承担刑事责任。

第三章 公共部门人力资源管理的战略规划

一个组织要维持生存和发展,要拥有合格、高效的人力资源,就必须进行人力资源的规划。人力资源规划作为现代人力资源管理的一项重要职能,从公共部门的组织目标和发展战略出发,对人力资源的需求与供给进行科学预测,并以此为基础为组织提供人力支持,促进组织适应社会经济发展和市场化的内在要求。

第一节 公共部门人力资源配置

一、人力资源配置的概念

人力资源是社会各项资源中最关键的资源,是对组织绩效和发展产生重大影响的资源。人力资源配置就是指在具体的组织或企业中,为了提高工作效率、实现人力资源的最优化而实行的对组织或企业的人力资源进行科学、合理的配置。

二、人力资源配置的原理

(一)能位对应原理

人与人之间不仅存在能力特点的不同,而且在能力水平上也是不同的。具有不同能力特点和水平的人,应安排在要求相应特点和水平的职位上,并赋予该职位应有的权力和责任,使个人能力水平与岗位要求相适应。人力资源管理的根本任务是合理配置使用人力资源,提高人力资源投入产出比率。

(二)动态适应原理

动态适应原理指的是人与事的不适应是绝对的,适应是相对的,从不适应到适应是在运动中实现的,随着事物的发展,适应又会变为不适应,只有不断调整人与事的关系才能达到重新适应,这正是动态适应原理的体现。从组织内部来看,劳动者个人与工作岗位的适应不是绝对的和一定的,无论是由于岗位对人的能力要求提高了,还是人的能力提高要求变动岗位,都要求我们及时地了解人与岗位的适应程度,从而进行调整,以达到人适其位,位得其人。

三、公职人员的任免

(一)任职

相对于企业人力资源配置而言,公共部门人力资源配置具有较强的政治意图。

公职人员职务任免是公职人员任职与免职的统称。它是指任免机关依据有关法律、法规,在任免权限范围内,按照一定的标准、条件,通过法定程序,任命或者免去公职人员担任某一职务。职务任免是国家确认公职人员法律地位的必需的法定程序,它实际上是一种职务管理。

任职是指享有任免权的公共部门(一般是人事部门或组织部)根据有关法律法规,在任免权限范围内,通过法定程序和一定手续,任命公职人员担任某一职务的过程,也就是确认某种职务关系。

免职是指享有任免权的公共部门根据有关法律、法规的规定,在任免权限范围内,通过法定程序,免去公职人员或解除专业技术人员担任的某项职务。

从我国公共部门管理实践看,政府的高层次管理者如县长、市长等都是由相关组织部门提名,最终都由相应的人大来选举确认的。

全国人民代表大会常务委员会委员长、副委员长、秘书长、委员,由全国人民代表大会选举产生,向全国人民代表大会报告工作,受全国人民代表大会监督,对我国人民代表大会负责。国家主席、副主席、军委主席、最高人民法院院长、最高人民检察院检察长,由全国人民代表大会选举产生,受全国人民代表大会监督,对全国人民代表大会负责。国务院总理不是选举产生的,由国家主席提名,全国人民代表大会决定。总理向全国人民代表大会报告工作,受全国人民代表大会监督,对全国人民代表大会负责。国务院副总理、国务委员、各部部长、各委员会主任、审计长、秘书长,由总理提名,全国人民代表大会决定。中央军委副主席、委员,由军委主席提名,全国人民代表大会决定。全国人大代表由各省人民代表大会选举产生,受本省人民代表大会监督,对本省人民代表大会负责。省长、省高级法院院长、省人民检察院检察长,由省人民代表大会选举产生,向省人民代表大会报告工作,受本省人民代表大会监督,对本省人民代表大会负责。省人民代表由各市人民代表大会选举产生,受自己所在市人民代表大会监督,对自己所在市人民代表大会负责。市长、市中级人民法院院长、市人民检察院检察长,由本市人民代表大会选举产生,受本市人民代表大会监督,对本市人民代表大会负责。市人民代表由各区、县人民代表大会选举产生,受本区、县人民代表大会监督,对本区、县人民代表大会负责。各区县区长、县长、法院院长、检察院检察长,由本区、县人民代表大会选举产生,受本区、县人民代表大会监督,对本区县人民代表大会负责。各区、县人民代表由本区、县选民直接选举产生,受选民的监督,对选民负责。各乡长、镇长,由本乡、镇人民代表大会选举产生,受本乡、镇人民代表大会监督,对本乡、镇人民代表大会负责。乡、镇人民代表由选民直接选举产生,受自己的选民监督,对选民负责。

选举产生的各级国家官员和人民代表,任期为五年。选举单位有权利罢免自己选出的官员和代表。党委系统的官员不经选举由上级组织部门直接任命。

（二）免职

人大常委会既有撤职权,也有免职权。

撤职与免职性质不同,撤职是一种惩罚性行为,表明被撤职人员有重大过错,如违纪工作、严重失误,甚至有违法行为等。撤职与撤销党内职务、撤销行政职务的党纪政纪处分有所不同;人民代表大会及其常委会集体行使权利,一旦撤销某官员的职务,没有复议、申诉、诉论等救济途径,只能当一般公务员。因此,撤职是各级人民代表大会及其常委会行使人事任免权的一种最严厉的监督手段。但在某些情况下,免职也适用于有过错行为的国家工作人员。但相对于撤职而言,其过错程序要轻一些,或者其行为的性质还有待进一步查清核实,只是现在已不适于继续任职。

免职和撤职的区别:

(1)撤职和免职有原则区别。撤职,是对于违反党的纪律的党员的一种纪律处分。免职,属于干部任用的一种组织措施,不是纪律处分。在某种情况下,有的党员犯了错误作了处理后,党的组织认为不适宜担任现任职务时,也可以免去其现职务,这是正常的干部任免,不能视为纪律处分。

(2)提出主体不同,按照监督法的规定,可以向本级人民代表大会常委会提出撤职案的主体有三类:一是县级以上地方各级人民政府、人民法院和人民检察院提出。应由本级人民政府正职首长、人民法院院长和人民检察院检察长代表本机关签署,向本级人大常委会提出;二是县级以上地方各级人大常委会主任会议提出。对于由常委会决定任命的国家机关工作人员,经有关部门调查核实,发现有违法违纪、失职渎职等情况而需要撤销其职务的,可采取会议的方式决定问题。

（三）降职

在国家公务员制度中降职不再是一种行政处分,而是以法规的形式,把降职确立为一种变更职务关系的任用形式。《公务员法》规定:"公务员在年度考核中被确定为不称职的,或者不胜任现职又不宜转任同级其他职务的,应当按照一定程序予以降职。"也就是说,公务员降职的条件是本人不称职或者不胜任现职两种情形。降职需要遵守能上能下原则和逐级降职原则。

现实当中存在的偏差是一些公务员被降职之后一方面自身士气低落,另一方面则是上级有关部门始终认为其能力有偏差甚至误以为其犯错,故再次晋升的难度较大。

（四）降级

降级是各国公务员进行处罚的普遍做法。近年来,我国深入反腐,出现了一系列因为腐败问题而导致的断崖式降级。如2015年江西省委原常委、秘书长就从副部级直接降到科员,2017年民政部原党组书记则从正部级降到副厅级。

四、优化人力资源配置的基本方法

人力资源配置模型是基于公司职级结构并对公司员工职级情况进行文本量化的结果。公司人力资源部根据岗位的重要性、是否更偏向执行、是否更偏向管理或战略制定、是否具有专业的技术或技能等相应地设置管理线及专业线岗位,并相应地设不同的级别。相应地,岗位、级别的差异则在对应的薪酬体系中得以体现。

1. 构建配置模型:科学量化人力资源

为了获取公司人力资源配置模型,需要对员工的"岗位—职级"信息进行数据量化。一般而言,可以按照这些职位在岗级体系中的重要性,并参照对应的薪酬数据或其他参考标准作为基数,而进行等比例赋值,最终形成公司人力资源的配置模型。

2. 合理选取量化标的

量化标的即指选择量化的"文本数据源"。由于人力资源信息往往是文本类型的,如岗位、职称、性别、部门等,故在选取量化指标时往往需要优先考虑标的物的合理性。一般来讲,选取的标的物是对分析问题最为直接的因素。例如,在分析人力资源配置模型时,往往选择各岗位、职级人员数量来进行分析。量化标的的选择可能会影响整体分析结果。假设我们选择了公司定编岗位、职级人员数量来进行分析的话,那结果可能会与按照实际人员数量分析出来的结果背道而驰。

3. 对指标进行合理赋值量化

对文本数据的量化方法有很多种,如管理层打分,按平均晋升时间、平均工资、岗位贡献度等。在对文本数据进行赋值量化时,需优先考虑其合理性,即量化标准是与标的物直接相关,并随着标的物的变化而进行更新。另外,在进行标的物量化时还需要考虑获取该指标的难易程度,同时尽量减少人工判断。

第二节 公共部门人力资源规划

人力资源规划是人力资源战略的重要组成部分,是人力资源管理过程各项具体业务活动的起点。组织的任务需要通过相应的人来完成,人力资源规划就是一个将组织目标分解成为对特定人力的需求,通过具体政策制度的实施,确保组织人事相宜,完成战略目标的过程。

一、公共部门人力资源规划的一般概述

(一)公共部门人力资源规划的内涵

公共部门人力资源规划,就是指公共部门根据组织未来的任务和环境对组织提出的要求,运用科学的方法和技术,对其人力资源进行预测、合理配置与计划,进而满足组织所需人力资源的过程。

从这个定义可以看出以下内容。

(1)公共部门人力资源规划可以预见未来的人力资源需求。组织的外部环境在未来处于不断变化之中,这将使组织的战略目标也处于不断变化和调整之中。公共部门人力资源规划就是在未来环境和组织目标可能发

生变化的前提下进行预测分析,对组织的需要进行识别和回答,把握环境和战略目标对组织的要求,以确保组织长期、中期和短期的人力资源需求,使组织尽快地对环境做出反应,从而增加竞争优势。

(2)公共部门人力资源规划是以公共部门的战略目标为基础的,当公共部门的战略目标发生变化时,人力资源规划也应做出相应的调整。

(3)一个组织需要通过人力资源规划来指导人力资源管理的政策与实践,以保证人力资源的各个管理环节在变化的环境中仍能保持有效与一致。

(二)公共部门人力资源规划的特征

公共部门与私人部门的人力资源规划尽管都是解决组织未来的人力资源供给与需求的平衡问题,但是由于组织性质的差异,公共部门与私人部门的人力资源规划有不同的特点。

(1)公共部门人力资源规划是与公共领域的政策目标、政府财政预算紧密联系在一起的。政府预算的准备或批准过程把公共部门人力资源管理纳入一个大的政治环境中。人力资源规划是协调外部政治环境与诸如工作分析、工作分类和工作评估以及补偿等组织内部的公共人事管理核心活动的一部分。公共部门人力资源规划就是要把部门管理者提出的"期望目标系列"与由财政约束、政治理念与政治目标所造成的政治现实之间协调起来。

(2)公共部门的人力资源规划不仅受到公共部门本身的约束,而且受到社会各个治理主体的制约。公共部门的人力资源规划过程的主要参加者,除规划部门自身外,还涉及上级主管部门,以及其他利益相关者等主体。尽管每个参与者会根据情况的变化而变化,但各方都将坚守自己的角色地位,而各部门的目标应当与公共领域的整体目标保持一致。相比而言,私营部门制订自己规划的主体往往只有自身独立参与。

(3)公共部门的价值在于提供公共产品和公共服务、公共设施和公共教育等,为了提供更为有效和更为公平的公共服务,公共部门人力资源规划必须和人力资源管理的其他环节的工作有机结合起来。通过人力资源规划活动,公共部门可以优化其在人力资源的数量、质量、结构方面的配置,以提供更高质量的服务。

(三)公共部门人力资源规划的意义

公共部门人力资源规划是国家社会经济发展总体规划的重要组成部分,是公共部门发展战略和重大决策的基础,它对一个国家和地区人力资源的合理开发和利用、对经济社会的可持续发展、对实现充分就业都起着积极的推动作用。

1. 人力资源规划为公共部门发展目标和任务的实现提供了人力支持

由于组织所处的内外环境是不断变化的,组织的战略目标也需要不断地调整。为了适应组织未来发展战略的要求,人力资源管理必须采取相应的措施。管理系统引入人力资源规划,就是对组织发展做出的回应。人力资源规划能够在明确组织目标的基础上,通过预测得知人力资源的供需缺口,进而采取相应的对策平衡人力资源的供给与需求,确保组织目标实现所需要的人力供给。另外,人力资源规划还可以使组织成员看到未来组织各个层面的人力资源需求,从而参照组织人力资源的供给状况设计自身的发展道路。组织整体规划与个人职业发展相结合不仅可以为公共部门判断人才来源和人才培养方式提供重要的依据,也可以为个人提供更多的发展机会,提高个人的工作生活质量。

2. 人力资源规划是公共部门其他各项人力资源管理职能的基础

人力资源规划的这种基础性作用体现在它与其他管理活动的关系上:从规划与培训的关系来看,根据人力资源规划确定的目标,公共部门可以有计划、有步骤地培训公共部门人力资源,使其在知识、技能、职业素养等方面适应组织发展的需要。比较各种人力资源的使用途径,在同等资源条件下,有计划地教育、培训内部人员和更新他们的知识、能力结构,发挥其潜质,实现人事相宜,是一条最为经济和有效的道路。所以说,人力资源规划建立了组织的未来发展与现实的人力资源的有效开发之间的桥梁。从规划与选拔、录用、晋升、转任、退休间的关系来看,公共部门人力资源规划描述了一定时期内,适应组织工作性质所需的公共部门人力资源的总体数量、专业技术种类和能力水平层次等方面的要求。而要将规划的目标付诸实施,组织必须控制公共部门人力资源的"入口"管理、"出口"管理和内部流动管理等重要环节。这意味着组织在发现现有人力资源状况缺陷与不足的条件下,会有目的地调整公共部门人力资源的总体结构,通过有意识地选拔、录用、重用某类人才,或安排某些公共部门人力资源转任、离职、退休,实现公共部门人力资源结构的整体完善,这在客观上也促成了公共部门人力资源个人的不断发展。

3. 人力资源规划促进了公共部门人力资源的开发和利用

任何国家和地区的人力资源的发展都面临着两项基本任务:一是不断

提高人力资源的内在质量;二是努力改善人力资源的利用效率。前者属于人力资源的合理开发,后者属于人力资源的有效利用,二者不可偏废。然而,在不同的历史时期和社会条件下,有关人力资源的发展重点却有所不同。特别是当经济和社会运行出现非均衡状态时,选择一个适宜的人力资源规划对于促进人力资源的健康发展就显得尤为重要。当前,我国公共部门的人力资源在开发和利用两个方面不均衡,利用效率很低。因此,在制订人力资源规划时,应以有效利用为重点,坚持合理开发和有效利用并举的思路。即注重改善和提高现有人力资源的使用效率,通过深化体制改革和实施各项政策,促进现有人力资源的结构调整和优化重组,尽可能地释放共潜在的能量。同时,在保证效率的前提下,根据社会经济长期发展的需要和可能,积极稳步地推进人力资源的开发步伐。

(四)公共部门人力资源规划的影响因素

公共部门人力资源规划的科学性和合理性不是由单一因素决定的,而是受到诸多相关因素的影响。由于公共部门所处环境的复杂性和公共部门的特殊性,在实施人力资源规划的过程中,必须从组织内部和外部若干影响因素中分析并把握公共部门人力资源规划的可行性,将公共部门人力资源规划建立在现实性和可操作性的基础上。

公共部门人力资源规划的影响因素主要分为外部影响因素和内部影响因素两个方面。

1. 公共部门人力资源规划的外部影响因素

外部影响因素是指公共部门外部客观存在的影响公共部门人力资源规划的各种因素,主要包括经济因素、政治法律因素、政策法规因素及社会因素等。

(1)经济因素。

经济因素指一个国家、地区乃至全球的经济环境。经济因素会直接影响具体的公共部门组织的经营管理状况。在经济蓬勃发展时期,公共部门对人员的需求就会增加,而在经济衰退甚至经济危机期间,公共部门对人员的需求就会大大减少,社会的失业率也会大大增加。经济因素包括经济发展的速度和经济体制两个方面。经济发展的速度不但决定了人力资源的供给状况,而且决定了人力资源的需求状况。当经济发展速度较快时,劳动力供给市场会出现"供不应求"的现象,公共部门人力资源需求也会急剧增加,当经济发展速度较慢时,劳动力供给市场会出现"供过于求"的现象,公共部门由于经济衰退的影响,对人力资源的需求也会大幅下降。

（2）政治法律因素。

政治法律因素是指政治法律制度，是直接影响人员需求的重要因素。政治因素主要包括公共部门的职责范围、权力的运行方式和主要领导人对人力资源的认识和重视程度以及人才的政治待遇和社会地位，这些都会影响公共部门人力资源的规划。法律因素是指在一定时期内政府颁布并实施的关于人力资源管理的相关法律法规。公共部门在进行人力资源规划时，要认真了解现行法律法规对人力资源规划的影响，使人力资源规划在法律法规允许的范围内进行。

（3）政策法规因素。

由于公共部门是拥有公共权力为社会提供公共产品的部门，在人力资源规划上必然受到国家政策法规因素的影响和制约。如国家实行的人员退休计划、休假制度、加班制度、女职工的保障制度等会明显影响组织的人力资源供给和需求，从而必须在人力资源规划上做出相应的回应。

（4）社会因素。

社会因素主要包括社会发展的状况和社会结构的变化，人口的数量、质量、结构及分布，科学技术的发展，教育的发展程度等。社会发展和社会结构变化不但会影响公共部门目标的形成与组织结构的构成，而且会影响公共部门职能重心的转移。科学技术的发展和应用也会影响公共部门人力资源需求结构的变化。新的科技成果转化和技术革新直接影响组织的人员需求结构和需求数量的变化。如计算机技术的普遍应用和推广，就会使公共部门增加管理技术型人才的需求，减少可以被计算机替代的人力需求。教育的发展程度一方面决定了人力资源供给的质量，另一方面又决定了人力资源的需求状况。

以上这些外部因素及其变化都会影响公共部门人力资源的规划。

2. 公共部门人力资源规划的内部影响因素

内部因素是指由公共组织内部环境的变化而影响公共部门人力资源规划的各种因素，主要包括公共部门组织目标和职能重心的变化、组织内部人力资源的结构、公共部门内部人力资源的流动、公共部门内部科学技术的使用情况等。

（1）公共部门组织目标和职能重心的变化。

公共部门组织目标是指公共部门组织在一段时期内，希望通过组织努力将能达成的目标。组织目标会随着内外部环境的变化而做出相应的调整，尤其是当组织的战略目标发生转移时，就会对公共部门人力资源规划提出相应的要求。另外，公共部门职能重心的变化同样会影响公共部门人力资源规划,因为职能重心的变化意味着对人才需求结构的变化。如政府的职能以经济建设为重心时,政府需要较多的经济型人才;政府以社会管理和公共服务为职能重心时,政府则需要较多的管理型和服务型人才。

(2)公共部门组织内部人力资源的结构。

公共部门组织内部人力资源的结构包括组织内所有成员的年龄结构、知识结构、能力素质结构等。组织内部人力资源结构合理,就能够发挥人力资源的整体效益。如果组织内部人力资源结构不合理并得不到优化,就会影响人力资源整体效益的提高,因此必须基于当前的结构问题和未来的需要做出科学的人力资源规划。

(3)公共部门内部人力资源的流动。

公共部门内部人力资源的流动包括人员的升降、辞职、辞退、退休等。公共部门组线内部人力资源的流动,一方面有利于调动公共部门组织的内部人员工作的积极性,但另一方面容易造成公共部门组织内部人力资源供给的短缺和结构性缺失。公共部门人力资源规划就是要提前预测组织内部人力资源的流动情况,及时补充公共部门组织内部短缺的人力资源并优化其结构。

(4)公共部门内部科学技术的使用情况。

公共部门内部科学技术的使用情况同样会影响公共部门人力资源规划。如政府内部电子政务的推行,政府网站的建立等都需要一定数量的信息技术人才。

(五)公共部门人力资源规划的原则

公共部门人力资源规划的原则主要包含系统分析原则、重点规划原则、动态调整原则和实事求是原则。

1. 系统分析原则

系统分析原则是指公共部门人力资源规划必须进行系统分析,找出各种因素之间的关系,权衡利弊,统筹安排,全面规划。公共部门的人力资源规划是根据公共组织战略目标制订的,它实际上是对公共组织战略目标在资源保障与配置人力资源供需方面的分解,是为实现组织目标而制订的辅助性规划,它与组织的其他规划共同构成组织目标的支撑体系。因此,公共部门的人力资源规划意义重大,涉及的因素也很多,所以要系统分析,统筹安排,全面规划,以促进公共组织战略目标的实现。

2. 重点规划原则

重点规划原则是指公共部门人力资源规划应该抓主要矛盾,进行重点规划,在综合平衡,统筹兼顾的基础上重点规划带动全局。政府采取的是一种垂直的、层级制的结构体系。在一个国家和地区中,政府的各个管理层级和部门都是体系中的一个链条。这种完整的统一的组织构架,保证了政府统一的行政管理权的行使。因此,公共部门的人力资源规划要讲究宏观性和综合性。但是,政府部门这个统一的链条中,必然有些部门是关键环节,起着主导作用,因此,在统筹规划的同时,要讲究抓住主要矛盾,以重点带动全局。

3. 动态调整原则

动态调整原则是指公共部门人力资源规划应有自我调整的能力,随形势的变化而调整,不断适应变化的环境,更好地指导实践,完成规划的目的。组织内外环境的变化导致组织目标的调整,因此人力资源需求也将随之变化。需求的变化影响人力资源供需之间的平衡,因此人力资源规划要遵循动态调整的原则,平衡人力资源的供给与需求,确保组织目标的实现。

4. 实事求是原则

实事求是原则是指遵循事物发展的客观规律,依照人力、财力、物力等客观条件制订适宜的规划。

从微观的层面上讲,一项人力资源规划应该建立在组织内部的实际情况之上,一般包括现有员工的一般情况、知识经验、能力、潜力、兴趣、需求、绩效培训情况、人力资源流动状况、人力资源结构等。从宏观的层面上讲,公共部门的人力资源规划要考虑社会整体的经济形势、人力资源政策等因素。因此,进行人力资源规划不是凭空臆断,而必须实事求是,客观地制订。

二、公共部门人力资源规划的内容

人力资源规划包括两个层次的内容:总体规划和各项业务规划。人力资源总体规划是对人力资源管理和开发的总目标、总政策、实施步骤以及总预算的安排,各项业务规划则是总规划的展开和细化。

(一)总体规划

人力资源总体规划以公共部门的战略目标和未来发展趋势为依据,围绕组织人力资源开发与管理的总目标展开设计,并提出人力资源政策的实施方针、步骤、时间安排、经费预算等若干思路。它强调规划内容上,数量规划与质量规划的统一,规划结构上外部和内部的统一。外部统一意味着总体规划与组织战略的一致性,而内部统一则是指总体规划与各项业务规划及业务规划之间的配合协调。

(二)业务规划

业务规划是总体规划确立原则下,关于各项具体人力资源管理业务活动的方案安排的计划,是人力资源战略和人力资源总体规划得以实现的实施保证。从内容上看,公共部门的人力资源业务规划包括以下几个方面:

(1)公职人员的补充计划。主要涉及公职人员的类型、数量、结构和效果设计,包括对公职人员的来源、任职资格、福利待遇以及招募、甄选、调任、轮换等以及相应费用预算的计划。

(2)公职人员的使用计划。主要涉及各部门的定编、定岗和定员方案,包括部门职务分类与设置标准、绩效管理目标、交流调配制度、任职资格考核、聘任与解聘制度及相应的时间、资金安排等。

(3)公职人员的培训开发计划。一般围绕提高公职人员的政治素养、业务素质、爱岗敬业、增强组织凝聚力、提高员工满意度等目标展开,主要涉及公职人员培训目标、政策、教育办法、时间安排,经费预算的安排等。

(4)绩效评估与激励计划。绩效与激励计划的目标主要在于稳定队伍、强化责任感、改善组织内部关系、发挥员工的创造性和达到组织目标。在具体实施过程中,涉及绩效管理体系的设置、激励和薪酬政策的制定,分步实施的时间安排,各项费用的预算等。

值得注意的是,为了保证各项计划的实施,除了上述各项内容外,人力资源规划还应明确执行、监督规划的责任部门和人员以及相应的权利义务。从时间上讲,人力资源规划要有相对的稳定性,但这并不意味着人力资源的各项规划是静止的,它必须是柔性的,随着组织结构内、外部环境的变化,人力资源规划必须做出相应的调整,在变化中不断发展和完善。

三、公共部门人力资源规划的制定程序

公共部门人力资源规划的制定和实施经历准备、实施和反馈等若干环节,一般说来要经过以下几个步骤:

(1)收集资料,分析现状。信息资料是制定人力资源规划的依据,因此,收集资料是制定人力资源规划的首要工作。与组织人力资源规划相关

的信息包括组织内部信息,如组织战略的修订与变化、员工的基本状况、各岗位的具体要求、不同时期员工的变动情况等,组织外部信息,包括相关政治、经济环境的改变、人力资源供求状况、成本的变化等。

(2)预测组织人力资源的供求,进行差异分析。在充分收集和研究现在资料的基础上,采用定性和定量的方法,对规划期内组织的人力资源供求状况进行预测,确定人员的余缺情况,为人力资源规划的制定打下基础。

(3)确定公共部门人力资源规划目标及总体规划。公共部门人力资源规划的目标随组织战略和人力资源发展战略而定,并配合战略目标的实现。在对组织内、外部环境以及人力资源供求状况充分了解的前提下,结合组织条件制定具体可行的目标和行动方案,其目的在于为组织人力资源的开发管理提供依据和基本原则。

(4)制定实施具体的人力资源业务规划。业务规划应是详细周全,而又切实可行的具体方案,主要包括:

①工作分析。工作分析为组织提供人力资源管理的基础信息,是进行员工选拔、作用、培训开发、绩效激励以及晋升发展的根据。

②职业分析。结合组织发展与个人期望,鼓励公职人员积极参与工作,提高员工的成就感。

③招募计划。科学的招募计划能够为组织选择最合适的人员,并做到人事相宜。

④培训计划。现代公共管理要求公职人员不断更新自己的知识、提高自身的技能,而一个切实可行的培训计划对于提高公职人员的整体素质和组织的竞争力、创新力是必不可少的。

⑤考核计划。对公职人员的工作表现给予公平、公正、公开的评价,不仅是组织人事管理工作中薪酬、晋升和奖惩的需要,也是员工自我价值实现的需要。

⑥异动计划。通过升迁、调遣、岗位轮抵达等实现公职人员的合理流动,是实现组织人事相宜,保持员工活力的重要保证。

⑦薪酬福利计划。合理的薪酬计划是组织队伍稳定、工作高效的基础,对于公职人员而言,也是保证其廉洁奉公的重要途径。

⑧配套的规章制度及纪律建设。

(5)人力资源规划的实施。这一阶段是人力资源规划的实际操作过程,要注意协调好各部门、各环节之间的关系,确保各项规划都能落实。

(6)人力资源规划的审计与修正。这是人力资源规划的最后阶段,也是最容易被忽略的工作。这一环节的工作对于保证人力资源规划具有可行性和持续性,能够真正符合组织需求,对促进组织战略的实现具有重要的意义：一方面，通过审计工作，可以防止规划的实施流于行式；另一方面，审计评估可以广泛收集对规划实施产生的意见和建议，促进规划的不断完善。由于人力资源规划是一个持续的动态过程，审计工作的重点在于根据组织内外各项因素的变化，检查整个规划过程，并将结果回馈给人力资源管理部门，以便及时修正。

四、公共部门人力资源供求预测

人力资源供求预测包括人力资源的供给与人力资源的需求预测两方面的内容。人力资源的需求预测是指在组织不断发展的前提下，对未来组织所需各类人员的数量、结构的预测；而人力资源供给预测则是对组织内部和外部人员来源及变动情况所做的分析。人力资源的供求预测是人力资源规划的基础性工作之一，其准确程度直接决定规划的效果。

人力资源供求预测是一项技术性很强的工作，可供选择的方法也很多，同时对预测人员的专业性要求也比较高。

（一）人力资源需求预测

人力资源需求预测首先从全面分析影响人力资源需求变动的各项内、外部因素入手。影响公共组织人员需求的内部因素包括组织结构的变革、组织目标、组织效率、业务内容、管理水平等，其中任何因素的变更都可能直接导致未来人员的需求变化；由于受到市场因素的影响较小，国家宏观政策的调整和变更可能是影响公共部门人员需求的外部因素中最重要的部分，当政策发生变化时，可能会直接导致公共部门的机构和人员调整，从而影响组织的人员需求。此外，管理现代化程度、财政预算、劳动力成本的增减、其他组织的发展状况和就业情况也是影响公共部门人力资源需求的重要因素。

人力资源需求预测的方法主要包括定性和定量两类预测方法，目前国内外主要采用以下几种方法。

1. 德尔菲法

使用德尔菲法，首先应成立一个研究小组，概括出若干与需要进行的预测有关的问题，然后邀请20～30位专家，将问题表寄给他们，请他们回答。参与的专家是匿名的，参与者处于互不知晓的状态。当小组收到专家寄回的问卷答案后，进行统计、分析和归纳，将第一次回答的结果归纳成新的问题表，反馈给专家。一般经过两三轮的反馈后，意见趋于一致。根据专家提出的最后意见,总结前几轮的反馈结果,进行最后预测。使用德尔菲法进行预测,应该注意以下原则:在预测过程中,人力资源部门应该为专家们提供充分的信息,包括已经收集的历史资料和有关的统计分析结果,目的是使专家们能够做出比较准确的预测;另外,所提出的问题应该尽可能简单,以保证所有专家能够从相同的角度理解相关的概念;在必要时,可以不问人力需求的总体绝对数量,而只问变动的百分比或某些专业人员的预计变动数量;对专家的预测结果也不要求精确,但是要专家们说明对所做预测的肯定程度。

2. 比率分析法

比率分析法是指通过公共部门中各类公职人员的数量与其服务对象之间的比率来确定未来人力资源需求数量的方法,这是一种短期有效的预测技术。比如,通过医院护士与病床数之间的比率进行预测,病床数每增加一定比例,就要以此推断未来所需的护士人数,这实际上是将公共部门的业务量转化为人力需求的过程。

3. 趋势预测法

趋势预测法是根据组织中与人力资源数量和结构变化关系最为密切的因素,并分析人力资源需求状况同这一因素间的变化趋势,绘制趋势曲线,修正后对未来的人力资源需求量做出判断的方法。

趋势预测一般从以下几个环节入手:一是选择恰当的组织因素。所选择的组织因素首先必须与组织的基本特征直接相关,由此才有可能根据这一因素来制订组织计划;所选因素的变化必须与公共部门所需人力资源数量的变化成比例。二是确定历史上组织因素与人员之间的数量关系,确定两者之间的相关系数。三是根据过去工作效率及未来期望对组织因素与员工数量之间的系数关系进行调整,并根据未来的组织因素,确定未来所需的员工数量。

(二)人力资源供给预测

人力资源的供给包括两方面的内容:一是内部员工拥有量预测,即根据现有人力资源及未来变动情况,预测出规划期内各类组织人员的数量;二是人力资源的外部供给量预测,即考虑规划期内可以从组织外部获得的各类人员的数量。

这里所讨论的供给预测,是指组织内部人力资料供给预测,进行内部供给预测时,首先要考察现有各岗位人员的存量,然后根据各种影响员工变动的因素对未来各岗位的员工进行预测。

1. 管理者继任计划

继任计划就是把人力资源规划与组织的战略目标有机结合，从而对未来各岗位管理人员进行预测的方法。这种方法为国内各类组织广泛接受，特别是在公共部门，对于未来管理者、领导者和专业技术人员预测时得以普遍运用，管理者继任计划也常用于公共部门后备干部档案的建立、选拔和评价，是公共部门建立人才储备的一个重要工具和途径。

继任计划根据现在对各管理岗位的素质、技能和绩效要求，以及当前任职者的工作绩效、晋升或调整的可能性为基础建立。继任计划的主要实施步骤包括：一是拟订公共部门每一层级管理人员职位的工作范围，确定继任计划，包括现在岗位的任职人员，任职期限、职责、技能等；二是确定每个职位上的继任人选，一般情况下继任者从下一层级现职管理人员中物色，根据组织结构的大小、管理幅度的差异，候选人的数量可以不等，从而形成干部储备；三是对现职人员的继任者的素质、技能、绩效、发展潜力进行评估，同时排列出候选人的候选顺序；四是当管理职位出现空缺时，即按候选人的前后次序确定继任人选。

2. 组织人力资源接续计划

人力资源接续计划是对公共部门人员供给从水平层面上进行预测的方法，既可以用于管理岗位，也可以用于一般干部岗位。人力资源接续计划的关键是根据工作分析中的工作说明书所提供的信息明确各工作岗位对员工的知识、技能和能力的具体要求，并以员工目前的绩效水平作为依据，显示出组织中潜在的职位空缺和可能出现的替换。潜在的空缺有三种情况：第一种是现任员工非常优秀，将会被提升到更高的岗位上；第二种可能是现任员工绩效低下，有可能被调离现任岗位甚至解聘；第三种则是由于退休、离职等其他原因，现任员工会离开该岗位。在对组织员工进行全面评价的基础上，结合空出的岗位确定显然可以达到这一要求的候选员工或者确定哪位员工属于有潜力，可以通过培训后胜任这一岗位的人选。

通过组织人力资源接续计划，可以清楚地看到组织内各岗位的空缺及员工候补的情况，为组织人力资源供给预测提供依据。

3. 马尔克夫转换矩阵法

马尔克夫转换矩阵法的假定前提是组织内部员工的流动模式与流动概率存在一定的规律，而且这种规律会在一定时期内得以保持。其基本思想就是找出过去人员变动的规律，由此来预测未来人员变动的趋势。该方法首先要建立员工流动可能性矩阵图，然后根据预测年份前一年的各类人员数和前几年各类人员的流动概率，计算出预测期各类人员的内部供给数。

（三）人力资源供求综合平衡

人力资源规划的重要任务之一就是要根据供求预测的情况，对组织人力资源进行调整，实现任职者的供求平衡。在现实生活中，组织人员供求平衡是偶然的，更多时候组织的人力资源供求状况可能都处于失衡状态：供过于求、供不应求或者说两者之间结构失衡。为此，公共部门需要编制相应的调整方案。

当人员供过于求时，可采取的方案包括：解聘、降级录用、工作轮换与工作分享、再培训等；而当人员供不应求时，则可通过加班、临时雇用或外包、再培训轮岗、减少流动数量、技术创新以及人员租赁等各种手段予以调整。

五、我国公共部门人力资源规划的改革与完善

近年来，随着人力资源管理与开发理念的深入人心及人才竞争的激烈，国家越来越重视人力资源的规划工作，但由于我们起步很晚，所以还有许多需要发展和完善的地方。

（一）人力资源规划要与社会和组织发展相适应

一方面，人力资源规划应该本着促进人力资源与经济社会发展相协调的原则，紧紧围绕国家提出的改革、发展的战略目标和部署，配合国家重大发展战略的实施，开发和配置人力资源。目前，人事部门应该围绕科教兴国、可持续发展、西部大开发和振兴东北老工业基地等战略的实施，制订人力资源规划，有针对性地吸引、调配和补充紧缺人才和重点人才。

另一方面，人力资源规划要与组织的发展战略相一致。只有这样，人力资源规划才具有现实意义。不明确组织发展的总任务、总目标，这种条件下进行的规划将是盲目的，自然也就不可能为组织的发展提供人力和智力上的支持。

（二）加强人力资源规划的法制化建设

在一个民主、法治的国家中，对一项制度最好的保障方式就是对其进

行立法。要保证公共部门人力资源规划良性、健康地发展,就必须将这项工作纳入法制化的轨道。有关公共部门人力资源规划的法规要成为一个完整的体系,应该包括三个层面。

第一个层面是公共部门人力资源管理的法规,其中包含着对规划的基本原则、基本任务和发展方向的规定,这一层面作为人力资源规划的基本法律依据。

第二个层面是公共部门人力资源规划的具体规定,这一规定应该对规划的种类、内容、方法及保障措施等做出明确描述。

第三个层面是公共部门人力资源规划的实施细则,它应该对规划实施过程中遇到的所有问题进行规定,使规划的各个环节都真正做到有法可依。

（三）加强人力资源预测工作的制度化建设

预测是规划的前提和基础,所以要发展和完善规划工作,就必须先做好预测工作的制度化建设。

（1）要逐步建立起覆盖全国的人才统计制度和人才信息系统,建立与经济发展相配套的人才供求动态模型,做好日常的人力资源供需数据的统计、整理与分析工作。

（2）要建立人才信息定期发布制度。根据已经建立的模型,分析人力资源供需现状并对其发展趋势做出科学预测,及时发布紧缺和过剩人才信息,定期出版人才需求预测白皮书,建立起人才供需平衡的市场导向机制,充分发挥人力资源规划在公共部门人力资源管理中的指导作用。

第三节　公共部门人力资源开发

公共部门人力资源素质的高低直接影响着其提供公共产品和公共服务的质量和效率。公共部门除了通过招募的途径获得组织需要的优秀人才,另一个重要途径就是对现有人力资源进行开发和培训。

一、公共部门人力资源开发的途径

（一）培训开发

培训是公共部门人力资源开发中最常采用的手段。一些教材将培训与开发并列起来,统称为培训与开发。我们认为,培训仅仅是人力资源开发的一种途径,并不是唯一途径,人力资源开发还有教育、职业生涯规划等其他途径。培训工作一般由三个阶段组成,即培训需求分析、培训规划与实施和培训效果评估。

1. 培训需求分析

培训需求分析是在制定人力资源开发规划之前,公共部门从近期与中长期目标出发,对组织人力资源的学历、知识和技能结构进行系统分析和预测,以明确培训方向与内容的系列活动。从长远来看,需求分析通过预测未来一定时间内组织人力资源素质结构的总体要求,确定开发的战略目标和总体框架,作为具体培训计划的依据和指南;从近期来看,培训需求分析是通过对组织现有人力资源的知识和能力结构与组织需求之间差距的分析,明确人力资源中哪些人群需要培训、培训内容是什么以及采取何种培训途径和方法。此外,通过培训需求分析,有助于建立评估人力资源培训效果的标准和指标体系,以便对培训工作的效率和有效性进行评估。

2. 培训规划与实施

培训规划是公共部门在培训需求分析的基础上,制定符合组织发展需要的培训方案。培训规划的程序一般包括:明确培训目标,设计培训课程,选择培训机构和专家,确定培训预算和具体操作事项。培训实施是将培训规划付诸实施的过程。在实施培训的过程中,首先应严格执行培训规划;其次是严格检验培训过程,避免培训流于形式;再次是建立培训反馈机制,保证培训信息的真实性;最后是及时修改培训计划,保证培训任务的顺利展开。

3. 培训效果评估

培训效果评估是指通过对培训工作的检查和审定,发现培训的成绩、问题及原因,并由此改进培训规划和方案,从而提高培训质量的过程。培训效果评估可从三个方面进行:一是对培训过程的评估,包括对受训者反映的评估,即受训者对培训内容、培训方式和讲授水平等进行评估,包括对受训者学习水平的评估,即受训者是否学到应学的知识、技能等;二是对培训结果的评估,包括培训后受训者的工作能力和水平的评估,包括培训计划对受训者个人及组织绩效影响的评估;三是对培训成本有效性的评估,以强化培训的成本约束。

（二）教育开发

教育开发是指公职人员的成人教育、继续教育，目的是使公职人员通过教育获得更高的学历、更扎实的专业知识和更科学的研究方法，从而实现个人发展和组织发展。教育开发是公共部门培养优秀后备人才、提高公职人员综合素质的重要途径。公职人员可根据自己的兴趣和职业发展规划选择合适的专业进修。目前，中国（也是大多数发达国家）公共部门在职人员教育开发中最为常见、应用最为广泛的是公共管理硕士（Master of Public Administration）教育；它起源于美国，1924 年，美国锡拉丘兹大学（Syracuse University）马克斯维尔公民与公共事务学院（Maxwell School of Citizenship and Public Affairs）创建了世界上第一个公共管理硕士（MPA）教育项目，西方发达国家由此掀起了公共管理硕士教育的热潮。

1. 教育开发的目的

教育开发与培训开发的最大区别在于，教育开发是通才教育，公职人员在接受教育开发后，将得到综合素质和学历水平的提升。公共部门人力资源教育开发的目的是在现有人力资源总量不变的情况下，提高人力资源的综合素质，完善学历结构，达到个人与组织共同发展的目的。

2. 教育开发的模式

公共部门人力资源教育开发的模式有两种，即全日制（脱产）教育和非全日制（在职）教育，它们是应用型而非学术型的教育项目。以公共管理硕士教育为例，在西方尤其是美国，公共管理硕士教育既有全日制，也有非全日制，一般在两年以内（有两年、一年半、一年、甚至 6～8 个月）。而我国在职研究生教学制一般为二至四年。在课程设置上，尽管不同国家、不同大学在课程设置上有所区别，但仍有一些基本相同或相似的课程，并且课程设置都注重理论和实务并重。

（三）职业生涯开发

职业生涯开发是指公共部门在对公职人员个人和组织内外条件进行分析的基础上，根据组织发展战略和公职人员个人的事业发展目标，对公职人员的职业历程进行规划与管理，编制相应的任职、教育、培训等计划，并对每一步骤的时间、方案和措施做出合理安排，以实现个人与组织的共同成长。因此，职业生涯规划是公共部门人力资源开发的重要内容，一般包括以下五个方面。

1. 职业规划

职业规划是一个明确职业方向、确立职业目标、策划职业路径、设计职业发展方案的全过程。职业规划的主体是个人，具有鲜明的个人特色。公共组织在人员职业规划过程中起辅助和参谋作用，并根据人员个人的特点，了解他们成长和发展的方向和兴趣，并使其与组织的发展和需要统一起来。因此，职业规划设计需要个人和组织共同配合才能完成。

2. 职业发展信息系统

个人职业规划的科学设计依赖于与职业有关的一切信息，而由于个人在精力、财力、空间以及个体认知能力上的限制，全面而准确地掌握职业信息是非常有限的，因此必须发挥组织的优势，建立职业发展信息系统，为员工提供与职业相关的信息。

3. 职业咨询

提供职业咨询也是组织在职业生涯开发中能够提供的重要资源，主要方式是通过面谈、问卷、讲授等多种形式，由组织的领导者、部门主管以及职业规划专家为员工提供职业咨询，主要包括：帮助员工分析自身特性、工作动机和需求、职业价值观、自我认知能力、职业选择的着重点；辅助员工学习与职业生涯发展有关的理论知识，使员工能够更积极地管理自己的职业生涯；提供组织内外可供选择的职业；帮助解决职业生涯发展过程中出现的问题；帮助员工明确发展方向，树立职业信心。

4. 多元化职业路径

职业路径是公共部门为公职人员设计的自我认知、成长和晋升的管理方案。它客观描述了组织结构中层级和职务上下连接的宽度、线路和位置，规定了高职务由低到高的路径和条件，展示了公职人员在组织内部职业发展的可能路径。

5. 教育培训计划

根据个人职业生涯开发的要求，制定教育培训计划，也即前面所说的培训开发和教育开发。因此，职业生涯开发和培训开发、教育开发是密切联系的。组织通过培训、教育，使公职人员明确职业发展的现实与目标的差距，查漏补缺，最终实现良性的职业发展目标。

二、公共部门人力资源开发的重要意义

（一）公共部门人力资源开发是适应知识经济的需要

信息社会和知识经济时代的来临，使公共部门人力资源管理面临着前所未有的挑战。约翰·奈斯比特指出："在信息经济社会里，价值的增长不是通过劳动，而是通过知识实现的。'劳动价值论'诞生于工业经济的初期，必将被新的'知识价值论'所取代。"这些特征也已渗透到公共部门的管理和服务中，要求公职人员必须接受终身的教育和培训，不断地进行知识与技能的更新，以适应社会迅速发展变化的需要，跟上时代前进的步伐。

（二）公共部门人力资源开发是有效应对社会问题的需要

改革开放30多年来，中国经济发展取得了举世瞩目的成就，但社会矛盾和问题也随之日益凸显，诸如教育、养老、医疗、就业、环境污染和食品安全等，这些社会问题的症因复杂、牵一发而动全身，解决这些社会问题的难度不断加大。这就要求公职人员不断提升准确分析和有效解决社会问题的能力，熟练掌握和有效运用现代技术手段，高效率地解决社会矛盾和问题。因此，公共部门只有根据形势与发展的需要，通过培训、教育等途径不断提升公职人员的知识、能力和素质，才能出色地履行公共管理和服务职能。

（三）公共部门人力资源开发是行政发展的需要

行政改革与行政发展是个古老而常新的话题，几乎每一个国家的每一届政府都会推进富有"新意"的行政改革。我国著名行政学者张康之将历史上的行政划分为三种模式，即统治行政、管制行政和服务行政。在21世纪的今天，行政发展意味着政府将成为服务型政府，而不是单纯统治型或管制型的政府；在政府与市场、政府与社会的关系中，政府将更多地提供指导和服务，而不是统治或直接管理。毫无疑问，公共部门必须通过教育、培训等人力资源开发途径，及时向公职人员灌输新的管理理念、管理思想、管理原则、管理方法和管理技术。

三、我国公共部门人力资源开发

（一）培训开发

1. 培训机构

（1）主管机构。

①组织部门。中央组织部和各省（自治区、直辖市）党委组织部是公务

员教育培训的主管机构,以实施宏观管理为主,在抓好重点培训项目的同时,履行整体规划、宏观指导、协调服务、督促检查和制度规范等职能。

②人事部门。国务院人力资源和社会保障部按照职责分工,负责指导协调全国行政机关公务员培训工作;政府人事部门按照职责分工,负责指导协调本辖区行政机关公务员培训工作。

③党委、政府各部门。中央机关各部门按照职责分工,负责相关的公务员培训工作,指导本系统公务员业务培训;地方各级党委部门和政府部门按照职责分工,负责相关的公务员培训工作。

(2)实施机构。

①各级党校系统。这是我国公职人员培训的重要基地。党校的培训内容以马列主义和党的方针、政策、路线的学习为主,侧重于提高领导干部的理论水平、战略思维和党性修养。

②各级行政学院。国家和地方行政学院是我国公务员培训的主要基地。国家行政学院的主要职责是:承担高、中级公职人员及国务院各部门初级公务员的各类培训;对地方行政学院进行业务指导,组织地方行政学院和有关培训机构开展广泛的业务交流、合作办学和师资培训等。地方行政学院由地方组建,受国家行政学院业务指导,主要承担地方中初级公务员的培训。

③管理干部学院。管理干部学院是指经各级政府人事管理部门认定,各级政府的职能部门根据本地区、本部门的工作实际和人才队伍建设的情况,建立起培训本系统公职人员的培训机构。我国目前的管理干部学院主要有:对外经济贸易干部进修学院、科技管理干部学院、机械管理干部学院、林业管理干部学院和教育行政干部学院等。

④高等院校、科研院所。高等院校、科研院所可为公共部门提供丰富的知识资源、完备的教学设备和一流的师资。根据有关规定,经国家人力资源和社会保障部或省(自治区、直辖市)人力资源和社会保障部门批准,并通过执行培训资格认证后,可承担公职人员的培训任务。

⑤党委、政府各部门的内设机构。各级党委、政府各部门的内设机构(如人事处、教育培训处等)也可以为本部门或本系统的公务员提供多种形式的培训,如聘请专家学者开设专题讲座、短期技能培训等。

2. 培训类型

(1)按法定类别划分。

根据我国《公务员法》第六十条的规定,我国公务员培训有五大类别。

①初任培训,即对新录用但尚未正式任职的公务员所进行的培训。省

（自治区、直辖市）行政学院主要承担省直机关公务员的初任培训。

②任职培训，即针对晋升一定领导职务的在职公务员，省（自治区、直辖市）行政学院承担的主要是晋升正、副厅局级和县处级领导职务的人员。

③专门业务培训，即针对公务员从事专项工作所需知识和技能进行的培训。培训内容是根据各机关、事业单位、企业的专业性质和业务需要，侧重部门规范知识、岗位技能的训练。

④更新知识培训，即对在职公务员以拓宽、补充相关知识为目的的再教育，侧重了解重大社会信息、掌握新的工作技能和工作手段以及提高个人修养。

⑤后备领导干部培训，对象一般为重点培养的年轻干部。

（2）按职级类别划分。

按照"分级管理"体制，各级培训机构都对应相应的公务员职务层次，由此形成以公务员职务层次的班级分类。如省部级培训班、市厅级培训班、县处级培训班和乡科级培训班等。

（二）教育开发

教育开发是为了使公职人员获得全面系统的专业知识，掌握科学的研究方法并取得较高的学历而进行的在职学历学位教育，主要是参加本科、硕士研究生、博士研究生学历学位的学习教育。

1. 教育开发机构

由于教育开发的特殊性，因此不能由公共部门自己承担，而是公职人员必须到教育机构修课学习，并通过考核最终获得学历学位证书。目前，提供在职研究生教育的机构主要有党校（行政学院）、高等院校和管理干部学院等。2019 年中共中央颁布实施的《中国共产党党校（行政学院）工作条例》第五条明确规定："以培养马克思主义理论人才为主要目标，在国家批准的学科和专业学位类别内开展学位研究生教育。"

2. 教育开发模式

在教育开发中，公职人员根据自身兴趣和职业发展需要，利用业余时间，接受在职学历学位教育。这里以公共管理硕士为例，介绍我国公职人员教育开发的培养模式。

（1）招生制度。

我国公共管理硕士招生对象是具有国民教育序列的大学本科学历、且工作一定年限的实践工作者（2009 年开始，部分高校 MPA 也招收应届生),鼓励有不同学科背景的在职人员报考。公共管理硕士实行每年一次的入学全国联考制度。公共管理硕士入学考试中有外语、管理学、行政学和综合知识四门课程。录取标准则主要依据考生的书面考试成绩以及面试情况,并结合工作业绩和资历,择优录取。

(2)教学模式。

公共管理硕士教育的学习方式主要是非全日制,学习年限为三至四年。课程设置一般包括必修课程和选修课程,总学分不少于 38 学分,其中必修课不少于 30 学分,选修课不少于 8 学分。

(三)职业生涯开发

首先,公职人员个人越来越意识到职业生涯规划的重要性,自觉规划个人职业生涯发展的方向和目标;而公共部门也会通过不同形式,为公职人员职业生涯规划提供咨询和建议。

其次,为公职人员职业发展提供多元化途径。公共部门通过定期考评、辞退、辞职,让不适宜的人离开公务员队伍;通过竞争上岗等方式,建立能上能下、优胜劣汰的用人机制;通过调任和交流等形式进行流动,做到人尽其才、才得其用,充分发挥公务员的实际能力和潜在能力。

再次,我国公务员制度实行职务与级别的既相互对应又相对分离的原则,公务员可以通过晋升职务提升相应的级别;也可以在职务得不到晋升的情况下,按有关规定提升级别。

最后,为公职人员职业生涯开发提供相关的教育培训。公共部门开展教育培训的一个重要目的是开发公职人员职业潜质和职业能力,为实现公务员职业发展目标创造外部条件。公务员既可根据职业发展规划而选择合适的教育培训计划,如在职学历学位教育等,也可以通过晋升培训、专门业务培训、更新知识培训等提升公务员职业发展的知识储备和认识自我能力。

(四)我国公共部门人力资源开发中的问题与思考

1. 教育培训渠道

目前我国公务员培训的主体是各级党校(行政学院)、干部学院,没有引入市场竞争机制,培训渠道单一。随着公务员培训事业的进一步发展,公务员层次提高、数量增多,要求的知识面扩大,党校(行政学院)的规模和软硬件越来越难以满足培训的需要。为此,应走公务员培训多元化、网络化和社会化的道路,形成以初任培训、任职培训、更新知识培训和专门业务培训为主,以出国对口培训、学历教育等为有益补充的公务员教育培训新格局。

2. 教育培训经费

当前我国公务员教育培训经费来源单一,主要依靠政府的财政拨款。虽然从中央到地方都将公务员培训经费列入本级政府年度预算,但由于地方政府财力不一、经费筹集渠道单一,很多地方的公务员培训经费难以落实;尤其是在教育开发中,虽然是由用人单位和受教育者共同承担费用,但由于没有明确的法律规定,双方承担比例由各单位自行决定,存在很大的不确定性。因此,当务之急是从法律上对公务员教育培训经费做出明确规定,为公务员教育培训经费提供法律保障。

3. 师资队伍建设

现有公务员培训师资队伍不同程度地存在观念落后、知识结构老化和缺乏实践经验等一系列问题。为此,一是要对现有师资队伍分期分批送出去培训学习,进行知识更新,提高他们的素养;二是要派遣公务员教育培训的师资队伍(尤其是高等学校、科研院所中,承担公务员教育培训的师资队伍)到基层挂职锻炼,增长他们的实践知识和理论联系实际的能力;三是要积极从外界选聘高层次人才,充实到现有的培训师资队伍中来,使师资队伍更加现代化。

4. 培训评估

早在 2003 年,原国家人事部下发了《关于进一步加强公务员培训质量评估的意见》,规定了质量评估的内容包括培训质量综合评估和培训课程评估两个部分,坚持"谁主办、谁评估"原则,目的是以评促改。但实践中仍存在对培训评估不够重视、评估内容不合理、评估指标不科学,不利于提升评估质量、改进培训工作。为此,要重视和加强公务员培训评估的工作,加强监督检查,提升对培训评估的观念认识和评估质量,并作为改进评估工作的重要依据。

5. 职业生涯开发

在中国,公职人员职业生涯开发仍是一个新概念,尚处于摸索阶段,还存在许多问题。首先是受传统干部人事管理的影响,公共部门一贯强调组织利益高于个人利益,个人职业生涯开发工作不受重视。由于组织目标与个人目标的脱节,个人在达成组织目标时,很难获得事业上的成就感。同时,组织对公职人员潜能激发不足、对独立精神和创新精神的压制,加之"工具论"的影响,从而导致公职人员职业生涯发展意识淡薄、工作效率不高甚至高素质公务员的流失等。其次是缺乏专业化的职业咨询。在公职人员的职业生涯中,往往是部门主管、同事或熟人好友之间的求教解惑,这样的职业咨询既不专业,又有很大的随意性、自发性和不确定性。再次是缺乏系统的职业生涯开发评估与修正体系。在公职人员职业生涯管理及培训过程中,常常出现组织单方面决策的现象,忽略了评估与反馈环节,不仅造成了教育培训与职业生涯开发的无效性,而且不利于公职个人的职业发展。

第四章　公共部门人力资源管理的组织结构与功能

人力资源的组织结构是实现公共部门人力资源管理的基础和组织保障。公共部门人力资源的管理目标能否实现以及实现到什么程度,同组织结构与功能具有密切的相关性。不同性质的组织要求有不同的组织结构来应对,不同的组织结构又会产生不同的组织功能,由此对公共部门人力资源管理的过程和结果产生影响。

第一节　公共部门人力资源管理的组织结构

组织结构是组织内部各要素之间的相互关系。结构决定功能,同时功能又反作用于结构。有什么样的组织结构,就会有什么样的组织功能。

一、公共部门人力资源管理机构的内涵

公共部门人力资源管理机构脱胎于政府人事行政管理机构。我国历代王朝设置的吏部,就是封建时代专门建立的主管官吏考核、任用的人事行政机构。在西方,随着公务员制度的确立,各个国家也相继在政府中设立专门的人事行政管理机构。现代意义上的人事行政管理机构发展到今天,尤其是在人本管理理论和能本管理理论的指导下,已逐渐演变、进化为一种功能齐全、形式多样、部门分工专业化与管理功能部门化相统一,行政性与科学性有效结合的健全的管理系统。它的指导思想已经发生了根本性的变化,由简单地针对行政人员的管理向全方位发掘、利用、培育、维持和激励公务员的管理发展。公共部门人力资源管理机构逐渐摆脱了政府人事行政管理机构的影响,有了相对独立的地位。

（一）公共部门人力资源管理机构的概念

所谓公共人力资源管理机构,是国家或政府根据管理公共人力资源事务的需要,依法建立管理公共人力资源的规划、获取、维持和开发等事项的组织,它是由若干个承担公共人力资源管理职能的机关构成的,其目的是

实现公共人力资源的最佳配置、组合,为公共部门向社会提供纯粹或准公共物品和服务奠定人力资源支持。从以下几个方面来理解公共人力资源管理机构的含义:

(1)公共人力资源管理机构是实现公共人力资源管理职能的载体,没有这种载体,公共人力资源管理职能就是空中楼阁,纸上谈兵。

(2)公共人力资源管理机构管理的对象就是公共人力资源管理事务,即有关公共人力资源的规划、获取、维持和开发等事务。也就是说,对公职人员的录用、培训、考核、晋升、工资、退休等实施管理。

(3)公共人力资源管理机构的管理手段是依法管理。公职人员的录用、培训、考核、晋升、工资、退休等都是有法律依据的,不是公共人力资源管理机构的主观臆造,依法行政是其准绳。

(4)公共人力资源管理机构的宗旨是实现公共人力资源的最佳配置、组合,为公共部门向社会提供纯粹或准公共物品和服务奠定人力资源支持。为此,公共人力资源管理机构所进行的任何管理活动都必须服务于这个宗旨。

(二)公共部门人力资源管理机构的特点

公共部门人力资源管理机构与政府人事行政管理机构是一脉相承、前后相继的管理机构,加之它还处于不断的发展阶段,所以既具有政府人事行政管理机构的一些烙印,又逐渐产生了属于自身的一些新特点。归纳起来,公共部门人力资源管理机构有以下几个方面的特点:

(1)公共部门人力资源管理机构是政府机构体系中一个必不可少的组成部分。

任何国家都有政府,任何政府都有公务员管理工作,都必须设立相应的人力资源管理机构。直接而言,它能够在政府职能扩张、组织规模壮大、人员数目剧增的条件下,通过对公务员的管理和开发,增长人员的才干,挖掘人员的潜能,满足政府用人的需要。间接地说,人力资源管理机构能有效地进行专业管理,稳定公务员队伍,提高政府工作效率,保证公务员的廉洁清明,防止行政权力的过分扩张,消除以往的政治弊端等。

(2)公共部门人力资源管理机构是政府机构体系中一个独立的组成部分。

这是从两个方面来说的:其一,公共部门人力资源管理机构是依法设立的,具有充分的法律依据,经由法定程序,行使法定职权,并按照有关法律、法规进行政府部门人力资源管理,它是一个法定的独立部门。其二,公共部门人力资源管理机构在政府机构体系中必须保持相对独立性。这是因为它的管理内容无不涉及公务员的考核、录用、晋升、辞退,每一项管理内容都会与一定的利益相联系,必然会受到来自各方面的压力。在制度上保持自身的独立超然地位,防止裙带联系,是正常开展有效的人力资源管理工作的基本条件。

(3)公共部门人力资源管理机构是政府机构体系中一个具有辅助性功能的组成部分。

公共部门人力资源管理机构的标准功能,包括建立人力资源研究与咨询系统,设计人力资源规则和绩效管理制度以及促进人力资源的发展和增进公务员团体效能等。也就是说,在政府机构体系中,公共部门人力资源管理机构的功能是协助其他机构录用、培育、维持所需的公务员,而不是代替各个机构直接管理公务员。

(三)公共部门人力资源管理机构的发展趋势

公共部门人力资源管理在世界各国的发展并不是同步的,许多国家仍停留在单纯的人事行政阶段;有的国家虽然在实践上已经采用了许多先进的人力资源管理理论和方法,但仍沿用过去熟悉的人事行政的名称;也有一部分国家在理论和实践上都正式将公务员管理命名为公共部门人力资源管理。然而,不论哪个国家处在哪个发展阶段,有关政府公务员的管理机构还是呈现出两个相当明显的发展趋势:

(1)公务员管理机构功能分化组合剧烈,协调咨询和仲裁保障机构发展迅速。

以往的政府人事行政管理机构或者着眼于管理功能的分配,在同一个行政层级里,设立若干个专职部门,分别行使有关考核、录用、培训、晋升等职能,彼此配合、相互呼应;或者着眼于管理功能的整合,在同一个行政层级里,只设立一个管理部门,同时担负有关管理的多种功能。在不断的实践和快速变化的历史条件下,这两种机构设立方式都暴露出不适宜现代发展的弊端。前者机构臃肿,管理重复,效率低下,协调不易;后者反应缓慢,某些管理功能被无形削弱。因此,公共部门人力资源管理机构发展的趋势之一就是将有关公务员管理的考核、录用培训、晋升、监督等职能分化组合,并建立健全一些新的职能机构。如公共部门人力资源管理的咨询机构,这一机构是随着公共部门人力资源预测、规划和公务员个人职业生涯发展技术的不断更新和运用而出现的。

(2)独立于国家行政组织体系之外的公共部门人力资源管理机构与国家行政组织体系内部的机构日益融合,突出强调了公务员管理价值与管理目标的统一。

总结以往各发达国家的情况,从公共部门人力资源管理机构与国家行政组织体系之间的关系来看,有关机构可以分为三种:

一是部外制,又称独立制,以美国为典型,其特征是将公务员管理机构独立于政府组织系统之外,使其不受行政首长控制和政党干涉,此类机构全权掌握整个政府部门的人事行政事务。

二是部内制,又称德法制,其特征是在国家行政组织系统之内,由各个行政部门自行掌握公务员管理事宜,另外,在政府之下设立负责联系、统筹、协调整体公务员管理的专职机构。

三是折中制,又称英国制,是指公务员管理机构既有一些独立于政府部门的系统,也有一些附属于政府机关。

部外制以民主和分权为原则,偏重于以权治权和外部制衡,但孤立和分割了行政职权。部内制注重公务员管理的效率和管理的统一,加强了政府职能一体化,但过分突出和放纵了行政首长的个人权力。折中制则在一定程度上克服了二者的局限性,综合了二者的优势:独立行使考核权,实现公平合理与唯才是举的功绩制原则,不仅避免了党派之争,杜绝了长官意志,还保障了"法律面前,人人平等"的法治精神;政府内公务员管理机构行使除考试以外的行政职权,有利于配合行政机关的实际需要,保持行政责任的完整性,加强行政首长的职权地位,实现行政管理过程的一体化领导。因此,各国公共部门人力资源管理机构逐步比照折中制的设置,改革已有的机构,力图通过改革,有机地融合各种组织形式的优点。

二、发达国家人力资源管理的组织结构

(一)美国政府人力资源管理组织结构

美国现代政府人力资源行政管理机构的建立始于 1883 年,根据 1883 年美国国会的《调整和改革美国文官制度的法案》(彭·德尔顿法),美国政府建立了联邦文官委员会。

1978 年,在卡特任总统期间,美国进行了自 1883 年以来最重要的一次政府人事制度改革。根据 1978 年国会通过的《文官改革法》,美国政府撤销了原有的文官委会员,改设人事管理局、功绩制保护委员会和联邦劳工关系局作为政府的最高人事管理机构。

1. 人事管理局

人事管理局是美国政府的最高人事决策与协调机构,属于独立机构。

它具有改革前文官委员会的管理权力,与总统联系密切,是美国总统在联邦政府人事管理中的左膀右臂。人事管理局的局长由总统提名,参议院批准予以任命,此外设副局长1人和若干名局长助理。

人事管理局的基本任务是总揽政府公职人员的管理事宜,具体职责为:

(1)推行文官法及其政府各项文官管理规则和规章制度。

(2)协助政府各机关有效地利用人力资源,以积极有效地完成行政目标。

(3)有效授予各机关人事权限,各机关行使人事权限必须遵循文官系统的各项规定,人事管理局有权予以监督。

2. 功绩制保护委员会

与人事管理局相同,功绩制保护委员会也是独立机构,主要职责是对有关功绩制问题实施监督。委员会设主席1人、委员2人,必须由两党共同任命,任期7年,不得连任。委员会中设有特别检察官,任期5年。委员会成员及检察官任职期间享有身份保障,无正当理由不得中途解职。

3. 联邦劳工关系局

联邦劳工关系局是取代以往联邦劳工关系委员会而建立的机构,属于独立机构,设主席1人,委员2人,也要由两党共同任命,任期5年;设检察长1人,任期5年。任职人员在任职期间享有身份保障,无正当理由不得被中途解职。联邦劳工关系局还设有联邦公务员关系局陪审团。

联邦劳工关系局是行使准司法职能的部门,其职权是解决联邦机构中有关劳资关系的争端;检察长的职责是:调查关于侵害劳工利益和破坏协调劳工与当局关系方案实施的控诉;向联邦劳工关系局提出损害劳工利益案例的诉讼。联邦公务员关系局陪审团的职责是协调解决陷入僵局的纠纷。

从以上美国政府人事机构设置的总体情况可以看出,美国政府的人事管理体制属于"部外"体制,即政府主要人事管理机构独立于政府内阁之外,但现在情况又有所变化,现时期美国的政府人事管理体制已不是纯粹的传统意义上的部外制。

(二)法国政府人力资源管理组织结构

法国统一的政府人力资源管理机构建立于战后,主要包括公职管理总局、各种委员会和国家行政学院。

1. 公职管理总局

法国政府的最高人事管理机构为公职管理总局,建立于 1945 年 10 月,隶属于内阁总秘书处。公职管理总局负责监督《公务员章程》和其他各项规章的实施,制定公职人员任用的一般性规定,推动公职人员培训的实施,监督各下属机构对公职人员分类、薪俸、福利等的制定和实施,促进公职人员制度和公职人员管理机构的改革,协调有关公职人员管理机构之间的关系。统一管理各种人事资料。

公职管理总局下设 5 个办事机构,分别负责薪俸和福利事宜,有关法制事项,任用、培训和组织事项,行政改革以及资料管理。

2. 行政法院

行政法院是法国政府中推行人事制度最有权力的机构之一。法国宪法规定,行政法院的主要职权是:审定各项规章草案,在政府制定规章的过程中提供咨询。行政法院是法国政府人事管理的监督机构,有权检查和监督《公务员章程》的贯彻实施情况,并对存在的问题提出改进意见;负责审理有关公职人员的行政司法案件,包括公职人员违反行政法、公职人员与民间的纠纷、公职人员与主管部门以及行政首长间的纠纷等案件。

行政法院有 140 名成员,由司法部长领导,设副院长 1 名,主审官 5 名,顾问 32 名,审查官 60 名,助理办案员 42 名,副院长主持行政法院的日常工作。法国政府除了在中央一级设立行政法院外,还在地方上尤其是在各大城市中设置行政法庭。地方行政法庭就有关公职人员事务为省级行政长官提供咨询。

行政法院的设置以及它在政府人事管理中的功能,体现了法国政府人事机构中的双轨制特征,即由部内的受行政首长控制的政府人事主管机构和拥有相对独立权力的行政司法机构构成双轨,从而使部内的人事行政机构的权力受到一定监控。

3. 公职人员参与机构

法国政府中的公职人员参与性机构包括公职最高委员会、对等行政委员会和对等技术委员会。公职最高委员会建立于中央政府最高层级,是有关公职人员事务的最高咨询组织,由总理或总理的代表(通常是部长或国务秘书)主持,由政府任命 32 名成员组成,任期 3 年。其中 16 名成员为政府行政部门的代表,另外 16 名为公职人员工会推荐的代表。公职最高委员会根据总理的建议或 1/3 委员的书面要求,讨论有关公职人员的一般性问题。它有权提出修改公职人员总章程和特别章程的法律草案,有权调解公职人员有关鉴定、晋升、惩戒等问题的纠纷。法国类似的机构还有军职委员会、法国最高委员会和国民教育委员会等。

4. 国家行政学院

法国国家行政学院成立于 1945 年 10 月,隶属于总理,是法国国家公职人员的最高培训机构。该学院的主要目标是培养法国国家行政部门中除工程人员和技术人员以外的高级国家公职人员。学院的行政管理机构为董事会,由法定的 4 名成员(包括院长、副院长、教育司司长和公职管理总局局长)、政府行政代表 4 名、毕业生代表 1 名、公共部门研究人员代表 2 名、国家最高公职委员会和工会联合会提名代表 4 名、在校学生代表 1 名、学院在职行政人员 2～3 名代表共同组成。学院有严格的入学选拔和培训程序,学生毕业后多就职于法国的高级公职人员职位,因而有"法国高级公职人员的摇篮"的称谓。

(三)英国政府人力资源管理组织结构

1. 1968 年以前英国政府的人事管理结构

1968 年以前,英国独立于政府行政部门之外的机构为文官委员会,专门负责国家公职人员的考试任用。委员会不受内阁和政府各部门的控制,不与任何政党发生联系。

根据英国的传统,这一时期政府的最高人事管理机构为财政部,享有制定人事政策和人事规划的权力,是决策性的人事管理机构。财政部中设立的"编制和机关组织署",专门负责人事决策和各项人事行政事务。

政府各部门中也分别设立人事机构,在部门首长的领导下,负责本部门的人事行政。

2. 1968 年后英国政府的人事管理结构

1968 年,根据富尔顿委员会的建议,英国政府对其人事管理机构进行改组,将财政部的"编制和机关组织署"与部外的文官委员会合并,建立了文官事务部,直接接受首相的领导和监督,使英国政府人事管理机构的设置发生了结构性的变革。

(1)文官事务部。

1968 年建立的文官事务部是英国政府的最高人事管理机构,统领原财政部"编制和机关组织署"和文官委员会所管辖的事务。文官事务部由首相兼任大臣,枢密院国务次大臣负实际行政责任。

文官事务部以下,设有文官学院和文官委员会两个执行性机构。文官学院专门负责政府文官的培训。文官委员会则负责主管中央文官考选和中央各部执行官以上官员的统一考试和任用事项。

(2)财政部。

英国中央政府的财政部历史上曾经是国家最高人事管理机构,1968年改革后,虽然它不再是国家人事管理机构,但仍保留了一些人事事务的管辖权。如财政部中的中央政府财政司除管辖中央政府的财政事务外,还兼管公职人员和军人待遇、退休计划、退休金发放和组织编制计划等事务。财政部中的公共服务司兼管公务人力、工作评价、工作分配、人事查核和评价等事项。

(3)惠特利协议会。

惠特利协议会原名为劳资关系调整委员会,建立于1917年,目的是解决劳资双方的争议和纠纷,由惠特利担任主席,1919年改名为惠特利协议会。

惠特利协议会又分为全国惠特利协议会和各部惠特利协议会。全国惠特利协议会由政府官员和公职人员代表共同组成。政府官员代表在重要部的常务次长和人事部的高级文官中任命;公职人员代表则由公职人员团体推选组成,代表名额60余人。

惠特利协议会的作用在于政府官员和公职人员代表共同就一些问题进行协商,使公职人员能够参与有关公职人员规章的制定和推行,调解公务争议,解决双方间的纠纷。

(4)上诉机关和仲裁机关。

英国政府行政部门中的上诉与仲裁机关包括公职人员上诉委员会、实业法庭和文官仲裁法院。

三、发达国家人力资源管理组织结构的特征与发展趋势

(一)发达国家人力资源管理组织结构的一般特征

(1)公共部门所有行政组织系统与公职人员管理形态都以韦伯的"理想型官僚体制"为典范,管理法规齐全,管理制度明确,管理功能完善。

(2)公共部门人力资源管理组织结构相对独立,强调公职人员的参与功能,监督体系比较完善,能很好地维护公职人员的权益;具有相应的职业保障制度,并建立了相应的保障体系,公职人员的职业稳定;公职人员体制

以有效的政策规划与严密的法治管理为支撑。

（3）公共部门人力资源管理与行政部门朝着既相互结合又相互制约的方向发展，强调效率价值的优先性。

（4）公共部门人力资源管理组织形态向职能专一方向发展，强调严格的规划和程序。

（5）公共部门人力资源组织强调行政环境与效率。传统的以控制为导向的管理使公共部门人事制度僵化、缺乏活力。而新的公共部门人力资源管理更具积极性，所谓积极性的公共部门人力资源管理，乃是在已有的公共部门人事制度的基础上，创造一个有利于发挥公职人员潜能的良好环境，促使公务人员具有使命感，从而更好地促使组织目标的达成和效能的实现。

（6）公共部门人力资源管理组织系统的电子化。信息和网络技术在公职人员管理中的应用已成为一个显著的特征，人力资源管理的电子化和网络化，可以增加效率，节约成本，有利于人力资源战略和政策制定，有利于加强人员之间的沟通与联系，有利于实现参与管理。

（7）公共部门人力资源管理组织不断精简。政府组织规模的庞大，乃是过去时代各国政府的一个普遍现象，究其原因在于政府功能的扩张、社会的发达和政务的增加。而政府组织规模的扩张反过来导致财政赤字增加、绩效低下和成本扩张。所以，从 1990 年以后，各国的文官制度改革，都把人力精简和紧缩开支作为主要措施。

（二）主要发达国家人力资源管理组织结构的发展趋势

（1）公共人事制度中职业的永久性和稳定性传统被打破，现实的公共人事实践已经从根本上影响了公共服务提供的方式。传统的公共行政的另一个理论基础是官僚制，公共人事制度要在组织形式和运作上确保这种体制的高效运转。但是人们已经逐渐认识到这种永久性会造成公共组织的功能失调，并看到公共组织内部的不协调已经带来许多社会和经济问题，因此变革势在必行。

（2）政府人力资源管理的组织结构不断扁平化，不断减少中间环节，调整中央政府和地方政府的人事关系，朝着均衡的方向发展。进一步简化法规和制度规定，增强人力资源管理的灵活性，同时适当放权，分权给下级行政组织，让其享有聘雇人员、核定薪资的权力，相信并依靠公务人员的责任心和能力来从事新的创造性工作。

（3）新的改革使公职人员制度朝着人力资源管理模式的方向发展。人力资源管理的基本理念是将人看作是组织中的一种保持长久竞争优势和不断发展的战略资源,它不仅具有组织要求的不同特征,同时又具有自主创造性。人力资源管理就是要将这种创造性与组织紧密衔接,实现真正意义上的组织与个人的结合。当然,要充分发挥人力资源的效益就必须对其进行合理的开发和科学的配置,而人力资源开发的基本手段就是教育和培训。对政府雇员提供必要的培训,录用最优秀的人才到政府部门工作,改善政府的工作环境,从而提高政府的行政效率和整个公务人员队伍的素质。

(4)管理技术的发展会导致政府人事行政观念、职能、工作方式等方面的重大调整,为"创造一个人人享有信息、人人发挥聪明才智的社会"打下了可持续发展的基础。

四、我国公共部门人力资源管理的组织结构

长期以来,我国建立了在中央和各级党委统一领导下,在中央和各级党委组织部门统一管理下的分部分级管理干部的体制。尽管随着形势的发展和变化有过多次调整,管理制度有所变化,但基本体制格局并没有根本改变。

新中国成立以来,我国公共部门人事管理的具体组织机构变化经历了如下过程。

(一)政务院人事局

新中国成立初期,我国首先建立的政府人事管理机构,是1949年11月建立的政务院人事局。政务院人事局是政务院的直属机构,负责办理由政务院任免的各级工作人员的调查、审核、调配、统计和各种人事事宜;办理政务院直属机构工作人员的工资、福利和教育事项;办理政务院总理和秘书长交办的其他人事工作。

(二)中央人民政府人事部

政务院人事局时期,在中央人民政府政法委、文委、财委和内委分别设置了人事机构。这几个部委的人事机构除了承担本部的人事工作外,还掌握部分中央和地方人事工作的大权。在此期间,政务院人事局和几个部委的人事机构之间出现了一些管辖权不协调的状况。后来,经中央人民政府批准,1950年11月,政务院人事局和以上4个部委的人事机构均被撤销,合并成立了中央人民政府人事部,通称中央人事部。

（三）国务院人事局

1953 年,中央决定确立在中央和各级党委统一领导下,在中央和各级党委组织部统一管理下的分部分级的干部管理体制。1954 年,第一届全国人民代表大会召开,国务院成立。新的干部管理体制的建立和国务院的成立,导致了国家人事部门的调整。1954 年 9 月,中央人事部被撤销,12 月成立了国务院人事局,直属国务院领导。

（四）民政部政府机关人事局

1978 年 3 月成立了民政部政府机关人事局,隶属于民政部。1980 年,随着我国进入新的历史时期,随着全党工作重心转移到社会主义经济建设上来,为了从组织上保证新时期中心任务的完成,中央组织部修订了干部职务名称表,恢复新中国成立以来所建立的干部人事管理体制。1984 年,根据形势发展的需要,本着干部管理"管少、管好、管活"的原则,中央组织部再次调整和改革干部管理办法,干部管理采取分级管理制度,适当下放人事管理权。规定中央原则上只管下一级主要领导干部,目的在于减少中央管理干部的人数,以增强省、自治区、直辖市党委和中央各部委管好干部的责任感,推动干部制度的改革。

（五）国家人事局

1980 年,为了适应全党、全国工作重点的转移,加强集中统一管理全国的人事工作,国务院决定将民政部机关人事局和国务院军队转业干部安置工作小组办公室撤销、合并,于 8 月成立国家人事局,直属国务院领导。

（六）劳动人事部

1982 年,国务院贯彻全国五届人大四次会议决议精神,本着精简机构、撤销重叠机构、合并业务相近的机构的原则,将国家人事局、国家劳动总局、国家编委和国务院科技干部局合并,于 5 月成立了劳动人事部。

（七）人事部

1987 年,中共十三大提出建立我国的国家公务员制度,并提出要抓紧组建国家公务员管理机构。1988 年 3 月召开的七届全国人大一次会议,通过了国务院机构改革方案,开始筹建人事部。1988 年 7 月,人事部筹建完毕,正式投入工作。

人事部作为我国政府的最高人事管理机构,是国务院的组成部门,是中央政府综合管理国家人事和机构编制的职能部门,也是我国国家公务员的最高管理机构。

除国家人事部之外,国家各部委以及地方政府都建立了人事管理机构,还于 1994 年组建了国家行政学院,其是直属于国务院的事业单位,是培养国家中高级公务员、高层次管理人员和政策研究人才的新型高等学府,是我国公共行政领域研究的重要基地,是为我国改革开放和政府管理提供政策咨询的重要基地。

（八）人力资源和社会保障部

具体内容见本章第三节大部制改革。

第二节 公共部门人力资源管理的机构与功能

我国公共部门人力资源管理的职责分属于组织内的直线管理机构与组织外的专业化的人力资源管理机构。本节依据管理部门的边界将其细分为公共部门人力资源外部管理机构和内部管理机构,它们共同参与公共部门人力资源管理的多项活动,承担不同层次公共部门人力资源管理的职责。

一、外部管理机构

外部管理机构是负责一定区域内公共部门人力资源规划与管理的政府组成部门,如中央政府与地方政府的人力资源管理部门。主要负责宏观层次和中观层次的公共部门人力资源管理活动。

我国公共部门人力资源的外部管理机构主要是人力资源和社会保障部及其下属部门,该部门于 2008 年 3 月 11 日十一届全国人大一次会议第四次全体会议"国务院机构改革方案"审议通过组建,同时组建国家公务员局,由人力资源和社会保障部管理,不再保留人事部、劳动和社会保障部。2008 年 3 月 31 日人力资源和社会保障部正式挂牌,人力资源和社会保障部是统筹机关企事业单位人员管理、统筹城乡就业和社会保障政策的国家权力机构。由此,公共部门人力资源外部管理机构包括中央人社部各省（自治区、直辖市）人社厅、各地级市和县（区）人社局。

此外,党委的组织部门、政府国有资产管理委员会等单位的组织部和人事部门都对政府机关、事业单位、国有企业等公共部门的人力资源负有管理责任。

（一）外部管理机构的职能

在外部管理机构中，公共部门人力资源管理职能由中央人社部、地方人社局的下属各部门承担，主要包括政策研究、法规制定、就业促进、人力资源市场、职业能力建设、专业技术人员、事业单位人事、劳动关系、工资福利、调解仲裁、劳动监察、公务员招录等方面的管理工作。公共部门人力资源外部管理机构的主要职能如下：

（1）进行宏观人力资源统计、预测和规划的职能。

公共部门人力资源规划是公共部门根据一定时期组织发展战略需要，在对外部环境和本部门人力资源需求状况进行分析和预测的基础上，为确保组织对人力资源数量、质量和结构上的需求，制定本部门人力资源管理的行动方针的过程。首先，公共部门外部人力资源管理机构要从宏观上对公共部门的人力资源基本情况和职位空缺等信息进行统计，这为人力资源预测和规划奠定了基础。其次，公共部门的外部环境处在不断变化之中，制定人力资源规划需要对其进行分析预测，将复杂多变的环境纳入组织的考虑范围，人力资源管理机构通过对环境的分析预测，增强人力资源管理的适应性和科学性。最后，制定公共部门人力资源规划是整个公共组织战略规划的有机组成部分，人力资源管理机构通过制定公共部门人力资源规划，能够促进公共组织战略目标的实现。以外部管理机构中的人社部为例，在其内设机构中，规划财务司需要拟订人力资源发展规划和年度计划，承担有关信息规划和统计管理工作；人力资源市场司需要拟订人力资源市场发展规划等。人力资源规划的制定一方面是国家战略规划在人力资源管理中的体现，另一方面也是公共部门人力资源发展方向的体现。

（2）制定基本制度、政策、管理权限和管理标准的职能。

外部管理机构处于公共部门人力资源管理的宏观层次和中观层次，承担着制定公共部门人力资源管理政策和制度的职能，它是一个进行综合性管理的组织。外部管理机构需要明确人力资源管理的程序、方法和规则，通过制定公共部门人力资源管理的基本制度、政策和管理标准，能够起到促进公共部门人力资源管理有序发展，以及维护公共部门人力资源市场秩序的作用。

事业单位是公共部门的重要组成部分，其在人力资源管理过程中会遇到大量的问题，人力资源管理部门就需要对此进行相应的管理规范，以保证事业单位的各项人力资源制度能够规范、科学、有效地进行。

（3）策动和领导实施人力资源开发计划与培训的职能。

与公共部门内部管理机构人力资源开发与培训职能不同，外部管理机构主要是为公共部门人力资源开发与培训提供政策制度支持,组织动员公共部门开展一系列人力资源开发与培训活动,而不是举办相关招聘、培训活动。通过策动和领导公共部门人力资源开发与培训,不断更新公共部门人员的知识和技能使其适应社会发展的需要,跟上时代前进的步伐。

总体而言,外部管理机构承担着公共部门人力资源开发计划与培训的顶层设计职能,目的是提高公共部门工作人员的知识、技术和能力水平,改善其工作效率,进而促进公共部门及其成员的良性发展。

(4)服从和执行国家政策和规定,提供补充性的公共人力资源服务的职能。

公共部门人力资源管理的外部机构作为各级政府的职能部门,其首要职能就是服从和执行国家政策的规定。如推动农民工相关政策的落实,协调解决重点难点问题,协调处理涉及农民工的重大事件,指导、协调农民工工作信息建设等。同时,外部管理机构也要承担补充性的公共人力资源服务职能,即中央与各地方的人力资源管理部门要为所管辖区域的公共部门提供补充性的公共人力资源管理服务。如提供公共部门人力资源管理咨询服务,按规定承办管辖区域内有关单位接收大中专毕业生人员调配事宜,承办转业军官的接收、安置和培训工作,以及指导公共部门人才队伍建设等职能。

(5)制定区域人力资源发展规划的职能。

各级公共部门人力资源管理外部机构,一方面需要贯彻执行上级人力资源管理规划和政策,另一方面也要制定其所管辖区域的人力资源发展规划。从中央人力资源管理机构到地方人力资源管理机构、公共部门人力资源外部管理机构的管理层次、管理活动也从宏观层次下落到中观层次、地方人力资源管理机构所承担的管理职能更加具体、管理范围更加明确。比如中央人社部直接管辖31个省(自治区、直辖市)、兵团人社厅,制定全国性、综合性的人力资源发展规划和政策,各省(自治区、直辖市)人社厅,各地级市、县(区)人社局制定区域性、局部性的人力资源规划和政策。中央与地方人力资源管理机构的内设职能部门相似,管理内容大致相同,但中央人社部制定的人力资源发展规划要符合国家发展战略要求,而地方人社局制定的人力资源发展规划不仅要符合本级政府发展战略,而且要符合上一级外部管理机构的人力资源发展规划。各级人力资源外部管理机构因地制宜,制定具有区域特色的人力资源发展规划,促进地区公共部门人力资源发展。

（二）外部管理机构的特征

（1）政治性和权威性。

公共部门人力资源外部管理机构是各级政府职能部门之一，是承担人力资源管理的国家权力机构，因此，外部管理机构具有政治性和权威性。一方面，外部管理机构所进行的一切管理活动都必须以维护基本政治制度为前提，必须符合政治与经济制度的要求，并且作为政府组成部门之一，外部管理机构接受上级政府的领导。另一方面，外部管理机构掌握社会公共权力，在社会价值的权威性分配中起关键作用，其制定的有关人力资源管理的各项制度及措施，对公共部门人力资源的诸多方面加以规定和限制，保证公共部门严格依照法律法规的权限对人力资源进行合理而有效的开发。

（2）系统性和全局性。

外部管理机构是一个公共管理职能异常庞大的组织体系，是按照统一的组织原则建立起来的具有同一目标和职责的有机整体。公共部门人力资源管理的系统性不仅体现在它自身是一个完整的行政系统，更体现在它与外界经济、政治、文化环境，以及其他社会组织系统的相互作用上。一方面，它从外部环境中输入物质、能量、信息资源；另一方面，它又向外部环境输出人力资源管理制度、政策、规划，促进公共部门人力资源开发与管理。外部管理机构的全局性体现在其对公共部门人力资源供求状况进行宏观和中长期统计、预测、规划，制定社会人力资源管理的基本制度、政策规定、管理权限、管理标准，维护人力资源的基本管理秩序。

（3）统一性和层级性。

作为政府职能部门的公共部门，人力资源外部管理机构是典型的国家行政机关，为实现行政目的，必须实行统一管理，保证政令统一。同时，为了让行政指令和信息在纵向渠道上迅速传递，就必须逐级授权，依次分工，分级负责，所以外部管理机构是一个横向部门分化、纵向层级节制的庞大组织结构体系。合理划分职责和权力是政府管理体制的必然要求，划分人事行政管理权限，建立相关的管理制度。明确职责范围并建立完整统一的原则，是政府部门人力资源有效管理的基础。因此，人力资源外部管理机构在上级机关的统一领导下，承担着不同层级的人力资源管理职能。

（4）公共性和公益性。

公共部门人力资源外部管理机构作为公共部门，公共性是其根本特性，失去公共性，公共部门也就失去了存在的理由。公共部门尤其是政府组织，作为委托权力的执行者，应按照社会的共同利益和人民的意志，从保证公民利益的基本点出发，制定与执行公共政策。公共性对公共部门工作人员的职业伦理也提出了特别的要求,公职人员需秉持"公共性"与"公益性"的理念,竭诚为人民服务,公职人员的行为必须在道德上、伦理上满足公共性的基本要求,并在政策制定与执行过程中,防止部门和个人偏私的利益驱动。公共部门的人力资源管理不允许谋求部门和个人的自身利益,公共管理包括公共部门人力资源管理,必须以公共利益为其最基本的价值取向。

二、内部管理机构

内部管理机构是指公共组织内承担该组织人事管理工作的内部机构。主要负责微观层次的公共部门人力资源管理活动。

公共部门人力资源内部管理机构依据专业化程度可分为专业化的人力资源管理部门和非专业化的人力资源管理部门。专业化的人力资源管理部门主要指负责机构整体的"人力资源战略规划、甄选录用、职业发展、开发培训、绩效评估、薪酬设计管理、法定权利保障"等多项管理活动的各类公共组织中的人事管理机构,例如人力资源部、人事处等。非专业化的人力资源管理主要指公共部门里除了专业化人力资源管理部门之外的其他职能部门里所涉及的人事管理工作。根据其定义可知,内部管理机构主要负责微观层次的人力资源管理活动。

（一）内部管理机构的职能

1. 内部专业化管理机构的职能

（1）人力资源规划。

人力资源规划是公共部门按组织目标对人力资源进行数量上、质量上、结构上的需求与供给的预测,制定必要的措施、政策,确保组织在需要的时间和需要的岗位上获得各类所需人才的过程,主要包括晋升规划、补充规划、培训开发规划、人员调配规划、工资规划等。一方面,公共部门人力资源规划是以组织战略目标为基础的,是为实现公共组织战略目标服务的;另一方面,公共部门人力资源规划要对未来的情况进行预测分析,以增强人力资源管理的适应性和科学性。

（2）人力资源获取。

人力资源获取是指公共部门从组织内外招募、甄别、选拔和录用合格人员,主要包括招募、甄选、任用与人力测评等。公共部门人力资源的获取大致可以分为准备、招募、甄选、录用和评估 5 个阶段,这 5 个阶段前后相连,缺一不可。在任职人员招聘活动的职责分工中,涉及3个相关部门:一是公共组织内的某个具体用人单位;二是该公共组织中的人事管理部门,即公共部门人力资源内部管理机构;三是对该公共组织有行政管理权限的人事主管机构,即公共部门人力资源外部管理机构。因此,内部管理机构在人力资源获取过程中需要协调好与相关部门的关系。

（3）人力资源开发。

它是指为了保证员工拥有与工作岗位相匹配的知识和技能,并在此基础上不断提高工作绩效,同时也使员工得以不断发展的一系列政策、方法和程序等,主要包括职业管理。管理人员开发、教育培训与工作轮换等。公共部门人力资源开发与培训是以任职人员为主要对象、以工作为中心的定向培训。其目的是使受训者掌握履行岗位职责所必须具备的知识能力和技巧,从而使之提高效率和工作水平,改进工作方式。

（4）人力资源保障。

它是指为维持员工的工作能力、保障员工权益而制定的一系列政策、措施等,主要包括薪酬福利、权利与义务、健康与安全、劳动关系、纪律与奖惩。薪酬对调动公务人员的工作积极性,保障公共部门的有效运转发挥了重要作用,内部人事管理部门要根据按劳分配原则、正常增资原则、平衡比较原则、物价补偿原则、法律保障原则、权变管理原则,制定科学合理的公共部门薪酬制度,同时也要制定其他的人力资源保障制度。

（5）人力资源研究。

人力资源研究是公共部门人力资源管理的一个重要职能,这一职能越来越受到人们的重视。每一个组织所面临的人力资源管理问题都是具体的、特殊的,研究一套适合本组织的目标、任务、环境、工作特点、员工特点的人力资源管理系统是必要的,也是可行的。人力资源管理系统主要包括人力资源战略管理、分类管理,以及人力资源管理改革等。

2. 内部非专业化管理机构的职能

公共部门内部除了人事处、人力资源部等专业化的人力资源管理部门之外,其他的职能部门也在一定程度上承担了人力资源管理的相关工作,如部门内部人员的调整,人才的培养和选拔等。以某大学为例,学校的人事处负责整个学校的人力资源管理工作,而财务处、教务处以及各个学院等的职能部门内部,也涉及对该部门的人力资源、工作事务的管理工作,这样部门内部的管理在一定程度上也构成了人力资源的内部管理机构。这种类型的内部管理机构侧重于对具体工作事务的管理,围绕人岗匹配的问题,更多地促使人力资源更高效地完成部门内部的工作事务。

（二）内部管理机构的特征

1. 执行性和法律从属性

公共部门内部人力资源管理机构，一方面，要贯彻落实外部人力资源管理机构的政策和制度，服从国家人社部制度的相关规定，依法进行人力资源管理活动；另一方面，内部管理机构所进行的人力资源管理活动也是为实现公共部门战略目标服务的，因此内部管理机构体现出明显的执行性与法律从属性。

2. 相对独立性

一方面，公共部门人力资源内部管理机构具有从属性，从属于公共部门权力机关，需要执行外部管理机构制定的政策制度；另一方面，内部人力资源管理机构所进行的管理活动是依法进行的，其所进行的人力资源管理活动得到了公共部门权力机关的授权，为了确保公共部门人力资源管理的专业性、有效性，必须对内部管理机构适当放权，保证其依法行使职权的独立性，实现权责统一，权责一致。

3. 适应性和创造性

人力资源管理活动离不开组织内外部环境的影响和制约，而且正是对环境的认知和把握，决定了组织人力资源战略管理的目标和方向。公共部门处在不断变化着的环境中，这就决定了公共部门人力资源内部管理机构要不断制定新的管理措施来适应、预测甚至是影响环境。内部管理机构具有执行性，并不意味着只是机械地、被动地执行政策，内部管理机构还必须具备一定的创造性，这样才能在面临风云变幻的各种局面时，采取随机应变、机敏灵活的措施，创新人力资源管理方式。

4. 社会性和服务性

由于公共部门掌握着国家和社会所赋予的公共权力，承担社会公共责任，为社会提供公共产品或公共服务，所以公共部门人力资源内部管理机构具有一定的社会性和服务性。服务性是公共部门人力资源管理的基本属性，服务性既体现在公共组织提供的公共产品的性质上，又体现在公共组织提供的公共产品的特点上，即公共产品大多以服务产品的形式体现。不同于企业人力资源管理，公共部门人力资源管理是为了提高公共人力资源素质、提升公共人力资源的价值，不是为公共组织自身谋求福利，而是为全体公民提供服务，为社会公众谋求公共利益。

5. 公共性和公益性

公共性是公共部门的本质属性,公共部门的一切行为,都必须符合公民的意志、利益和需求,有利于增进社会公共利益。公共部门人力资源管理必须紧紧围绕为社会提供公共产品和服务的组织目标来进行。公共部门人力资源管理的权限来源于国家和社会,肩负着谋求公共利益的责任,是为全体人民谋求公共利益,增进全社会的福祉,与企业追求自身利润最大化的要求完全不同,因此,在学习借鉴企业人力资源管理的理论和方法时应有所选择。

第三节　我国公共部门人力资源管理组织结构与功能的变革

一、组织环境对组织结构和功能的影响

(一)组织外部环境的变化

1. 社会经济文化发展,特别是现代管理理念的更新与变革

随着社会经济文化的不断发展,现代管理理念的发展呼唤人力资源管理和服务意识相结合。西方各主要资本主义国家纷纷进行行政改革,特别是在公共部门人力资源管理部门,这种改革体现在以提高公共服务的水平,树立便民、廉洁、高效的公共部门形象为目标,以转变观念,公开、平等、竞争、择优为准则,采取行之有效的政策措施,完善人才发展的政策体系与组织结构。

根据新时期经济体制改革、政治体制改革的客观要求,我国政府适时地提出了干部队伍"革命化、年轻化、知识化、专业化"的选人用人基本方针和"任人唯贤、德才兼备"的用人原则,对传统的干部人事制度进行改革,废除了领导职务终身制,建立了干部离退休制度、干部选举任用制度和领导职务任期制度,下放了干部制度管理权限,改变了干部管理上高度集中的现象等,使干部人事制度管理工作的思想观念和方式方法都发生了根本变化。2006 年 1 月 1 日正式开始实施《中华人民共和国公务员法》,标志着我国公共部门人力资源建设步入一个新的历史发展阶段,进一步促进了我国干部工作的科学化、民主化、制度化。2018 年 12 月 29 日,第十三届全国人

民代表大会常务委员会第七次会议对其进行了修订,并与 2019 年 6 月 1 日开始实施。

2. 信息技术的不断成熟,网络舆论的发达

近些年很多重大社会问题的曝光和相关政策、法规的出台与网络舆论对政府的影响有重要联系。公共部门人力资源管理更是成为人民群众十分关心的话题,因为这直接涉及每一个公众的切身利益,公职人员选拔的优劣直接影响着人们的生活,因而公职人员的一言一行都被网络舆论密切关注,这样便为公共部门提出了一个新的问题,即如何处理好与网络监督的关系。可以把网络舆论的监督看成第三种监督方式,以使人力资源管理部门的工作过程更加透明,工作效率更高、更快捷。

3. 公民意识的不断觉醒

随着国民经济的发展,人民生活水平的提高以及国民教育的普及,公众的素质和法治意识也在不断提高,公民意识开始不断觉醒,同时对民主与权利也有了更多的要求。广大公众在由公共部门掌握信息主动权的基础上进一步要求信息与政务的公开,这促使公共部门人力资源管理的功能更加透明化,以满足民众的需求。这也是促进我国进行公职人员制度改革的重要原因之一。

(二)组织内部环境的变化

1. 公共部门行政体制变革

目前,我国正处在社会转型、体制转轨的关键时期,行政体制正在从传统的"重管理、轻服务"的模式向"以人为本,公开透明"的现代管理模式转化。同时为了保持组织的活力并提供公众满意的服务,公共部门也在组织架构上进行了重组,如减少组织层级,使管理层级扁平化,以提高工作效率和服务质量,降低运行成本。

2. 现代行政理念的发展

组织的管理理念决定组织的制度,现代行政确定人力资源是第一资源的理念,确认政府人力资源是促进政府发展的有效途径,这对于加快人力资源管理的法制建设有着重要意义,同时也带来了人力资源管理观念根本变革。

3. 公共部门组织文化的发展

所谓"组织文化",是指组织中为人们所接纳的一种价值取向,此类价值取向形成一种文化氛围,支配和控制着组织的行为。传统公共部门人事部门组织文化是官僚主义盛行,唯上是从,是只对上负责不对下负责的单向性的思维方式。随着公共部门新型管理理念的发展,改变了专制型的管理模式,造就民主、平等、自由、参与、求实的多向性思维组织文化氛围,培养工作人员敢想、敢说、敢做的作风,鼓励工作人员提意见,提建议,参与组织决策,打造"阳光人事"。在这种多维的组织氛围中,以人为本的行政理念才开始深入人心,服务型理念真正成为行政工作的第一要义。

(三)组织环境变化对组织结构与功能的影响

1. 组织结构扁平化

传统的公共部门人事管理机构往往是"金字塔"式的组织结构。在"金字塔"组织结构中,由于决策信息只能自上而下单向流动,而中间层次过多,所以效率低,官僚主义、形式主义盛行。随着现代行政管理理念的发展以及计算机网络技术的发达,人们民主意识的觉醒以及信息沟通实现了信息资源的共享,加强了上下级之间、协作部门之间以及工作人员之间的沟通,加快了信息在垂直和水平两个方向上的传递,从而使公共部门组织中间层次和环节大大减少,公共部门组织趋于"扁平化"。

2. 干部选拔公开化

随着社会教育事业的蓬勃发展,人们素质普遍提高,选拔国家公务人员的范围得以扩大。同时,国家行政改革的推进和《中华人民共和国公务员法》的实施,也进一步促使干部选拔由当初的任命制改为通过国家公务员考试公开录用,由封闭、落后的管理方式转变为开放与透明的管理模式,逐步形成了国家行政系统人事变更"逢进必考"的态势,这有利于使干部选拔更加合理、公平、公正,能进一步促进行政系统内部效率的提高,激发组织生命力。

3. 组织工作规范化

随着我国公共部门改革的深化,加强人力资源开发和人力资源能力建设已成为影响发展公共部门可持续发展的核心要素。培育公共部门共同价值观,提高其团队凝聚力,建设公共部门的"公共组织"文化。通过学习型公共部门的建设,使公共部门的工作更加规范化。

4. 工作过程法制化

随着社会信息化程度的不断发展,社会各种信息以最快捷的速度传播,在这样一种新的社会信息环境下,就必须按照公开透明原则,以公开、民主为核心不断推进公共部门人力资源管理制度改革,提高决策和工作的透明度和群众参与度,实行"阳光行动",公共部门人力资源管理的政策、法规和公共部门人才的选任标准、条件、程序及相关过程、结果都应向公众公开,这样才能保证权力在合理合法的程序下运行。

二、从无限政府到有限政府

无限政府是指政府在组织规模、组织职能、权力和行为方式上具有无限扩张、不受法律和社会制约的特征。无限政府是计划经济的产物,为了保证政府对经济和政治的绝对控制能力,导致政府权力无限性,也使社会和个人失去自我管理和自我服务的能力。同无限政府的目标相适应,政府在组织结构上也表现出规模过大、人员过多、机构臃肿、人浮于事的特征。

无限政府的权力过大、过于集中的弊端也是导致一些官员腐败的原因。无限政府是一个无所不为、无所不能为的全能政府。

有限政府是指政府的权力、职能、规模和行为都要受到宪法和法律的明确限制,并公开接受社会监督的政府,有限政府强调政府的宏观调控和市场的自我调节以及社会的自我管理相结合。有限政府强调政府的权力必须受到限制,这种限制主要体现在三个方面:第一是政治限制。即通过制度化和程序化的制约机制,实现对政府权力的制约和对政府工作程序的监督。第二是经济限制。经济限制包括两层含义:一要限制政府的经济权力,政府对经济的干预主要体现在宏观领域,而不是对经济工作的直接管理;二要限制政府的经济支出,经济支出越大,表明政府的经济权力越大,这两个限制本质上也是一致的。第三是法律限制。即要求政府权力的运作必须严格遵循法律规定的程序,不得以人治代替法治,将政府的权力凌驾于法律之上。

从无限政府到有限政府要求政府进行一系列的变革。首先是文化上的改革,要从过去的人治文化向法治文化转变,从管制文化向服务文化转变。其次是组织结构的变革,在组织结构上要尽量减少中间层次,同时要避免形成严格的等级关系,防止权力集中在个别领导手中可能造成的武断。

三、大部制改革

2008 年 3 月 11 日,根据十一届全国人大一次会议关于《国务院机构改革方案》的意见,重新组建人力资源和社会保障部,将原人事部、劳动和社会保障部的职责整合划入人力资源和社会保障部。组建国家公务员局,由人力资源和社会保障部管理。不再保留人事部、劳动和社会保障部。人力资源和社会会保障部的主要职责是,统筹拟订人力资源管理和社会保障政策,健全公共就业服务体系,完善劳动收入分配制度,组织实施劳动监察等。

2018年3月,根据第十三届全国人民代表大会第一次会议批准的国务院机构改革方案,将人力资源和社会保障部的军官转业安置职责整合,组建中华人民共和国退役军人事务部;将人力资源和社会保障部的城镇职工和城镇居民基本医疗保险、生育保险职责整合,组建中华人民共和国国家医疗保障局。

新组建的人力资源和社会保障部,下设国家公务员局,局内设五个司,基本沿袭原人事部公务员管理司的机构名称:综合司、考试录用司、考核奖励司、职位管理司以及培训与监督司。组建国家公务员局,对公务员法的实施将起到保障作用。此前,公务员的录用、奖惩、工资等,分属于人事部的不同司局管理,公务员局成立后,有利于对公务员实施有针对性的、集中性的管理。

将人事部、劳动和社会保障部合并,解决了目前劳动和人事部门交叉管理人力资源业务的问题,合并了"人才市场"和"劳动力市场",由一个部门承担相关职能,结束了多头管理、模糊管理的现状,为行政部门提高行政效率、降低行政成本奠定了基础。同时,把公务员队伍独立出来管理是成熟市场经济国家普遍采用的方式,有利于规范公务员队伍建设。

人力资源和社会保障部成立以后,相应的职责得以加强。

(1)加强统筹机关企事业单位人员管理职责,完善劳动收入分配制度,充分发挥人力资源优势。

(2)加强统筹城乡就业和社会保障政策职责,建立健全从就业到养老的服务和保障体系。

(3)加强统筹人才市场与劳动力市场整合职责,加快建立统一规范的人力资源市场,促进人力资源合理流动、有效配置。

(4)加强统筹机关企事业单位基本养老保险职责,逐步提高基金统筹层次,推进基本养老保险制度改革。

(5)加强促进就业职责,健全公共就业服务体系,建立城乡劳动者平等就业制度,促进社会就业更加充分。

(6)加强组织实施劳动监察和协调农民工工作职责,切实维护劳动者合法权益。

第五章 公共部门的工作分析与人员分类管理

工作分析始于"科学管理之父"泰罗 1895 年开始的工作时间与动作研究,应用于人力资源管理领域已经百余年,是现代人力资源管理众要素中最基本的要素,是开展人力资源管理工作的基础。我国公共部门要提升人力资源管理的科学性,减少人为干预,科学的工作分析是理所当然的基础条件。

第一节 公共部门的工作分析

科学的工作分析是人力资源管理各项职能有效开展的基础。通过工作分析,形成工作说明书,界定岗位的基本职责及对应的岗位胜任能力要求。

一、工作分析的内涵

工作分析又叫职务分析。它是组织有关人员依据组织经济社会效益最大化发展的目标,通过观察和研究,系统全面收集组织某一工作的基本活动信息,明确其在组织中的位置及与其他工作之间的相互关系,进一步确定最必需的工作职位及其权责、任职条件的过程。通过这一过程,我们可以确定某一工作的任务和性质,以及哪些类型的人(从技能和经验的角度来说)适合这项工作。换言之,工作分析的任务是确定本单位的组织机构及其职数,认定每个职位的责任与权力,以及提出每个职位的位职人员必须具备的条件。并且,最终应把分析的结果进行科学、系统地描述,做出规范化的书面记录。工作分析通过对工作输入、工作转换过程、工作输出、工作关联特征、工作资源和工作环境背景等分析,形成工作分析的结果、职务规范(也称工作说明书)。职务规范包括工作识别信息、工作概要、工作职责和责任、任职资格的标准信息,为其他人力资源管理职能的有效开展提供基础信息。

二、工作分析的意义

工作分析是企业人力资源管理的基础性工作,是组织的人力资本规划、员工的招聘与配置、教育与培训、绩效考评、激励与薪酬管理,以及劳动合同管理等的有效支撑。

苏格拉底指出,一个正义的社会必须认识清楚三件事:第一件事是不同的个人其能力有差异,因此不同的人在从事工作的资质方面存在相当多的个体差异;第二件事是不同的职业需要具备不同独特资质的人来完成;第三件事是一个社会要取得高质量的业绩就必须努力把每一个人都安排到最适合他们资质发挥的职业上去。也就是说,一个社会(或一个组织)要想取得成功,其前提是必须首先获取与工作有关的详细信息(这就需要工作分析来实现),在此基础上保证这些工作要求与个人的资质之间是相互匹配的(通过人员甄选培训和配置来实现)。从这些论述我们可以看出,工作分析是人力资源管理全部活动中最重要、最基本的工作之一,是人力资源管理的基础。因此,工作分析是人力资源管理部门工作人员必备的一门重要而实用的技术。

三、工作分析的内容

工作分析要从职位活动中提炼出来那些对职位来说是必要的条件和因素,并对职位进行系统的概括说明。因此,工作分析就需要重点收集两个方面的信息资料:第一,承担的任务和责任,完成每项工作的方式方法、完成工作的动机、使用什么样的原料与材料、工具与设备、工作的基本规律、基本原则、有关规定,以及相应程序、工作的环境条件;第二,熟练完成每项工作所要求的水平(包括受教育程度、培训情况和工作经验多少),技术和能力。

为了保证能够系统地收集职位的全部资料,就需要准备好一份标准的工作分析表。工作分析表中的问题设计必须经过认真选择,通常应当由以下若干基本要素组成:(1)关于职位:①谁从事此项工作? 职位的名称是什么? ②职位的基本任务是什么? ③如何完成这些任务? 需要什么设备? ④此项任务的目的是什么? 此职位的任务和其他职位任务的关系是什么? ⑤执行者的责任是什么? ⑥工作条件、工作环境如何? (2)关于工作者圆满完成工作任务应当具备的条件:①知识;②技术,包括经历;③受教育程度;④体力状况;⑤智力水平;⑥适应性,如灵活性、主动性等。

四、工作分析的程序

由于工作分析的用途广泛,又是公共部门人力资源管理的基础,因此,在进行工作分析时,必须遵循一定的程序,以避免因资料收集的错误而影响整个人力资源管理的运作效果。一般来讲,工作分析的程序分为以下几个步骤。

(1)确定工作分析的目标,也就是确定工作分析资料的用途。有了目标、用途之后,才能确定收集什么类型的资料,不致浪费时间收集一些对分析没用的信息。同时,有了目标、用途之后,才能决定采用哪种方法来进行工作分析。

(2)确定工作分析的执行者。工作分析是一项需要专业性、技术性并须得到各方面认可的工作,因此,工作分析者应由人力资源管理专家、管理层、员工三方面的人员组成,并接受相关知识培训。

(3)选择有代表性的职位来进行分析。一般来讲,相类似的工作很多,假若将每一个职位都进行分析,从时间上来讲是不可能的,因此,就需要选择其中若干具有代表性的工作来进行分析,然后进行类推。

(4)收集工作分析所需的资料,这是工作分析的关键环节。需要收集的资料包括员工的在职活动、员工行为、工作状况、必备条件等。

(5)让任职者及其直接上司认可所收集的资料。在资料收集过程中,由于某些原因,有些重要的资料可能被遗漏,让任职者和其直接上司认可,能使资料更完备,也可以使他们更易于接受所收集到的活动资料。

(6)编写工作说明书和工作规范。在资料整理和分析的基础上,编写出工作说明书和工作规范,这是工作分析成果的体现。工作说明书以书面的形式描述了工作中的活动、职责以及与工作有关的重要因素及信息,工作规范则着重指出任职者所需的资格条件。

五、工作分析的方法

工作分析的方法有很多种,使用较多的有面谈法、问卷法、现场观察法、工作日志法四种,或是这四种方法中几种的结合。

(一)面谈法

面谈法是工作分析者与工作承担者面对面地沟通、交流,从而收集工作信息的一种方法。一般采用三种面谈方式:个别员工面谈法、群体面谈法、主管领导面谈法。群体面谈法一般用于许多员工做相同或相近工作的情况,通常也邀请其主管领导参加。主管领导面谈法是找一个或多个主管领导面谈,这些主管领导应对下属的工作有充分的了解。面谈法的关键在于依据工作分析表,科学地确定面谈的典型问题,同时,使参与者充分了解面谈的缘由,不致使他们有被考核的感觉,以保证所收集资料的准确性。

面谈法的优点在于让任职者自己说出其工作活动与行为,能收集到一些其他方法所发掘不到的信息。另外,面谈法也给任职者提供了一个了解工作分析重要性的机会,使他们更容易接受工作分析的结果。同时,面谈中的一些怨言,也可以使管理层发觉原来未注意到的问题。最后,面谈法还是一种相对来说比较简单但十分迅速的信息收集方法。面谈法最主要的问题之一在于所收集到的信息容易失真。这是因为工作分析常常是职位评价、薪酬调整的前奏。因此,员工常把面谈视为一种变相的业绩考核,从而夸大其工作职责,使所收集到信息被扭曲。

尽管面谈法有其不足,但还是被广泛使用。进行工作分析访谈时,必须注意以下问题。

(1)同主管领导密切配合,找出最了解工作内容和最能客观描述自己职责的员工。

(2)必须尽快同面谈者建立融洽的感情沟通。知道对方的名字,用通俗易懂的语言交谈,简单介绍访谈的目的及找对方来的理由。

(3)准备一份完整的问题表格,并留下空白以供填写。重要的问题先问,次要的问题后问。

(4)若对方的工作并非每天一成不变,则应要求对方将各种职责一一列出,并按重要程度进行顺序排列。这样就可避免忽略了那些虽不常出现但十分重要的活动。

(5)面谈结束以后,应当让任职者及其主管领导将所收集的资料浏览一遍,以做适当的修改与补充。

(二)问卷法

问卷法是通过任职人员填写与工作职责有关的调查问卷来进行工作分析的方法。运用问卷法,首先要确定问卷的结构性程度。结构性程度在这里是指问卷内容的细化程度。在结构性程度很高的问卷里,工作职责被细化为上百个小的职责,连完成每项职责所需的时间都要求填上。与此相反,结构性程度低的问卷所设计的问题大都比较笼统开放,由任职人员根据自己的判断来填写。这是两种极端化的问卷形式。而在实际操作中,多是两种形式结合,既有结构性较强的问题,又有开放性的问题。

其次,问卷法的关键还在于确定问卷所应包含的问题。问题设计得如何,直接牵涉所收集资料、信息的质量,从而影响工作分析的效果,因此,这是一项漫长而复杂的工作。

问卷法的优点在于,可以在短时间内从众多任职者身上收集到所需的资料,其缺点有两方面:一是问卷的编制技术要求高,费时费力;二是不同的任职者对问卷中同样的问题理解可能不一致,这样所收集到的资料信息就可能偏离工作分析的主旨。由于此种原因,问卷法一般不单独使用,它同其他方法结合使用效果更佳。

(三)现场观察法

现场观察法是指有关人员亲临工作现场,对工作者的行为活动进行仔细观察和详细记录,而后再做系统分析的方法。观察往往不是一次就可完成的,而且观察者需要具有丰富的实践经验。观察应力求结构化,事先做好充分的准备。现场观察法对于重复性强、身体外在活动较多的职位,用现场观察法进行工作分析,比较简便易行,但不适用于脑力劳动成分比较高的工作和处理紧急情况的间歇工作。另外,现场观察法会引起被观察人员的心理接受障碍,甚至引起这些人的反感。因此,最好与面谈法结合起来使用。

(四)工作日志法

工作日志是一天中工作活动的记录。工作日志法是要求任职者将一天中所从事的工作活动如实地记录下来,然后由分析人员根据工作日志的内容来对工作进行分析。这种方法所收集的材料一般较真实可靠,同时可以检验面谈法等所收集的资料信息的真实程度。

六、工作说明书

工作说明书是描写某一职位的工作内容、职责、工作环境及任职条件的书面文本。

工作说明书的编写要求是简洁、清楚、充分,也就是要用普通人能够理解的、最简练的语言完整地描述与工作有关的重要信息资料。工作说明书是在工作分析的基础上,将工作分析所收集的资料信息精心筛选而形成的。一般来讲,它包括以下八项内容。

(1)工作认定。工作认定包括工作职位的名称或职务、职位代号、该职位的直属上司职务,以及编写人、编写日期、审批人等。

(2)工作摘要。工作摘要是对该职位工作职能、活动的概括描述,所用语言应尽量具体明确,切忌泛泛地概括。

(3)工作关系。工作关系是指该职位工作者与组织内外其他人及部门、机构之间的关系,主要描述该职位与组织内上级、下级、同事的关系,与组织内其他部门的工作配合关系,与外部机构及人员的合作关系。

(4)职责。职责指该职位的主要工作内容与责任,一般应分条记载并略加说明。

(5)职权。职权指与该职位工作职责相应的权力界限,包括决策权限、用人权限,财、物支配权限,监督权限等。

(6)绩效标准。对工作的最低绩效标准进行描述,包括最低工作量、完成某项服务的时间限制、工作质量、顾客满意度等。

(7)工作条件。工作条件是指与工作有关的特殊环境条件,亦称工作环境,包括噪声、粉尘、辐射等方面的情况。

(8)任职资格。任职资格指从事本职位工作所需的资历条件,亦称工作规范,包括受教育程度、工作经历、培训情况、特殊技能要求等。

以上八项是工作说明书的主要内容,至于工作说明书的编写格式则没有明确的规定,可依据组织具体情况而自行设定。

七、工作分析中常见的问题

(一)员工的恐惧和抗拒

工作分析的结果有助于我们对员工的工作行为及绩效进行考核,有助于我们分析员工工作的饱满程度,有助于我们招聘与工作职责相吻合的人员,因此,工作分析在一定程度上会引起员工的恐惧并可能最终导致抗拒。员工恐惧是因为员工害怕工作分析会对其已熟悉的工作带来变化或者引起自身利益的损失,因而对工作分析小组的人员及其工作采取不合作甚至抗拒的行为。

1. 员工恐惧、抗拒的表现

(1)访谈的过程中,员工对工作分析小组的工作有抵触情绪,不支持其访谈或调查工作。取得被调查对象的支持和合作是调查成功的重要保障,正是因为员工产生了恐惧感,因此对调查采取排斥、不支持、不合作态度,导致调查难以进行。这是一种消极的抗拒。

(2)员工提供有关工作的虚假情况。员工对调查结果产生恐惧,但并不是采用消极的方法不合作,而是故意夸大其所在岗位的实际工作责任、工作内容,而对企业其他岗位的工作予以贬低,其目的是提供工作的虚假信息,给工作分析制造障碍,甚至影响工作分析的结果。这是一种积极的抗拒,调查人员难以察觉。

2. 员工恐惧的原因

(1)员工认为工作分析的结果会对他们目前的工作、薪酬水平造成威胁。工作分析的结果有助于企业进行科学的人力资源考核,许多企业的减员、降薪也正是在工作分析之后,利用工作分析的结论进行工作评估之后实施的,工作分析成为一些企业所谓科学减员的理由。因此,很多员工对工作分析有一种天生的恐惧感。

(2)工作分析可能会导致员工的责任增加。霍桑实验研究表明,员工在工作中一般不会用最高的效率从事工作,而只是追随团队中的中等效率的伙伴,这是其团队归属的需要。而且员工认为,如果自己的工作效率太高,反而会增加自己的工作任务。工作分析的科学进行,有助于管理者充分认识员工应有的工作绩效,从而导致员工必须以高效率的方式进行工作。因此,员工对工作分析产生恐惧并进而抗拒,从理论和现实意义上来讲都是合乎情理的。

3. 员工恐惧的消除

要使工作分析顺利进行,我们就必须最大限度地消除员工的恐惧及抗拒行为,确保工作分析顺利、有效地进行。

(1)事前的充分沟通。事前的沟通是员工恐惧消除的重要策略。我们在工作分析之前,应事先取得员工的信任,使员工明白实施工作分析的原因,可以为员工带来的好处以及员工提供的信息对工作分析的重要意义,并且以某种方式向员工承诺企业不会因为工作分析的结果而解雇任何员工或降低企业的工资水平。

(2)事后结果的沟通。在工作分析结束以后,将其结果与调查者进行沟通。这种沟通一方面可以使员工知晓其在这项工作中所做出的贡献;另一方面还可以使员工科学认识自己的行为,推动自身工作效率的提高。

(二)动态环境

尽管我们习惯上把工作看成是静态和稳定的,而且也只有这样我们才能确保工作分析的进行。实际上,工作总是随着时间而不断发生变化的,特别是对于现代企业而言,工作的性质和状态已经在很大程度上发生了变化,即动态的因素已经在更大程度上推动我们对工作的认识,使传统的工作分析引进了新的动态因素。

对于我国公共部门的人员而言,由于整个社会处于大转型变革时代,包括组织本身也处于结构变化期,因此动态环境成为短期常态。

第二节 公共部门的职位评价

一、职位评价内涵

在所有公共部门中,人们常常需要确定一个职位的价值,或者想知道一个职位与另一个职位相比,究竟谁对部门的价值更大,谁应该获得更好的报酬。那么,究竟如何确定某一职位在公共部门中的地位? 对不同职位之间的贡献价值如何进行衡量、比较? 这就需要进行职位评价。

职位评价又称工作评价、岗位评价、职位评估、工作评估、岗位评估、岗位测评,是一种职位价值的评价方法。它是在职位描述(工作说明书)的基础上,对职位本身所具有的特性(比如职位对组织部门的影响、职责范围、任职条件、环境条件等)进行评价,以确定职位相对价值的过程。它的评价对象是职位,而非任职者。

二、职位评价的主要作用

与工作分析一样,职位评价也是人力资源管理的基础,它对于其他环节的管理具有基础性作用。

(一)职位评价是人事招聘与选拔的重要基础

职位评价可以保证公共部门招聘和选拔到合适的公务员,将合适的公务员放到合适的岗位,做到事得其人;有利于公共部门正确制定人力资源规划,正确制定公务员的发展计划,及时发现组织内及公务员中的问题,合理进行人员调整。总体来看,对职位的评价可以满足公务员的需要,促使他们的目标与公共部门的目标一致。

(二)职位评价是确定职位级别的重要手段

职位级别是公共部门划分工资级别、福利标准、外交待遇、行政权限等的依据,而职位评价则是确定职位级别的最佳手段。有的公共部门仅仅依靠职位头衔称谓来划分职位级别,这样有失准确和公平。举例来说,在某级政府内部,尽管财政局和物价局的领导都称为局长,但他们价值并不相同,所以职位级别应不同。同理,在不同政府之间,尽管都有旅游局这个职位,但由于地理环境不同、所占有的旅游资源不同,因此对政府的影响也不同,所以职位级别也可能不相同,待遇自然也不同。

（三）职位评价是薪酬分配的重要依据

在公共部门的工资结构中,往往有职务工资或职位工资这个项目。通过职位评价得出职位级别后,便于确定职位工资的差异。另外,对于优秀的公务人员,可以根据职位评价给予合理的奖励。

（四）职位评价有助于配合薪酬调查

采用了标准化的职位评估体系之后,可以使不同部门之间、不同职位之间在职位级别确定方面具有可比性,在薪酬调查时也使用统一标准的职位级别,为薪酬数据的分析比较提供了便利。换句话说,职位评价解决的是薪酬的内部公平性问题,因为每个职位的价值反映了其对组织的贡献。

（五）职位评价是公务员确定职业生涯规划和晋升路径的参照系

公务员在公共部门系统内跨部门流动或晋升时,也需要参考各职位评价。透明化的职位评价标准,便于公务员理解公共部门的价值标准是什么,他们该怎样努力才能获得更高的职位。

三、职位评价的基本原则与过程

（一）客观性原则

职位评价针对的是工作的职位而不是目前在这个职位上工作的个人,主要考虑的是工作性质、难易程度、所需资格条件、发展方向等,它的目的是促进人与工作的合理搭配,达到人适其事、事得其人。因此,职位评价着眼未来的发展而非眼前,是为组织的可持续发展提供规划,要尽量客观,就事论事。

（二）一致性原则

职位评价的基本参考因素是系统的,并经过专门研究和广泛征求意见,具有科学性和民主性。因此,所有职位必须用同一套评价参考因素进行评价,不能因人而异,也不能因职位而异。职位评价的一致性原则是有效贯彻公平精神的体现。

（三）完备性原则

职位评价因素定义与分级表上的各项因素，彼此间是相互独立的，各项因素都有其各自的评价范围，这些范围彼此间是没有重叠和遗漏的。

（四）针对性原则

在职位评价过程中，评分因素应尽可能结合实际，这需要在实际打分之前，对专家小组的成员进行专业培训。项目组与专家应该根据公共部门的实际情况，对职位评价因素定义与分级表的各类因素的权重和各个因素的定义进行协商讨论，尽可能切合实际。

（五）保密原则

由于薪酬设计的极度敏感性，职位评价的工作程序及评价结果在一定的时间内应该处于保密状态。当然，在完成整个薪酬制度的设计之后，职位的分布应该公开，使全体员工都了解自己的职位在部门的位置。

职位评价的目的是评定公共部门内各职位间的相对重要性与价值。职位评价能够为设计与维持一个公正且具竞争力的薪资结构提供合理的决策基础；协助组织内职位间相关性的管理；在职位级别的划分和薪资的给付方面，提供一致性的决策依据；创建职位间的比较基础，作为人力资源管理的基本依据。

职位评价是一项艺术性非常强的人力资源管理实务。有多种因素影响职位评价的有效性，具体说来，这些影响因素主要包括：

（1）工作复杂性，体现在工作种类、性质，工作广度、深度及在三维交叉网络系统中的运行状态。

（2）所受监督，指本职位受上级监督的范围、性质和程度。

（3）所循法规，指应遵守的法律、章程、办法、细则、手册、书面指示及有关行为规范。

（4）所需创造性，指工作时所需创造力的种类与水平。

（5）与人接触的性质与目的，指与人接触的范围、种类和程度等。

（6）工作效果的性质与影响范围，指本职位的权限种类及分量。

（7）所施予的监督，指对下属人员给予的监督种类和范围。

（8）所需资格条件，从事该职位的工作人员所需的教育、经验、技术、品德及体能条件。

一般来说,职位评价要经过如下几个基本环节:

(1)收集与职位相关的资料(例如职位说明书)。

(2)组织职位评价委员会。

(3)先挑选指标性职位试评,再进一步实施全面性职位评价。

(4)随时检视职位评价因素的适用性。

(5)对职位的相对价值进行分等排序,并形成规范性说明。

四、职位评价的主要方法

(一)排列法

排列法是将组织内所有职位按责任轻重、复杂程度等因素,由高到低排列出来进行评价的方法。各职位的薪酬水平按照排列次序来确定。

排列法的一个很重要的前提是选择训练有素的评估人员。因为排列法中对职位的评估主要依靠分析人员的主观判断,因此,只有十分熟悉被评估职位,了解每个职位所要求的技术和技能的分析员才能做出比较公正客观的判断。有了高素质的评估人员,正式的职位评价就可以开始了。排列法的主要程序为:确定标杆取位→排列其余职位→职位分级。

1. 确定标杆职位

在工作分析的资料收集齐备后,一般要选择若干标杆职位作为参照系,这是排列法程序中的关键。因为其他的职位都要依据标杆职位来进行排列。标杆职位首先必须要有代表性,能够涵盖该组织职位的主要职能和特性。其次,标杆职位需要处在职位之间的恰当位置,并合理地分散在现有的职位结构之中。

至于标杆职位的多寡,没有什么通行的标准,一般选取职位总数的10%～15%作为标杆职位。

在全面的调查分析之后,首先由基层科(处)室来排列标杆职位。然后再由分析人员进行全盘考虑,确定最后的标杆职位。选择和排列标杆职位是为了形成一个用以排列其他职位的结构框架,组织内的其他职位可以通过与一个或两个标杆职位的比较来进行排列。

2. 排列其余职位

确定了标杆职位框架后,我们就可以通过对每个职位的全面评估来对其余职位进行排列了。也就是通过鉴别每一职位与组织中其他职位的相对位置,分析它是比某个标杆职位更重要,还是不如标杆职位重要,或者与标杆职位重要程度相当,并依此进行排列。在具体排列过程中,也可以将某一职位与已经排好的职位相比较来确定其恰当位置,最后形成职位由高到低的重要性排列序列。

职位排列的科学与否主要取决于分析人员对职位的熟悉程度。对于相类似的职位来讲,用排列法排列相对容易,而对于不相似或相互无关的职位来讲,用排列法排列就比较困难,比如司机和打字员,究竟哪个职位更重要,有时很难确定。

3. 职位分级

形成职位重要性序列之后,就需要将这些职位划分出等级,以适应薪酬体系的要求。

排列法实际上无法为这种等级划分提供精确客观的依据。这种等级的区分往往是从管理的角度出发,将职位分为若干个小组,不同的小组确定出不同的工资等级,每个等级内再制定出由低到高的工资序列。

排列法的优点在于操作简单、省时。缺点在于缺乏测量尺度,无法提供等级之间差别的客观依据,并过分依赖分析人员的素质及其对职位的熟悉程度。因此,排列法只适用于规模较小的组织,对拥有成百上千个职位的大规模组织就很难奏效。

(二)分等法

分等法是将职位分成若干等级,然后在每一等级内选出一至两个关键职位,并附上工作说明和规范。接着评估每一职位,逐一与各级的关键职位相比较,相似的编为同一等级,最后排列出各级的高低,亦称分类法。分等法的具体程序如下所述。

1. 按总体工作内容将职位进行分类

职位分类后,分等工作就可以在同类职位内进行操作,这样方便简单。我国《公务员法》也是根据职位分等规则,将公务员分为综合管理类、专门技术类和行政执法类。

2. 确定等级数量和等级定义

这一步骤又分为两个程序:(1)依据组织规模、工作性质、人力资源管理的需要确定出等级的数量,我国公务员分为 27 个等级。(2)确定用来评价职位重要程度的基本因素。这些因素因组织的性质不同而有所不同。

美国政府的职位分类按照如下 8 个方面确定等级:工作的复杂程度与灵活度;接受和实施的监督;所需的判断力;要求的创造力;人际工作关系的目的;责任;经验;要求的知识水平。

3. 明确等级定义

此即对各等级进行概念性的描述,这项工作比较复杂、困难。

4. 评价和分等

这是分等法的最后阶段,即分析人员根据工作分析对每个职位的内容说明与等级定义进行比较,得出每一职位的评价结果,将职位归入相应等级。在归等过程中,为了使划等更简单,一般依据每个等级的特定要求,在每一等级中确定一个标杆职位作为参照系,然后再进行分别归等。

分等法是排序法的改进,在大型组织中使用比经验排序法更准确、更客观,比较适用于职位内容变化不大的组织,美国、加拿大等国政府公共部门的职位评价用的就是分等法。分等法的主要优点:(1)简单、快速、容易实施;(2)各职位很容易纳入预先设立的职位结构中;(3)可提供一些判断职位等级的标准,容易向员工解释每个职位的定位;(4)与薪资结构建立一致的关联性。

缺点与弊端:(1)当职位跨越不同职位功能时,缺少评价的弹性;(2)当职位等级的定义不清时,一个职位就很容易同时落在两个相邻的职位等级中;(3)当组织的技术层次改变或组织结构改变时,分等法将不容易适应。

(三)评分法

评分法是一种量化的评价方法,首先依据工作内容特点确定出所有职位共同的评价因素,然后度量出每项因素对于被评价职位的重要程度和价值,并以分数形式记录下来,以便计算总值和相互比较。每一职位的总分数就是该职位的价值指标,以此作为核定薪酬的标准。评分法的程序如下所述。

1. 工作因素选择

不论公共部门组织工作类别之间的差距有多大,他们都具有相同的评价因素,将这些相同的因素提炼出来,就可以进行比较评价。一般来讲,任何工作都包含下列因素:技能、责任、努力和工作条件。技能因素可分解为教育程度、经验、创造能力等;责任因素可分解为对设备及工作程序的责任,对安全的责任,对产品质量的责任,对原材料利用的责任,以及其他工序的责任等;努力因素可分为体力、脑力和视力等的付出;工作条件可分解为各种工作环境条件等。选择因素的多少和选择何种因素应视组织和工作的性质而定,并且要注意保持一定弹性,以适应工作特性变化的需要。

2. 因素评价

在这个阶段,每个要素被分成了几种等级层次,并赋予一定的分数值。这个分数值表明了每个要素的权重。不同等级之间的分数差距,可能依据的是算术级数、几何级数,甚至是不规则级数。每个要素所占的权重和等级划分,将直接影响工作价值的高低或工作评价的结果,还涉及是否被多数员工所接受。具体差距多少根据职位的具体特征和重要性而定。

3. 工作评价

在对每一个因素进行评估,每一个工作都有较详细的说明书后,就可以将说明书的内容与评估的程度定义相比较,以确定属于哪一程度并给予相应的分类。将所有因素的分数相加,就可得到该工作的评价总分。在实际操作中,工作说明的内容和因素等级定义不一定一致,所以评价人员的分析与判断,不仅仅是态度是否端正的问题,更是一个知识与经验的问题。作为分析人员不仅需要透彻了解各种因素程度定义的含义,对工作也应具备多方面的实务经验。公共部门如果不具备合格的分析人员,可采取委员会的形式从事工作评价工作。

4. 工资分配

经过工作评价,工作之间的差异就可以以工资率的形式表示。通常比较简便的方法是挑选出若干具有代表性的工作,然后将这些代表性工作评价的结果与工作评价的设计目的相比较,若符合,则表明工作评价是可行的。若涉及公共部门的工资政策,可参考国家规定标准和其他公共部门的相关资料进行比较,进而决定本部门的工资政策。

5. 工资结构的设计

该项工作首先要确定最低与最高的工资额,即工资的范围;其次要确定工资的分级或工资的差距,一般公共部门工资率可分为单一工资率和可变工资率两种。单一工资率是固定每一等级的工资,工资的增加只能从一个等级升至较高的等级;可变工资率是指在同一个等级内,由于年资或绩效的不同可以有不同的工资额。

(四)因素比较法

因素比较法是在排序法基础上改良而成的一种量化评价方法。它采用了评分法的一些原则,但是在使用标杆职位、职位比较和确定工资率方面都与评分法有较大区别。从某种意义上可以说,要素分析法是排列法和评分法的一种混合方法。因素比较法通常包括四个步骤:(1)选定标杆职位。(2)按照因素排列标杆职位,通常选定的因素包括智力条件、生理条件、技能条件、职责和工作环境这五项。(3)给各因素分配薪酬待遇,即将标杆职位的工资率按比例分配给各因素。这是因素比较分析法与其他分析方法的最大不同之处。并综合分析标杆职位的工资率,如果标杆职位的选定数目较多,并能代表各种等级的工作,则各种工资率的连接就可以成为一条直线,那么不但可显示工资的趋势,而且可拟定工资表。(4)比较按因素排列和按工资薪酬排列的结果,如果有不同之处,则需要调整不同因素的薪酬比例来消除差异,若无法消除,则必须将这一职位从标杆职位中删除。排列其他非标杆职位,并参照与其相近似的标杆职位工资表制定其工资率。

因素比较分析法的特点在于,十分注重对标杆职位的分析,保证了这个方案符合要求,职位的排列又充分反映了等级结构的实际,同时排除了异常级差。因此,这种分析方法的可靠性较好。此外,由于对一些相似的职位予以了比较和排列,因此评价更加准确系统。值得注意的是,一方面,因素比较分析法赋予了各因素的货币值,工资结构可以在评分过程中自然形成,减少了工作量。另一方面,因素比较法使用起来十分复杂,尤其是在确定不同因素的工资分配的时候,难以克服主观性,因此在实际运用中会碰到相当大的困难。这就是因素比较分析法之所以没有被广泛采用的原因所在。

以上介绍的排列法、分等法、评分法、因素比较法是工作评价的四种基本方法。随着工作评价技术的发展和计算机的广泛应用,一些专业的人力资源管理顾问公司设计出了一系列更精确化的评价方法,但大多是这四种方法的结合与演变。

第三节　公共部门人力资源分类管理

一、人员分类管理概述

(一)公共部门的人员分类

人员分类是人力资源管理中的一项基础工作,所谓公共部门的人员分类是指,将公共部门中的工作人员或职位按工作性质、责任轻重、资历条件及工作环境等因素划分类别。

设定等级,为人力资源管理的其他环节提供相应的管理依据。

由以上定义我们得出,人员分类的依据是工作性质、责任轻重、资历条件及工作环境等因素,而这些因素的相关内容是由工作分析、工作说明书、工作规范提供的,也就是说工作分析和职位评价是人员外类的前提和基础,没有科学的工作分析和职位评价,公共部门的人员分类管理将成为空中楼阁。

由以上定义我们还可得出,人员分类的对象是公共部门中的工作人员或职位,由此形成了两种典型的人员外类制度:一是以工作人员的官阶为中心的品位分类;二是以职位为中心的职位分类。

(二)人员分类的意义

人员分类是公共部门人力资源管理现代化的基础,其具体意义体现在以下三个方面。

1. 人员分类管理有助于公共部门人力资源管理的简明、高效

公共部门的任职人员是一支庞大的队伍,其涉及的工作任务性质也繁杂多样,没有一定的外类就无法实现管理的目标。从某种程度上讲,没有分类就没有管理,对公共部门的人员进行分类,可以使国家的公共部门人力资源政策做到有的放矢,政出有因,政出有果,实现公共部门人力资源管理的简明、高效。

2. 人员分类管理有助于公共部门人力资源管理的规范化

实行人员分类,无论是品位分类、职位分类,还是二者的混合分类,每种分类都有相应的外类标准,每等、每级设置都有客观的评价依据,工作本身又有工作说明书和工作规范,这就使公共部门人力资源管理的录用、考核、薪酬等管理工作可以做到有章可循,标准客观,势必有助于公共部门人力资源管理规范化程度的提高,使公共部门人力资源管理做到真正的客观、公正、高效。

3. 人员分类管理有助于公共部门人员的自我激励和开发

分类管理使人员的等级有了明确的划分,这样,公共部门的任职人员就可以清楚地了解到自己所处的等与级,进一步明确自己本身的升迁途径和升迁目标。一方面,可以激励其圆满完成现任工作;另一方面,也激励其为将来升迁后可能从事的工作做好知识、技能上的准备,进一步搞好自我开发,达到自我的不断完善。

（三）人员分类制度选择的原则

一个国家、地区、部门的人员分类制度，是在品位分类、职位分类中选择一种，还是将二者相结合，这要依据下列原则。

1. 文化原则

文化是社会中的人们所共有的一种约定俗成的心理状态，它渗透在社会的各个层次和角落，影响到社会的种种管理制度和管理方法，任何一种分类制度的产生和形成，无不深深打上文化的烙印，职位分类制度所推崇的精神，在录用、考核、薪酬等方面人人平等的规范，是与美国民主、平等、自由、向上的文化传统相吻合的。品位分类以人为中心对官阶进行分类分等，与英国讲究个人身份、等级的绅士型文化一致。而我国千年文化积淀中的人本主义讲究万事以人为中心，理性主义推崇礼义、不逾规矩，中庸主义着重折中至当、从容中道，这就要求我国人员分类制度的选择既不能照搬美国的职位分类，也不能照抄英国的品位分类，而应吸收二者之精华，发展中国特色的公职分类体系。

2. 传统原则

任何一个民族的历史传统都是本民族的宝贵遗产。传统可能意味着保守，但并不意味着都是糟粕。人员分类制度的选择和更新也是如此。对传统的东西不能完全摒弃，而应在传统基础上推陈出新。当今美国公共部门人员分类制度的改革是在原传统职位分类基础上，吸收一些品位分类的优点，而英国公共部门人员分类制度的革新则是在传统品位外类基础上，汲取职位分类的先进经验，因此，我国公共部门人员的分类制度选择和改革，也不能完全抛弃古代的品级分类和新中国成立后的干部分类方法，而应在此基础上，古为今用，洋为中用，逐步实现我国公共部门人员分类制度的现代化。

3. 组织需求原则

任何分类制度和方法都要最终落实在具体的组织之中，不同的组织，其组织目标、组织职能、组织文化也不同，这就要求有不同的分类制度来对其工作人员或职位进行分类，在这方面没有放之四海而皆准的分类方法。在研究单位等开放型管理的组织中，实行品位分类最能促进其工作和管理的开展，而在经营性、服务性的社会公共组织中，职位分类可能更利于提高效率。总之，外类制度和方法的选择要以组织的需求为根本原则。

二、品位分类管理

(一)品位分类

"品"指官阶,"品位"指按官位高低、职务大小而排列成的等级,品位分类是以国家公共部门工作人员的职务或等级高低为依据的人员分类管理制度。

品位分类在我国有悠久的历史。自魏晋以来,官阶就称品,朝廷官吏分为"九品十八级",以后各代逐步完善,品级也逐步增多,且品级同俸禄挂钩。但是,在封建社会,品位主要是特权和身份的标志,同现代意义的品位分类有着根本上的区别。

随着现代文官制度在西方的建立和发展,品位分类由封建社会的注重特权和身份过渡到注重任职资历条件,再到现代的工作内容和资历并重,逐步完善。英国是现代品位分类最典型的国家,其他实行品位分类的国家还有法国、意大利等。

(二)品位分类的特征

1. 品位分类是以"人"为中心的分类体系

品位分类的对象是人、人格化的职务等级以及人所具有的其他资格条件。具体而言,在人员任用方面过分重视人员的学历、资历、经验和能力,个体的背景条件在公职录用和升迁中起着至关重要的作用。任职年限、德才表现等通用资格条件是晋升的主要依据。可见,品位分类是人在事先。

2. 分类和分等相互交织

在品位分类中,分类实际上同职务、级别的分等同时进行,因此,品位分类通常采用先纵后横的实施方法,也就是先确定等级,然后再分类别。

3. 品位分类强调公务人员的综合管理能力

品位分类注重"通才",不注重公务人员所具备的某一方面的特殊知识和技能。人员的调动、交流、晋升受所学专业以及以往工作经历的限制较少。

4. 官位和等级职位可以分离

在品位分类规则中,官等是任职者的固有身份,可以随人走,官等和所在职位不强求一致。薪酬取决于官等而不取决于所从事的工作。品位分类在等级观念比较深厚的国家较为盛行。

（三）品位分类评价

从品位分类管理的历史来看，其具有以下优点：

（1）人员分类的分类线条粗犷，方法简单易行，结构富于弹性。

（2）公务人员的流动范围广，工作适应性强。

（3）有利于"通才"的培养，便于人员培训。

（4）强调年资，官职相对分离使公务人员不致因职位调动而引起地位、待遇的变化，有利于公务人员队伍的稳定。

（5）注重学历背景，有利于吸收高学历的优秀人才。

品位分类的缺点是：

（1）人在事先，易出现因人设岗、机构臃肿的现象。

（2）分类不系统、不规范，不利于严格的科学管理。

（3）限制了学历低、能力强的人才的发展。

（4）轻视专业人才，不利于工作效率的提高。

（5）强调年资，加剧了官员的保守性，并易形成官本位倾向。

（6）以官阶定待遇，导致同工不同酬，不利于对人员的激励。

三、职位分类管理

（一）职位分类

所谓职位分类，就是在工作分析的基础上，依据工作性质、繁简程度、责任轻重和所需资格条件，区分若干具有不同特色的职位，并加以分类。它是公共部门人力资源分类中的一种重要的管理制度，职位分类的程序一般如下所述。

1. 职位调查

职位调查也就是工作分析，这是实施职位分类的第一步。

2. 职系区分

在调查的基础上，依照工作性质的异同，将各种职位划分归并为若干类别，这便是职系。职系是工作性质相同的职位汇集。在职系的基础上再形成职组和职门。职组是工作性质相似的职系汇集，而职门是工作性质相近的职组汇集。这一步骤是职位的横向划分。

3. 职位评价

职位评价也称职位品评,就是运用职位评价方法,对各职系的职位进行纵向的职级、职等的认定。职级是指同一职系内工作性质、繁简难易、责任轻重及资格条件充分相似的职位集合;职等是指工作性质不同,但工作难易繁简、责任轻重及所需资格条件程度相当的各职级的集合,同一职等的所有职位,无论其属于何职系,其薪酬均相同。

4. 制定职级规范

职级规范是人员录用、监督、考核的依据。

职位分类最早产生于19世纪的美国,后被许多西方发达国家所效仿,被认为是现代公共部门人力资源管理比较理想的分类制度。

(二)职位分类的特征

1. 以"事"为中心的分类体系

职位分类首先重视职位工作的性质、责任大小、繁简难易程度,其次才是人所具备的资格、条件。职位分类是事在人先。

2. 分类方式先横后纵

即先进行横向的职系、职组、职门区分,然后再依工作的难易、繁简、责任大小的程度提取纵向等级。

3. 注重人员的专业知识和技能

职位分类注重"专才",人员的任职调动、交流和晋升,一般在同一职系,至多在同一职组范围内进行,跨职系、跨行业的流动和升迁极少。

4. 官等和职等相重合

在职等分类中,官位与职位相连,不随人走,严格实行以职位定薪酬的规则,追求同工同酬。职位变了,官等薪酬均取决于新职位的工作性质。

5. 实行严格的功绩制

在职位分类制度中,功绩是其人员升迁和薪酬增加的唯一标准。如美国一般职务类(GS)人员,薪酬的增加有两种方式:一是工作年限增长自动提升等级,表现突出奖励提升一级;二是职务提升,薪酬相应提高。并且规定,一个人每年只能提一级,且必须有几个人同时竞争,才能最终选出一人提升。

职位分类比较适合于民主平等观念浓厚的国家。

(三)职位分类的评价

任何一种分类制度都有其长处也有其短处,职位分类也有其相应的优缺点。

其优点体现为:

(1)规范化的分类管理体系,为各项人力资源管理活动提供了客观依据。

(2)有利于贯彻专业化原则。

(3)有利于定编人员,完善机构建设。

(4)官等与责任、报酬相联系,进一步促进了同工同酬和官员能上能下。

(5)有利于在职培训和适才适用。

职位分类的缺点是:

(1)职位分类工程庞大,成本高,推行困难。

(2)人才发展和流动的渠道局限性大,易造成人才流失。

(3)整个体系过于强调量化,缺乏弹性。

(4)官等、工资随人的变动而变动,使其激励性减弱。

(5)不利于综合管理人才,即通才的培养。

第六章　公共部门人力资源招募与选拔管理

人员招募与甄选是公共部门人力资源管理的一项基本任务,它是指在人力资源规划与预测的基础上,为组织吸收、任用和提升新的合格人才,以维持组织人员自然循环的需求,保证组织任务的完成和目标的实现。招募和甄选是雇员进入公职系统的"入口",其制度设计一方面关系到能否将社会中的精英人才选拔到公共部门中,体现着公共部门人力资源管理政治价值、管理价值的平衡;另一方面则关系到使用的人员在知识、能力和技能上是否能够达到公共部门的要求。人力资源管理的诸多制度创新都与招募、甄选紧密相关。

第一节　公共部门人力资源的招募

招募是公共部门空缺职位工作人员补充计划的起点,它决定着整个空缺职位人员补充工作能否顺利进行,也决定着空缺职位人选的优劣。因此,招募工作意义重大,公共部门人力资源管理机构应当高度重视。招募是指人力资源管理部门在熟知公共部门所需人才任职资格与条件、公共部门人员短缺数量以及公共部门发展战略与规划等内容的前提下,采用合适的渠道与方法,广泛发布用人信息吸引求职者,并与求职者建立稳定联系,建立公共部门可用人才库的过程,也叫招聘。准确定义招募,可明确区分人力资源招募与甄选两个具体环节,以便在人力资源管理实践中使人才招募的目的和任务更加明确,更有利于实务操作。对应聘者个人来说,招募是其获得岗位业和社会地位的重要途径;对公共部门而言,招募不仅是获得优秀人才的重要渠道,更是达到公共部门工作目标、实现公共部门工作使命的重要保障。作为人力资源管理的一项基本职能和活动,招募连同甄选、录用均体现了人力资源管理的人才吸纳功能。此三者相互配合,共同完成了公共部门空缺人员的补充计划,从而保证了公共部门事业发展中持续有效的人力资源供给。

一、招募的意义

招募工作的有效实施对于人力资源后期管理有着重要的意义。招募过程中能否最大限度地获得公共部门急需的、理想的人才信息,将对整个公共部门业务计划的开展有重要影响。同时,招募过程本身也是公共管理部门的管理理念的体现过程,广泛的人才招募不仅能够提升公共部门的公信力,而且能够促进社会的有序发展。

（一）招募对人力资源管理的意义

1. 招募是实现公共部门人力资源规划的一种手段

人力资源规划是在工作分析的基础上,通过全面盘点现有人力资源的数量与质量,对未来人力资源供需状况作出的预测。招募程序是在当人力资源供给小于预期需求的情况下启动的,并以补充现有人力资源短缺为首要目标。完成空缺人员的补充,可以直接满足公共部门人力资源规划对人员数量与质量的要求。

2. 招募与人力资源管理的其他职能关系密切

招募开始之前,要利用职位分析对每一个岗位有个全面认识,然后通过人力资源规划对每一个岗位人力资源数量和质量的需求进行预测,当人力资源预测出现短缺时,需要进行人力资源的补充。招募是空缺人员补充计划的起点,它是对应聘者信息的全面收集过程。招募之后,公共部门将会面临人员的选拔录用、录用后工作人员的开发培训、职业生涯管理、薪酬管理、绩效管理及工作关系管理等一系列管理过程。

3. 招募影响着工作人员的工作状态

公共部门工作人员的工作状态受多种因素的影响,招募是人员进入公共部门之前进一步认识公共部门的重要渠道,招募过程中信息传递的真实与否,招募过程是否公平合理,招募者是否尽职尽责等均不同程度地反映了公共部门工作人员的工作态度。这种态度对应聘者来说则代表了公共部门的工作状态,这必然影响其以后在公共管理过程中的行为。

4. 招募影响着人力资源管理的费用

招募成本是人力资源管理成本的重要组成部分。现代社会中社会流动和社会交往的成本较高,这在一定程度上增加了招募的成本。招募成本主要包括广告费用、宣传资料费用、外出招募费用、外地应聘人员食宿费用及招募人员工资等。公共部门人力资源的招募更应该注重成本的节约,从而在总体上降低公共管理的成本。

（二）招募对公共部门事业发展的意义

1. 招募决定着公共部门事业发展的质量

人力资源质量对公共部门事业发展的重要性是不言而喻的。公共部门在新人员引入之时，如果能严格挑选，吸纳优秀人才，将有力地改善公共部门人力资源的质量状况，为良好的公共事业发展创造有利条件。招募时的精挑细选，也会对后期公共部门人力资源开发和公共部门整体人力资源质量的提升开一个好头，从而为公共事业的拓展打下坚实基础。

2. 招募决定着公共部门管理目标的实现

公共部门各工作岗位的设定均有明确的规定，公共管理的目标在于构建和谐社会。为实现这一宏伟目标，公共部门尤其注重优秀人才的吸纳和引人。因此，公共部门某一工作岗位出现空缺时，不仅需要及时补充与原工作人员具有同等素质和水平的人员，以确保公共管理工作的顺利进行，而且还应当注重工作人员能力和素质的改进，从而更有效地促进公共管理事业的发展。从这一意义上来说，招募与公共部门的管理目标紧密相关。

（三）招募的外部性影响

1. 招募是公共部门表达管理理念的重要途径

在招募过程中，公共部门要对内、外发布有关职位的相关信息，介绍相关职位的职责要求，必要时还要和应聘人员进行接触交流，在向社会公开招聘时则涉及信息的透明性问题，这些均在不同程度上反映了公共部门用人、管人的基本理念，同时也是管理理念的一种表达。

2. 招募影响着公共部门的社会公信力

公共部门的人才引进代表着国家行政管理机构人员的准入机制，用人信息的透明体现了公共管理部门信息公开的基本状况。一次民主、公开、公平的招募，能够向社会展现公共部门良好的姿态，极大地提高公共部门的社会公信力。也就是说"人力资源获取工作不仅可以获得合适的人才，而且有助于塑造和推广组织形象"。

3. 招募影响着社会的和谐有序发展

公共部门人力资源招募也是公共管理的一部分，招募过程中良好的工作作风能够给社会树立榜样，从而带动社会风气向积极的方向发展。不仅如此,公共部门担负着国家、社会管理的重要职能,各个工作岗位需要具有崇高理想、高度责任感和高素质的人才担任,选拔贤能的人才必将促进社会的和谐有序发展。

二、招募的原则

原则是规范事物发展的根本规则,也是事物本质属性的要求,它体现了事物发展的某些规律性。设定招募的原则可使公共部门的招募工作更加科学、合理,对公共部门发展的促进作用更大。招募工作必须要按照以下四个原则实施。

(一)全面、公开原则

全面、公开原则是指在招募信息发布时和应聘者信息收集时应当坚持的信息完全对称的原则。招募是招募者与应聘者之间信息互通的过程,从公共部门的角度来看,就是发布招募信息和收集应聘者信息的过程。在信息发布时应当在必要的范围内全面、广泛、公开发布信息,内部招聘同样如此。在对应聘者信息进行收集、了解时,同样要全面、深入,并且只能收集应聘者可公开的信息,防止对其隐私的侵犯。

(二)公平、竞争原则

公平原则是指在接收应聘者信息时一视同仁、平等对待的原则。有些公共部门人力资源管理者对跟自己有亲缘关系的应聘者通常实行各种各样的优先、优惠条件,或对其他应聘者作出种种限制,从而造成某种就业歧视和就业壁垒,这是没有坚持公平原则的表现。竞争原则是指在公平原则基础上对用人信息初步筛选时应坚持科学淘汰机制的原则。公平性也不意味着有求必选,而是需要结合任职资格要求给出一定的规则,进行科学、合理的选择。

(三)互择、择优原则

规范的招募程序需要进行初选,从而在大量的应聘者当中有鉴别地接受应聘者信息。互择意味着双方相互考查、分别作出选择。只有坚持公平性才会给予应聘者选择的权利与机会,从而破除传统招募中招募者单方表决的弊病,这样公共部门才能获得真正有工作意愿的应聘者。择优指在互择的基础上招募者保有的最终决定权利。只有将互择与择优结合起来,人力资源管理部门才能为公共部门引进最优秀的、最有工作积极性的人才。

（四）因事、因能原则

因事原则是指在空缺职位及其填补者人选的确定过程中应当坚持以人力资源规划和公共部门业务需要为出发点的原则，而非因人判定的原则。在招募信息发布过程中，也要根据职位的特点选择恰当的人员信息的范围和来源，避免出现某些部门中如"萝卜招募""量身定制"等不良事件。因能原则要求在择优招募过程中考查的重点应当是工作能力，而非应聘者的身份归属。

三、公共部门人力资源招募的渠道

（一）内部招募

内部招募一般是通过职位张贴或是通过查看人事档案等渠道完成。组织将空缺职位的相关信息，包括职位名称、工作任务所需条件张贴出来，鼓励组织中符合条件的人员竞聘，然后进行筛选。检查人事档案也是组织从内部发现适合人选的重要途径，如前所述，组织应建立人力资源信息系统，当需要内部招募时，可以通过查询人力资源信息系统得到相关候选人的信息。

（二）外部招募

外部招募可以采取集中的方式，也可以采取分散的方式。集中的方式主要适合公共部门需要雇用大量人力资源的情况。我国每年的国家公务员考试和各省、市公务员考试以及事业单位招考就是采取集中的方式。各人事主管部门先对本部门未来所需的新职员的人数及种类进行预测，然后上报到人事部或各省、市的人事管理部门汇总、审核，统一发布信息。

分散的方式适合于单个机构进行招募，所需人力资源的数量较少。目前这种模式也被越来越多地使用，公共部门多用这种方式招募一些技术类、行政类人才。

外部招募的渠道主要有以下几种。

1. 网络招聘

集中式的招募以及分散式的招募都可以通过互联网发布信息。公共部门可以在主页上张贴职位空缺信息，也可以和专门的招聘网站联系。要注意招聘网站应当具备良好的信誉、强大的功能，而不仅仅限于信息的发布以及数据的查询,有些网站已经推出了面向客户的网络化招聘系统,可以节省招聘时间,提高招聘效率。

网络招聘的优点是覆盖面广,招募周期长,联系快捷方便等。但是网络应聘者以青年人才为主,所以公共部门若是想招聘工作年限较长、技术水平较高的人才,网络招聘会有所限制。通常网络招聘中容易收到假材料和不合条件的材料,这要求招募人员仔细辨别。

2. 校园招聘

公共部门如果希望招聘优秀的应届毕业生,可直接参加高校校园招聘会。校园招聘主要采用广告张贴、举办宣讲会以及学校推荐等方式。通过校园招聘可以对组织的形象进行宣传,并使毕业生对公共部门的价值、理念、工作任务和发展前景等有所了解。目前,对于人才的竞争日趋激烈,公共部门想要招聘到优秀的毕业生,尤其是通信、电子、计算机这些供不应求的专业人才,校园招聘宣传是一个很好的渠道。越来越多的公共部门意识到校园招聘的重要性,即使有些公共部门要采取集中的统一招考模式,它们仍然愿意来校园宣传,希望吸引优秀毕业生报考公务员。

校园招聘的缺点在于成本高,需要大量的交通费用和时间,而且在面谈时,每个招聘者一天只能面谈几个或十几个毕业生。

3. 刊登广告

刊登广告也是组织常用的招募方式,一般采用报纸、杂志、电视等较为普及,影响广泛的媒体。报纸的优点是广告大小可以灵活选择,发行可以集中于某一地区,当公共部门想要在特定地区招募时,在报纸上刊登广告是不错的选择。杂志,尤其是专业性强的杂志可以到达特定的群体手中,当公共部门需要招募专业人员或高级管理人员时,杂志是理想的选择。但是杂志的发行地域较广,如果公共部门想要限定应聘人员的区域,那么杂志并不是最好的选择,且在杂志上刊登广告要求有一个较长的提前期。电视可以将求职者限定在一定的区域内,且不需要较长的提前期,公共部门需要招聘时,可以在短时期内反复播出广告,引起求职者的注意,且电视广告可以通过图像、声音渲染气氛,但是电视招聘的成本高,商业设计、制作都需要成本。

刊登广告时还要注意能够引起求职者对广告的注意。比如,在报纸、杂志上登广告,招募信息要刊登在展示性的广告中。刊登广告时还要注意能够引起求职者对工作的兴趣,使求职者采取积极的行动。这就要求广告的内容要涉及工作内容、职业发展前途、薪酬福利等信息。

4. 职业介绍所

公共部门可以通过人才交流中心或职业介绍所来招聘职员。公共部门向职业介绍所提供有关空缺职位的信息,职业介绍所将空缺职位的信息传达给它的客户,这些客户可能是在职的,也可能是失业的,职业介绍所可以向双方收费,也可以向其中的任何一方收费。

5. 招聘会

公共部门招募还可以通过参加招聘会的形式进行招募。目前,招聘会的种类越来越多,有专门针对应届毕业生的,有针对有工作经验的求职者的,有综合性的招聘会,有针对各类专门人才的招聘会,还有专门针对女性的招聘会,以及针对不同学历层次的招聘会。公共部门可根据自身的需求,选择参加不同类型的人才招聘会。

6. 内部成员推荐

通过现有成员介绍和推荐合适人选来填补职位空缺也是一种常用的人力资源招聘方式。这种招聘方式成本较低,推荐人应该对空缺职位要求和应聘者都比较了解,应聘者被录用后,也较为稳定,一般不会轻易离职。但是这种方式容易掺入人情、关系和面子。每种招募渠道都有各自的优缺点,公共部门可以根据各渠道的优缺点来决定采用某种或是某几种招募渠道。

四、招募阶段的工作流程与方法

从招募工作的主要任务来说,招募就是发布用人信息,收集应聘人员的资料,初步审查、评价应聘者,为后续人才甄选做好充分准备的过程。这一阶段的工作是甄选和录用的基础,是公共部门人才挑选的主要来源,对公共部门能否最终选到优秀人才有着十分重要的意义。做好招募阶段的工作就相当于完成了整个人员补充计划的一半。该阶段具体包括以下两个方面。

(一)招募前的准备

1. 收集人员短缺信息

招募之前公共部门的人力资源管理机构要做很多准备工作,以明确公共部门有哪些空缺职位,需要什么样的任职人才,这是招募工作开展的第一步。职位分析和人力资源规划能够对公共部门人员短缺及任职资格进行具体的分析,这是招募之前准备工作的重要内容。人员短缺信息的收集有三个主要途径:一是经由上级人事部门审批,二是通过公共组织各用人部门申请,三是人力资源管理部门统筹规划。收集人员短缺信息应当注重三方面内容:一是人员短缺岗位的信息,即哪些职位需要用人,具体的工作是什么;二是人员短缺的质量要求,即任职资格和条件;三是人员短缺的数量,即需要多少人来补充空缺岗位。这三方面的信息应当关联起来,注意区外不同职位在用人数量和质量上的不同要求,合理把握数量与质量的关系,切不能一概而论。

2. 制订招募计划

明确人员短缺信息之后,就可以考虑招募的规模、范围、来源等具体问题。一般需要同具体的用人部门,针对招募的过程制订一个详细的招募计划,便于规范具体的招募工作,招募计划包括以下六个方面。

(1)招募的规模。招募的规模是指公共部门就某些空缺职位最终择优录用所需人选时应当介入的竞争者数量,它是差额招募的必备条件,招募规模的确定要充分考虑公共部门的社会影响力,并适当作出调整。社会影响力越大,该空缺职位可吸引的应聘者就越多,这时需要控制规模,以节约招募成本。社会影响力较小时,应聘该职位的人员可能不足,人力资源管理者就应当采取多种途径尽可能广范围地发布招募信息,吸引更多的人参与招募。根据"招聘产出金字塔"进行计算,被吸引的申请者人数是最终要录用的任职者人数的 24 倍。

(2)招募的途径。招募途径主要是针对内部招募和外部招募而言的。内部招募和外部招募各有其适用条件,同时也各有其优劣,应当合理选择。一般应考虑公共部门内部人员的富余程度、职位的重要性、任职者的胜任条件及内部员工士气等因素。

(3)招募的范围。招募的范围是指招募的地域空间要求,即公共部门考虑在哪些地域范围招募人才。选择招募地域范围时应当重点考虑两方面的因素:一是空缺职位的类型,一般来说,层次较高或比较重要的职位,需要在较大范围内招募;而层次较低或一般性的职位,可以考虑在小范围内招募。二是空缺职位的任职要求。任职资格特殊,需要精英型人才时,招募的范围应当大一些;而任职条件一般,普遍型人才足以胜任时,招募范围可以小一些。

(4)招募的来源。对招募来源作出规划也是十分必要的,如果招募来源合适，必然会提高招募的成功率。决定招募来源时同样要与空缺职位的特征结合起来。对于管理性岗位的招募，首先应当考虑内部招募，然后才考虑在其他单位或部门内外相近职位任职人员中进行招募。对于专业技术性岗位的招募首选高校，同时也可以考虑在行业内外相近职位中进行挖掘。

（5）招募的进度。空缺职位任职人员的补充，必须在公共部门用人之前完成，包括招募、甄选与录用等工作，否则会对公共部门用人造成困难。招募是整个人员补充过程的起点，进度的安排要及早着手，恰当规划。首先应当分清招募阶段所包含的各个具体步骤，然后对每一步骤需要的大致时间作出规定，最后建立一个招募进度表，详细表明各招募环节的时间分配。

（6）招募的预算。招募的预算关乎招募成本，并影响着人力资源管理成本和廉洁管理的文化建设，因此，应当有一个明确的规划。招募预算主要针对管理费用，该费用可以分为劳务费用、业务费用和其他管理费用。劳务费用主要包括招募人员工资、福利、生活补助、外出招募差旅费、餐饮费、内部招募加班费等。业务费用主要包括通信费、间接招募咨询与服务费、广告费、外地应聘者招待费等。其他管理费用包括如资料费、办公用品费、设备折旧费、水电物业费用等。

3. 招募计划审批

招募计划是否科学、可行，应当经过人力资源部门主管者的详细论证，并经本部门管理高层同意，报经上级人事管理部门批准方可施行。人力资源管理具有辅助管理和战略管理的特点，其决策对公共部门管理事业的发展有着不可忽视的影响。人员的流动是公共部门长期稳定发展和重要业务开展的决定性因素，也是公共部门战略管理的主要方面。

因此，对于人员招募的方案和计划必须经过相关审批才能开展。

（二）招募工作的开展

1. 发布招募信息

招募工作开展的第一步就是发布招募信息。招募信息的发布要根据招募计划中对招募时间、范围、来源以及招募途径的规划进行，一般应遵循及时、面广原则以及层次性原则。及时、面广原则是对招募信息发布在时间和范围方面的要求，层次性原则是对招募对象素质特征的考虑，要结合工作岗位向特定人员发布招募信息。

2. 收集应聘者资料

招募工作开展的第二步是收集应聘者资料。根据信息发布渠道的不同，应当使用最为方便的信息接收方式。收集应聘者资料要注意：时间规定，即在规定的时间内接收相关应聘者的资料和信息；条件规定，即严格按照任职资格和条件接收应聘者信息，既不能照单全收，也不能区分过严；数量规定，即根据招募的规模来确定信息接收的数量。

（三）招募工作的完成

1. 整理应聘者信息

收集应聘者资料后必须要对相关资料进行整理。资料的整理主要有两项工作：一是分类整理。可以按照应聘者不同的特征进行分类，方便人员信息的检索，如按照年龄、学历、任职情况、技能资格等进行归类。二是筛选整理。对明显不符合任职资格和要求的应聘信息可以果断排除，以减少人才甄选的工作量。

2. 为人才甄选做准备

招募工作的最后阶段是要做好人才甄选的过渡工作，招募阶段对人才甄选的准备主要是向甄选者移交应聘人员资料。甄选需要相关专业领域的专家、本部门高层管理者或上级人事管理部门的参与，他们必须事先对应聘者的相关情况作一下了解，然后才能结合公共部门用人需求有目的地考察应聘者，移交应聘者资料就相对重要。移交应聘者资料后，招募工作结束，甄选阶段开始。

第二节　公共部门人力资源的甄选

公共部门人力资源的甄选是对招募中获得的人才信息进行遴选、鉴别的过程。现代社会中，拥有各种技能的人才数量快速增长，要想在众多人才中获得优秀人才，则需要应用专门程序对人才进行测试、选拔。甄选工作对于公共部门来说是极为重要的环节。能否最终选拔到胜任空缺岗位职责、促进公共管理事业发展的优秀人才，主要取决于人才甄选这一过程是否科学。对应聘者来说，甄选是进入公共部门、获得职位的关键一步，是从应聘者到拟录用者之间身份转变的过程。公共部门人力资源的甄选是指公共部门人力资源管理者利用一定程序和工具，鉴别、考察招募阶段初步筛选的应聘者资格、技能、政治素养、任职条件、胜任资格等信息的适合性，与应聘者进行深度交流，预测其未来工作能力与绩效，判断其工作态度与品德，从中挑选公共部门所需要的、恰当的空缺职位填补者的过程。

一、甄选的意义

人才甄选是招募基础上的人才挑选活动，其直接目的在于为公共部门的空缺职位选择合适的人才。因此，甄选对于空缺职位的填补以及公共部门战略规划的实施均有重要影响。另外，甄选活动能对新进人员进行深入了解，这对人力资源管理的积极作用也十分明显。

（一）甄选对人力资源管理的意义

1. 有效地降低招聘风险

科学的人才甄选程序和工具保证了人才测评的效度，它可以对应聘者个人的能力、个性特点、工作风格、思想品德等与公共管理工作相关的各方面素质进行测评，所得到的结果可用于比较、鉴别，择优、择需地录用人才。选择有责任感、高素质的应聘者可避免不符合条件的应聘者进入公共部门，以确保公共事业管理的有效性。

2. 有利于人员的配置和管理

对应聘者进行各种测试的过程同时也是全面了解应聘者的过程，甄选最终必然要确定出公共部门拟录用的合适人选。在确定人选时，甄选者一般要考虑可用人选可胜任哪些岗位、晋升发展的空间如何、对事业发展的影响如何等问题，对这些问题确认的依据是在甄选者对应聘者全面了解、严格测试之后得出的。这些确认依据也可以为人力资源管理者合理配置新进人员时作参考，人力资源管理机构也应当根据甄选者的确认依据安排新工作人员入职，以提高管理效率。

3. 为人员未来的发展奠定基础

理想的人才甄选以适合公共部门和职位需要为目标，但并非每次招募都能选择到最优的人才，人才甄选同样也要以发展的眼光看待应聘者。甄选时不仅要看到应聘者目前的特点与职位、与公共部门需要的契合度，而且也要考察应聘者的可塑性。人力资源最大的特点在于资源的可变性，甄选在某种程度上要把人力资源的可变性条件作为选择的重点，为工作人员未来的发展奠定基础。

（二）甄选对公共部门发展的意义

1. 有助于文明行政风尚的形成

公共部门文明行政风尚的形成需要一个长期的过程，也需要全体工作人员的共同参与。人才招募是公共部门的人员入口，也是应聘者了解公共部门内部环境的窗口，对新进人员了解公共部门行政风格有着重要的影响。一次公开公平、高度负责和人性化的甄选过程能够增强新进工作人员的公平意识、责任意识，塑造公共部门的良好形象，有效构建文明行政风尚。对内部招募来说，甄选过程本身就是公共部门行政风格和价值观的体现。

2. 有助于公共部门管理事业的发展

公共部门人力资源的招聘由多种原因引起，这从总体上反映了公共部门用人的短缺和对人才的需求。一般而言，用人短缺表明某一公共管理岗位所分管的管理事务处于无人接管状态，急需有足够胜任力的工作人员接手并开展工作。进行人才招募是补充岗位人员短缺的重要途径之一，它使公共事业发展的连续性有了保障。严格按照空缺职位工作职责要求所挑选的人才，也必然能够促进公共事业的发展。

3. 有助于公共部门绩效的改进

有效的人才甄选不仅能够区分合格与不合格的应聘者，还能够分辨合格应聘者的基准性胜任素质和优异性胜任素质。人才甄选必然以优异性胜任素质为导向，选择能力与素质均优秀的人才。正常情况下，优秀人才将会带来较好的个人绩效，同时还能发挥良好的影响力，这有助于公共部门整体绩效的改进。

二、甄选的原则

在实际的甄选工作中，甄选者往往面临"宁缺毋滥"与"宁滥勿缺"两种选择倾向的困境，如何实现"不缺不滥"的理想状态，不仅取决于应聘者的整体素质，更与甄选者如何识人、择人的方式有关。因此，甄选过程必须坚持以下四个原则。

（一）知事知人原则

甄选过程中对人才的测试和评价要有一定依据，使人才素质的展现与评价标准具有可比较的基础,这样才能合理评价人才。人才测评过程是知人的过程,而寻求评价依据则是知事的过程,即对要弥补的空缺岗位进行全面的了解。知人与知事相结合,才能获得适合的人才。

（二）择优择需原则

人才甄选最终需要甄选者作出拟录用应聘者的决定。确认拟录用者时,要把人才素质的优异性和公共部门事业发展的需求结合起来。择优择需原则体现了用人所长、按需择人的理念。择优是前提和基础,择需是目的和根本。

（三）科学实用原则

科学实用原则主要针对甄选中所用到的各种测试的程序和工具而言。一方面,测试程序和工具要满足科学性的要求,必须使用有一定科学根据的、成熟的方法和工具,准确测试应聘人员的基本素质;另一方面,所选用的程序和工具要切实有用,测试项目要能和空缺职位的胜任资格与素质对应起来,同时也要符合公共行政的基本价值取向。

（四）公平人性原则

在整个人员甄选过程中,均要坚持公平竞争、公开透明的原则,平等对待每一位应聘者,尽可能提供一致的测试环境,使用相同的评价体系。看待应聘者应当秉持平等的身份、关怀的姿态、鼓励的方式,尽可能减少对应聘者的情绪干预,以体现人性化的价值内涵。

三、甄选的基本程序

为了保证甄选工作的顺利进行,提高甄选工作的效率,更好地维护甄选工作的科学性、公平性和实用性,甄选工作的开展也应当按照一定的程序进行。从宏观的角度来看,甄选工作主要包括甄选前的准备、甄选工作的开展、甄选工作的完成以及甄选工作的评估等四个基本环节。

（一）甄选前的准备

1. 组织甄选参与人员

甄选参与人员包括甄选者和被甄选者。甄选者应由人力资源管理者、具体用人部门主管、公共部门的高层管理者以及上级人事部门人员共同组成,必要时可聘用相关专家。人力资源管理者重点考核应聘者资格条件以及信息的真实性,具体用人部门主管应当对应聘者的业务技能及应聘者与职位的匹配性进行着重考察,公共部门高层管理者需要把握应聘者与公共部门事业发展规划、发展目标之间的融合性,上级人事部门的工作人员则要对整个甄选过程进行宏观监控。被甄选者由通过招募决策所确定的可进入甄选环节的应聘者构成。甄选参与人员确定之后,还应将甄选的具体时间、地点及甄选流程安排、注意事项等告知参与人员。

2. 了解拟甄选的应聘者

招募阶段对应聘者信息的初步筛选主要是依据应聘者外在的、基本的条件,甄选阶段则要细致深入地了解应聘者,不仅要对各方面任职资格与条件进行核准,还要对其内在的素质与能力进行测试与评价。在甄选开始之前,人力资源管理部门要将被甄选者的详细资料递交给甄选者,并及时接受咨询与询问,帮助甄选者认识应聘者。甄选者则应当在正式甄选程序开始之前对每一位被甄选者各方面的情况进行了解。

3. 确定甄选的内容和项目

人的素质和能力包含多个方面,在甄选环节的有限时间中,甄选者不可能面面俱到地对被甄选者进行测试。因此,必须对甄选的内容和测试的项目进行合理安排,甄选内容与测试项目的安排要符合"不遗漏,不多余"的标准,要根据空缺职位的任职要求恰当取舍,尽可能用最简洁的甄选内容完成对应聘者重要素质与能力的考察。

4. 确定甄选的形式和工具

根据甄选内容与测试项目的不同,选用相应的甄选形式和测试工具。在甄选形式和测试工具选择的过程中要注重科学性、适用性,同时也要考虑公共部门现有的条件和能力,对于公共部门难以提供且必要的甄选手段,可考虑借助于专门的人才测评机构来完成。如果使用问卷、测试题等工具完成测试的,人力资源部门和甄选者应当提前制作问卷、拟定试题。

5. 准备甄选要使用的场所

一般甄选工作的开展还需要一定的场所来辅助完成。需要情景测试的应当布置好测试环境,利用工作模拟考核的需要准备相应的设施、设备等。这些工作都应当在甄选之前作好准备,并加以调试,以确保甄选工作的顺利进行。

（二）甄选工作的开展

实施甄选时，公共部门人力资源管理机构需要做好三方面工作：首先，组织甄选参与人员准时到场。甄选者未到场的应当及时联系，确认原因，并采取相应的措施；被甄选者未到场的也应当问明原因。到场甄选者要安排好甄选的顺序。其次，在甄选进行过程中需要记录、采集数据或者辅助完成测试的，甄选者应该积极介入。维持良好的甄选秩序，及时处理突发情况和意外事件。尽可能满足各方甄选参与人员的特殊需要，以保证甄选工作的正常实施。最后，甄选结束后，要及时妥善处理设施、设备，尽可能恢复甄选场所的原状，做好场所管理的移交工作。

（三）甄选工作的完成

甄选工作的目的是挑选空缺职位所需要的人选，决定哪些人进入录用环节并最终确定胜任空缺职位人选。甄选环节要为人员录用提供最可靠的依据，以保证最终确定人选的适合性。作出拟录用决策标志着甄选工作的完成。

四、甄选的常用方法

甄选的形式和测试工具多种多样，在有的甄选过程中，甚至会用到仪器辅助测试，还有的会用命相学、命理学、笔相学、胚胎学等原理进行测试。以下介绍几种常用的甄选方法。

（一）知识测验

知识测验从形式上来说属于纸笔测试的一种，但就测试的目的而言它与其他纸笔测试，如智力测验、性格测试等有着明显的不同。知识测验是指利用专业考试试题对应聘者所掌握的专业知识及其知识应用能力进行全面考核评价的人才甄选方法。公共部门管理人员均要分管负责某一专门领域的公共事务，必须对其管理领域十分熟悉。因此，使用专业知识测试对公共部门人力资源的甄选来说显得十分重要。对一些专业知识要求较高的工作职位，必须对其相关领域的专业知识进行测试，以求更好地胜任未来的工作。目前公共部门一般使用公务员考试的形式进行知识测验。

知识测试的优点在于能择优录用相关领域知识储备较为充足的应聘者，甄选成本较低、使用方便，测试的信度和效度均可以得到有效控制。但其缺点也很明显，知识测验是建立在良好专业知识素养与高效的工作业绩呈正向相关的假设基础上的,但实际工作的开展还受很多其他个人素质的影响,这种假设并不具有必然性,如高学历人才往往有较高的知识储备量,但并不代表每个高学历人才都会有良好的工作业绩。因此,只注重知识存量的知识测验是难以直接考察应聘者的工作能力的,为了避免这一缺陷,知识测验应当和其他测试方法配合使用,以便获得更为理想的甄选结果。另外,有的知识测试过程用资格审查的形式来替代,这同样是建立在学历证书、专业技能资格证书等与知识素养、工作能力必然相关的错误假设基础之上。因此,在甄选过程中应当谨慎运用知识测试。

（二）面试

公共部门无论是采用集中化的大规模招募还是采取分散化的招募都要使用面试这一甄选工具。作为人力资源甄选时最常用的一种方式,在古代,面试就以"策问"的形式普遍运用于科举考试中。

面试可以用来测试知识、技术和能力。只是涉及工作知识和技术方面的问题,笔试更有效率,但如果涉及一些实际的操作性的技能时,面试则更具优势。一般来说,面试最能测试一个人的如下特征:人际沟通能力、综合协调能力、自信力、团队精神、工作的可靠性、责任感、诚实度、求职动机等。

1. 面试的种类

(1)根据面试的实施方式不同,可以将面试分为一对一面试、面试团、小组面试。

一对一面试是指由组织中的一个代表面对一个应聘者,这样应聘者的压力较小,发挥较为自然,而且也容易同面试人员进行沟通。

面试团是指由一个应聘者面对多个面试人员,这样可以使更多的人参与到面试中来,不易造成一对一面试中的个人主观偏见的现象,但是这种面试方式可能会给应聘者造成很大的压力。

小组面试是指由一群应聘者面对一个或多个面试官,这种面试主要是考察应聘者的人际关系、自信力、领导力和团队合作精神。

(2)根据面试的标准化程度,可以将面试分为非结构化面试、结构化面试和半结构化面试。

非结构化面试是指面试人员可以按照自己的兴趣,随意向应聘者提出问题。面试问题之间的逻辑性取决于面试者,面试者通过印象和推测来对比应聘者,做出选择。

结构化面试是指通过职位分析,科学地设计与工作相关的问题,运用系统评分程序和问题设计策略,针对同一主题,获得所有求职者关于工作知识以及工作绩效方面的信息。结构化面试要求面试的试题结构化、评分标准结构化、面试考官队伍结构化、考场布置结构化、具体操作步骤结构化,整个面试标准化程度较高,具有较高的信度和效度。半结构化面试是介于结构化面试与非结构化面试两者之间的一种面试形式,面试之前大致规定面试的内容、方式、程序,在具体操作中允许面试官根据实际的情况做出调整。

(3)根据面试的内容,可以将面试分为情景面试、行为面试以及工作内容面试。情景面试是设置一定的模拟情形,要求被测试者扮演某一角色并进入角色情景中,去处理各种事务及各种问题和矛盾。考官通过对考生在情景中表现出来的行为,观察测评其应变能力,看其能否胜任工作。

行为面试是对应聘者过去的行为进行了解,预测应聘者的能力。行为面试首先也是分析职位所要求的具体活动,设计面试问题,只是行为面试要检查每个行为维度,保证它们能够描述个人的最大绩效。行为面试主要在于挖掘应聘者的行为方式及结果。

工作内容面试则主要是考察与工作相关的知识、能力和技能。

2. 面试的效度和信度

面试是最为常用的一种甄选工具,但是面试的效度和信度比较低。这主要是由以下的两个因素造成的。首先,面试者对于应聘者的评价会受到多种因素的影响;其次,问题的设计不十分合理,从而影响面试的准确性和有效性。从对应聘者的评价来看,具体要受到如下因素的影响。

(1)首因效应。面试考官与应聘者首次接触时,应聘者可能通过仪表、谈吐、举止给考官留下第一印象,影响考官的判断。

(2)相似效应。面试考官常常会因为应聘者与其有相似的兴趣、偏好或经历,从而容易对应聘者产生好感,忽略其缺点,这就难以做出正确的判断。

(3)晕轮效应。晕轮效应从心理学上来解释是说他人某一方面的特点掩盖了其他方面的全部特点,既有优点掩盖缺点的现象,也存在缺点妨碍优点的事实。由于面试不易做到标准化和量化,面试官极容易陷入晕轮效应的怪圈,以应聘者的某一项突出的优点或缺点草率做出整体判断。

(4)对比效应。在面试过程中,应聘者都是按一定的先后顺序进行面试的。而这种顺序有可能影响到面试考官的正确评价。例如可能由于前面连续出现的几个应聘者的水平都只是一般,突然出现一个能力较强的应聘者,这可能会使考官误认为这个应聘者特别优秀突出;或者前面出现的几个应聘者都非常优秀突出,突然出现一个能力平平的应聘者,考官可能会感觉到这个应聘者水平非常差,从而做出不合理的评价。

(5)刻板印象。在面试考官的头脑里,存在着关于某一类人的固定印象,这种固定印象使考官评价应聘者时常不自觉地按应聘者的年龄、民族、性别、专业、地域等特点进行归类,并根据头脑中已有的关于这一类人的固定印象来判断应聘者的个性,从而影响评价的准确性。

面试的问题对于决定面试的信度和效度是至关重要的。如果问题与工作不相关,效度系数不会很高。如果不同面试者使用的问题不一致,所获得的对于应聘者的信度系数就不会太高,因为每个面试者收集的信息不同。在现实中,许多面试问题的设计不是针对工作要求,而是针对面试者的个人偏好。公共部门人力资源管理人员在面试时,问题的设计要建立在职位分析的基础上,试题的编制要经过严格的分析、筛选,并进行严格的试题组合。

3. 面试过程中需要注意的问题

(1)加强对面试者的培训。目前,公共部门进行面试时,面试者通常由招考的部门、人事部门以及一些专家组成。虽然在面试过程中,公共部门会考虑专家的意见,但总体说来面试者在面试技术方面还需要培训,主要培训面试者如何获取有用的信息,如何评价分析面试过程中所获得的信息以及如何设计问题。

(2)采用多样化的面试方式。当前,公共部门在进行面试时,主要采用的还是结构化面试,也采用了小组面试。这样的方法针对性不强,往往甄选出的人员都是言语表达能力较强,性格外向的人员,而有时并不适应工作的需求。公共部门应引入多样化的面试方式,如情景面试、工作内容面试等。需要招聘财务人员时,就可以给应聘者有关财务资料,要求应聘者据此写出一份财务分析报告,内容包括数据计算、综合分析、个人的观点、意见和建议。

(3)使用与工作相关的面试问题。面试问题中涉及的知识应该对整体的工作业绩起重要作用,不要提出无关的知识问题,面试时不要涉及具体的事实性的知识,这些知识应该在笔试中考察。对于技术和能力的考察也应与实际的工作需求相关。目前,公共部门最需要考察的一些如服务大众的理念、忠诚、诚实守信、敬业进取、职业道德等品质和能力,需要对这些品质及能力进行可测性研究,并积极应用于面试。

(4)针对每种知识和能力使用多个面试问题

测量信度和效度在一定程度上取决于该测量工具使用的题项数目。用于测量某种知识、技术和能力的评估工具所包含的题项越多,则面试的信度和效度就越高。但是测量应建立在工作分析的基础上,要确立工作所需的各种知识、技术和能力所占的比重,然后确立问题数目,不能凭借主观判断确立题目的数目。

（三）心理测试

心理测试有许多种类型,但甄选过程中所用的主要是能力测试和个性测试两种,因为这两种测试的结果对预测未来的工作绩效有较大帮助。

1. 能力测试

能力测试分为普通能力测试、特殊能力测试和成就测试。普通能力测试主要是测试应聘者的思维能力、想象力、记忆力、推理能力、分析能力、数学能力、空间关系能力及语言能力等。一般通过词汇、相似、相反、算术计算、推理等类型的问题进行评价。在这种测试中得高分者,被认为具有较强的能力,善于找出问题症结,能取得优良的工作业绩。

需要注意的是某种特定的测试也许只对某类特定的工作有效。

特殊能力测试用于对特定能力或才能的测试,如空间感、动手灵活性、协调性等,另外,还包括一些专业的基础知识,常用的方法有斯特龙伯格灵敏度测验（Stromberg Dexterity Test）、明尼苏达操作速度测验（Minnesota Rate of Manipulation Test）、普渡插棒板测验（Purdue Peg Board）等。

成就测试是考察一个人已经拥有的能力,主要测试应聘者已经具备的有关的工作能力水平。韦克斯勒智力测验和瑞文标准推理测验是两种常用的能力测试工具。

2. 个性测试

一个人的工作能否做好,不仅仅取决于能力高低,个性品质也会对工作绩效的好坏起很大的影响作用。因此,把对应聘者的个性测试纳入招募、甄选过程中就十分必要,尤其是对于那些需要比较多人际交流的职位更是如此。个性品质主要包括人的态度、情绪、价值观、性格等方面的特性。对个性品质的测试主要有影射法、个性品质问卷调查法和兴趣盘存法等。

影射法是让应聘者看过一项不明的刺激物,如图片、墨迹等之后,要求他们诠释其意义或观察他们有何反应。因为刺激物相当模糊,所以应聘者所作的诠释,事实上是他们内心状态的一种影射,他们会将自己的情感态度及对于生活的理想要求融入诠释中,由此测试出应聘者的个性品质。此外,属于影射性的测试方法还有:要求应聘者编造或创造出一些东西或故事;图画的构造法;要求应聘者完成某种材料,如句子的完成法;要求应聘者依据某种原则对刺激材料进行选择或排列的选择排列法等。

个性品质问卷调查法是通过应聘者对个性品质调查表中的问题进行回答,依据得分统计来判断应聘者的个性品质倾向。调查表中的问题一般包含了与行为、态度、感觉、信仰等有关的陈述式问题。典型的调查表有明尼苏达多项人格测验、爱德华兹个人偏爱顺序表、卡特尔16种人格因素测验等。

兴趣盘存法是将应聘者的兴趣和各种人士的兴趣作一比较,判断应聘者适合从事什么工作。其理论依据是,假如应聘者在兴趣方面与绩效优异的在职人员相雷同的话,应聘者将来也可能有良好的表现。

总之,个性品质测试的根本目的是通过对应聘者个性品质的考察,判断应聘者工作动机、工作态度、情绪的稳定性、气质、性格等素质是否与空缺职位的要求相近或相同,若是,就是合适的人选。

(四)行为模拟测试法

行为模拟测试法亦称情景模拟法,是指通过在一种情景下应聘者所表现出的与职位要求相关的行为方式,来判断应聘者是否适合空缺职位的一种测试方法。比较适合于评价具有某种与职位相关的潜能,但又没有机会表现的应聘者。通常所采用的行为模拟方式有文件筐处理、分析模拟、面谈模拟等。

1. 文件筐处理

要求应聘者对文件筐中的各类信件、便笺等进行处理,并做出决定,制定计划,组织资源和安排工作,要求合作,撰写回信和报告。以此测出应聘者的工作主动性、独立性、敏感性、组织规划能力、合作精神、分析判断能力、决策能力等。

2. 分析模拟

分析模拟是给应聘者提供有关某种情况的资料,要求其进行分析并提出合理的行动程序,以此观察应聘者筛选数据、分析问题、进行决策的能力,并进行评价。

3. 面谈模拟

面谈模拟是由应聘者扮演一个角色,评价员扮演与之相对的角色,来进行与工作相关的某种情景下的模拟行为和对话,依此来评价应聘者的组织能力、领导能力、灵活性、口头表达能力、控制能力及压力下的工作能力等。

并非所有的甄选都需要采取行为模拟测试法，它一般是作为面试法的补缺，另外还要取决于甄选的时间及预算的许可度。

（五）工作抽样法

工作样本，又称为工作抽样，它是指通过对应聘者未来可能面临的实际工作场景片段、工作内容的某些方面进行抽样并模拟，观察、分析应聘者在较高相似工作环境中的工作表现，判断其未来工作业绩的测试方法。工作样本测试的依据是工作分析中的任职资格和要求，主要测试应聘者完成某项工作所必需的知识、技能、能力等与工作绩效有关的因素。由于该测试方式与未来实际工作情境、工作内容高度相似，所以能够对应聘者实际工作能力表现得到较为准确的测评，工作样本也因此在很多测试方法中成为效度最高的测评技术，减少了负面影响，引起较高的求职者反应。

工作样本测试的优势极为明显：它所使用的工作环境与未来工作要求的契合度最高，并且能够鉴别出未来工作业绩较好的员工；通过实际工作表现的现场测试，考察了应聘者的真实能力，虚假性较少。另外，工作样本测试保证了一致的甄选条件，具有较强的公平性。但工作样本同样有它的不足之处，这需要在实际应用中区别对待。工作样本重在考察应聘者的实务操作能力，不能代替一般能力测试；它需要模拟真实的工作环境，实施较为复杂，且费时、费力；其测试范围有限，主要针对技术性、操作性的工作进行测试，而对于偏重脑力劳动的工作则难以使用工作模拟的形式考察；其测试的工作内容和要求往往以原有的工作为基准，可能与未来工作不尽相符；由于工作环境的模拟性，工作样本测试中表现较好的应聘者也不一定完全在实际工作中有较好的表现。

（六）评价中心

评价中心在这里实际上是一个运作概念，而不是一个地理概念或机构名称。它是指将应聘者（若应聘者过多，可经筛选后进行）集中起来，采用多种评价方法进行集体评价，然后从中甄选出合格人员的过程。评价的地点可以是一间会议室，也可以是一间特殊的房间。评价中心要求有十多名评价员来参与，一是因为应聘人员多，需要多人进行评价；二是可以保证评价结果的公正性。评价员一般是在暗中进行评价，也可通过录像进行评价。

评价的时间需要 2～3 天。评价中心一般包括下列项目：

（1）分内工作——让应聘者实际面对担任空缺职位时所要面对的一堆报表、备忘录、信件、电话以及其他文件，要求应聘者逐一处理，如写信、记备忘录、安排会议日程等。然后，再由经验丰富的评价员对其工作绩效予以评价。

（2）无领导小组讨论——给若干应聘者一个问题，让应聘者一起进行讨论，并作出群体决策。然后由评价员对应聘者的沟通技巧、领导能力、个人影响力以及群体接纳程度进行评估。

（3）管理竞赛——让应聘者各代表一个组织，模拟这些组织在市场上存在着的激烈竞争，然后让应聘者依据所代表的组织的状况做出一系列管理决策，由此来评价应聘者的决策能力、组织能力、沟通能力及领导能力。

（4）口头报告——让应聘者就某一主题作一个口头报告或演讲，以此来评价应聘者的沟通技巧和说服能力。

（5）客观测试——对应聘者进行一系列的内心测试。

（6）面谈——每位应聘者至少都由一位评价员与其面谈，以发掘应聘者的背景、过去的工作绩效、目前的兴趣以及行为激励状态。

需要注意的是，评价中心一般费用较高，比较适合于规模较大的组织。

第三节　公共部门人力资源的录用

人员录用是公共部门整个人员补充计划的最后一个环节，它不仅对人力资源管理来说意义重大，而且对整个公共部门的发展有着深远的影响，对应聘者个人职业生涯发展也有十分重要的意义。录用以科学、全面、精确的甄选为基础，以空缺职位的要求为目标，在应聘者个人特质与岗位职责之间寻求最佳的结合点。对公共部门来说，正确适当的录用决策是公共部门绩效增进、事业发展的有力推动；对应聘者来说，录用是真正获得职位的必经环节。公共部门人力资源的录用是指人力资源部门在对应聘者进行了全面了解与严格甄选的基础上，作出选用最合适的空缺职位填补者的决定，并经过一系列引进程序，安排被选人员上岗开展工作，最终完成公共部门人员短缺补充计划的过程。

一、录用的作用

作为公共部门人力资源招聘的环节之一，录用有其特定的作用和意义。在实践中，部分人将录用的过程界定得过窄，他们认为录用只是决定并公布录用者的名单，发出录用通知，办理录用手续的一些简单事务。有些人却拓宽了录用的范围,甚至把录用与甄选合二为一。事实上,录用阶段的工作从录用决策开始,应一直延续到试用人员被正式录用之后结束。因此,准确认识录用工作的范围,才能充分体现其在人员补充计划中的作用。

（一）录用是决定公共部门人力资源质量的关键环节

相比招募和甄选,录用阶段的任务相对较少,实施容易,甚至在某些实际管理过程中和甄选的环节相重合。但是,录用对公共事业发展的意义十分重大,录用决策是否科学、适当,决策是否成功,决定了公共部门选择哪些人、哪类人介入公共事业管理。这一方面是对公共部门管理质量和水平的考验,另一方面也是对公共部门行政效率的考量。在实际的录用过程中存在多种外在因素,以致录用决策脱离了甄选测评结果,从而降低了人才录用的质量。录用是决定公共部门未来工作人员质量的关键环节,因此,在人才补充过程中应严把这一关。

（二）录用是对人才的选择从决策、试用到正式录用的完整过程

录用决策仅仅是人员录用的起点。在作出录用决策之后,还应及时通知被录用者,告知报到的时间,让其做好进入公共部门任职的准备。进入公共部门时,需要给任职人员办理各种录用手续,并安排任职岗位,对其进行上岗前的培训。并且应该按照法律规定对新进人员进行一定时期的试用,试用通过才能予以正式录用。因此,录用是从决策到拟录用人员成为公共部门正式员工的完整过程,并非仅仅是作出录用哪位应聘者决定的过程。

（三）录用是个人特质与职位要求的进一步调适

"人—职"匹配、"人—事业"匹配是甄选阶段的主要工作目标,在甄选最后阶段的拟录用决策中应当充分考虑个人特征与拟任职岗位之间的匹配性,为录用决策提供相对可靠的依据。录用阶段是个人特征与职位要求的进一步调适,它主要表现在两个环节中:一是在作录用决策时,应当把甄选结果作为重要依据,但录用决策者还可以从职位要求的高度对拟录用决策作出进一步的调整;二是在试用环节中,被试用人员要参与实际工作,担负某一岗位职责,从实际工作绩效判断个人与职位之间的匹配性。

二、考试录用的原则

公务员考试录用,除按照编制、工作需要及德才兼备标准来选拔外,还遵循以下原则。

（一）公开原则

公开原则是指录用主管部门将计划招募的职位、资格条件、时间、地点及招募结果，通过各种媒体向社会发出公告；招录机关根据考试成绩、考察情况和体检结果，提出拟录用人员名单，并予以公示。公示期满，中央一级招录机关将拟录用人员名单报中央公务员主管部门备案；地方各级招录机关将拟录用人员名单报省级或者设区的市级公务员主管部门审批。公告与公示的目的在于增加政府部门招募、甄选的透明度，接受社会监督，防止人员招募甄选过程中的不正当行为。

（二）平等原则

平等原则指对所有应聘者应一视同仁、平等对待，不得因民族、性别、出身、宗教信仰、婚姻状况等对应聘者实行歧视和给予不平等待遇。这一原则在我国政府部门人员招募甄选的实际操作中，还受到一定的限制，如地域条件的限制、婚姻状况的限制等。此外，在公共部门的人员招募中也不能做到男性与女性完全平等。

（三）竞争原则

竞争原则首先是指录用要在全社会范围内公开竞争，通过考试进行。要按照应聘者的素质条件优劣对比进行甄选，不得按照主管人员的主观好恶来取舍。其次，应吸引更多的人员来进行应聘，只有人多，才有竞争，才能从社会中获得精英人才。

（四）择优原则

择优原则指通过各种甄选方法，选择真正优秀的人才到政府中来。这一原则适用于社会上任何组织的招募甄选。这里的择优不是盲目地要求高素质，还要考虑是否符合空缺职位的工作规范要求。

三、录用的主要工作

录用阶段具体的工作较多，根据不同工作所解决的主要问题，可以归结为录用决策、入职管理、任职调适、正式录用四个方面。

（一）录用决策

（1）审核拟录用决策。甄选结束后，甄选者根据应聘者的实际表现，作出拟录用决策，作为录用决策的参考。录用阶段，甄选者应当对拟录用决策作进一步审核。首先,向决策者移交拟录用决策,从程序方面给予初步审查,并熟悉拟录用人员信息;其次,利用录用前考核程序对拟录用者进行必要的二次审查,如采取面谈、小型测试等方式,主要针对决策者认为重要的或存在疑问的能力与素质方面;最后,对相关信息和资格核准审查,如政治审查。

(2)作出录用决策。审核通过之后,决策者应当作出录用决策。录用决策可采用补偿性模型、非补偿性模型或者混合模型等对比决策方法,也可以使用多重切点模型、多元回归模型、轮廓匹配模型等数理决策方法。作录用决策时应当标准合理、快速高效,避免错误决策、减少决策期内因任职者空缺而造成的公共管理事业延误。

(二)入职管理

(1)人事接管。人事接管所涉及的主要范围有各类档案、关系和社会保险,如学籍档案(应届毕业生)、人事档案、户籍关系、党团组织关系、各类社会保险基金等。被录用者进入公共部门后,要及时登录人事信息,建立档案或续管档案。

(2)安排入职。人事部门要在规定的时间内接收被录用者报到入职。报到入职主要有两项工作:一是针对岗位空缺情况和公共事业需要,按照原有招募计划中的招募目的和甄选过程的测试结果,给被录用者安排合理的工作岗位;二是在上岗之前安排有针对性的岗前培训,让被录用者了解工作职责、工作纪律,熟悉工作环境、介绍工作方法,为实际工作顺利开展做准备。

(三)任职调适

任职调适是试用期内的主要工作。对新工作人员的试用应当注意以下问题:一是要有正确的导向,试用新工作人员不是对新人员刻意的考验,而是对新人员工作状况的观察,并以指导帮扶为原则。二是要有明确的目标。新工作人员完成哪些工作、达成哪些目标才能满足试用要求,其目标和标准应当明确。三是期限要合理。不能有意延长试用期限,也不能将试用期限定得过短,应当按照相关法律的规定,结合工作的性质合理确定。

(四)正式录用

试用期满完成试用目标、达到录用条件的试用者,才能正式录用。正式录用需要完成两个程序,一是给予正式的任职任命。按照上级人事部门的编制外配,给予正式录用者以正式的人事编制,安排正式的工作岗位,担负相应的工作职责,使新进人员真正成为公共部门的一员。二是给予正式员工相应的待遇。人事部门要给正式录用人员安排正式员工应有的工作条件、设备和各种薪酬待遇。

四、我国公务员的考试录用制度

公务员是公共部门工作人员的主体,建立完善的公务员制度是促进现代政府科学化、高效能管理的重要保障。公共部门的人力资源管理机构和管理者只有积极做好公务员的选拔、录用工作,才能抓住公共部门人力资源管理的根本,从而最大限度地改善公共部门人才的素质,提升管理水平,同时也能为公共部门的后期管理和公共管理事业的全面发展奠定良好基础。我国公务员的录用采取"公开考试、严格考察、平等竞争、择优录取"的考试与考察相结合的方法,这在《中华人民共和国公务员法》和《公务员录用规定(试行)》中均有明确规定。

(一)公务员录用的管理机构

我国公务员录用的管理机构按其职能不同可分为两类:一类为主管部门,另一类为招录机关,这两类管理机构按照公务员考试的层次,又可分为中央管理机构和地方管理机构。中央管理机构的主管部门负责全国公务员录用的综合管理工作,包括拟定公务员录用法规、制定公务员录用的规章和政策、指导和监督地方各级机关公务员的录用工作。中央管理机构的招录机关主要负责中央机关及其直属机构公务员的录用工作,它由中共中央组织部、人力资源与社会保障部、国家公务员局等机关组成。

地方管理机关包括省级公务员录用管理机构和设区的市级以下各级公务员录用管理机构。省级公务员主管部门主要负责本辖区公务员录用的综合管理工作,包括贯彻国家有关公务员录用的法律法规和政策,根据公务员法和公务员录用规定制定本辖区内公务员录用的实施办法,负责组织本辖区内各级机关公务员的录用,指导和监督设区的市级及以下各级机关公务员录用工作,承办中央公务员主管部门委托的公务员录用有关工作或授权设区的市级公务员主管部门组织本辖区内公务员的录用等。设区的市级及以下各级公务员主管部门按照省级公务员录用管理机构的工作要求,负责本辖区内公务员录用的相关工作,包括根据省级公务员主管部门授权组织本辖区的公务员录用工作,或按照省级公务员主管部门的规定,负责本辖区内公务员录用的有关工作。地方管理机构的招录机关主要职责有制订录用计划、审查报考资格、根据笔试成绩组织面试、进行报考资格复审和考察、安排体检、向社会公示拟录用人员名单、试用和培训录用者等。

（二）公务员录用的基本程序

公务员录用应当遵循法律所规定的程序，并且要保证程序的公正性。严格的录用程序不仅能够实现科学录用，保证录用质量，而且还能促使考试录用制度化和法制化的建立，体现录用的公正性。公务员考试录用应当遵循以下程序。

1. 制订公务员录用计划

公务员录用计划由招录机关拟定，并由省级以上主管部门审定或规定申报审批权限。公务员招录机关应当依据现有的职位空缺情况和职位要求合理制订公务员录用计划，录用计划一般包括招录机关的名称及编制数、缺编数和拟增总人数，拟录用职位名称、专业、人数及所需要的资格条件，招考的对象、范围及采用的考试方法等内容。省级以上公务员主管部门还应依据有关法律、法规、规章和政策，制定招考工作方案。招考工作方案是公务员考试招录的指导性文件，应明确规定招考的总体要求、招考计划、招考单位和对象、招考的方法和步骤、招考的组织领导及监督检查工作等具体事项。

2. 发布招考公告

招考公告是公务员招录机关向全社会公务员报考者发布的有关公务员录用机关、招考职位、考试科目及录用程序等信息的通告，公务员主管部门制定招考工作方案之后，应当依据招考工作方案的主要内容，制定招考公告，并向全社会发布。招考公告主要包括招录机关、招考职位、名额和报考资格条件，报名方式方法、时间和地点，报考需要提交的申请材料，考试科目、时间和地点以及其他须知事项。

3. 报名与资格审查

公务员报考需要符合相关的硬性条件和资格，招录机关负责报考者资格和条件的审查。主管部门和招录机关应当严格按照职位要求设置报考资格和条件，不得涉及与职位要求无关的报考资格和条件。同时，除年龄和学历之外，在报考资格和条件的设置与审查中应当遵守公务员法和公务员录用的相关规定。一般来说，报考公务员应当具备的资格条件有：具有中华人民共和国国籍，年龄在 18 周岁以上、35 周岁以下，拥护《中华人民共和国宪法》,具有良好的品行,具有正常履行职责的身体条件,具有符合职位要求的工作能力,具有大专以上文化程度,省级以上公务员主管部门规定的拟任职位所要求的资格条件以及法律、法规规定的其他条件。但曾因犯罪受过刑事处罚的、曾被开除公职的以及有法律规定不得录用为公务员的其他情形的人员不得报考公务员。

4. 考试

一般职位的公务员录用考试包括笔试和面试两种形式,特殊工作职位的公务员还需要经过特殊考试。考试内容根据公务员应当具备的基本能力和不同职位类别分别确定。笔试包括公共科目和专业科目。公共科目主要考察应试者的政治素质情况,分析问题、解决问题的能力,文字表达能力等,它一般由《行政职业能力测试》和《申论》两科组成。专业科目的考试内容根据拟任职位的要求确定,主要考察应试者在某一领域内的专业知识和能力,一般根据公共科目考试成绩来决定应试者是否参加专业科目考试。面试由具有面试考官资格的人员组成面试小组来进行,分口试和实际操作两种形式。口试是通过考官与考生的语言交流,测试应试者的知识和能力,并分析其性格和反应程度。实际操作是通过考生进行工作模拟预测其实际工作能力的考核过程。特殊考试是录用特殊职位的公务员时所采用的适合工作职位要求的测评方法,如对国家保密局工作人员、公安特警职位、外交部小语种翻译人员等的录用,需要进行专门的测试。

5. 考察与体检

根据公共部门人力资源招募的"招聘产出金字塔"比例,按照合格考试成绩由高到低的顺序确定考察名额。考察由两人以上组成的考察组进行,包括报考资格复审和全面考察。报考资格复审主要核实报考者是否符合报考资格和条件,确认其报名时提交的信息和材料是否真实、准确,如采取调阅档案、查阅有关证书、验证身份证明材料等形式进行复审。全面考察内容广泛,主要有报考者的政治思想、道德品质、能力素质、学习和工作表现、遵纪守法、廉洁自律以及是否要回避等方面的情况。考察形式也灵活多样,通过群众谈话和座谈、查阅档案等均是较为常用的方法。通过复审和考察的报考者应当参加体检,体检项目和标准应当根据职位要求确定,以保证所录用公务员具有胜任公职的身体条件。

6. 公示、审批或备案

招录机关根据报考者的考试成绩、考察情况和体检结果,进行综合衡量和比较,择优提出拟录用人员名单,向社会公示。公示时间一般为 7 天,公示的内容包括招录机关名称、拟录用人员姓名、性别、准考证号、毕业院校或者工作单位、监督电话以及省级以上公务员主管部门规定的其他事项。公示期间,报考者和其他知情者对拟录用人员名单如有异议、发现拟录用人员存在不符合资格和条件要求或者有应当回避等情形的,可以按照规定向招录机关或者录用主管部门反映。公示期满,由招录机关将拟录用人员名单按照规定报录用主管部门审批或备案。中央机关及其直属机构拟录用人员名单报中央公务员主管部门备案,地方各级招录机关拟录用人员名单报省级或者设区的市级公务员主管部门备案。

7. 试用、培训与正式录用

公示期结束,通过审批或备案之后,意味着公务员可进入工作岗位,录用程序结束。

但公务员是否被正式录用,还要经过一段试用期,然后才能正式录用。因此,试用与正式录用是公务员录用程序的延伸。公务员的试用期自公务员报到之日起计算,试用期为 1 年。试用期内,由招录机关对新录用的公务员进行考察,并安排必要的培训。新录用的公务员要认真履行公务员义务,按照拟任职位的要求开展工作,遵守公务员行为规范和纪律要求,积极参加培训。试用期满合格的,予以正式录用,按照规定确定其职位和级别;试用期不合格的,则取消录用。

五、我国公共部门人力资源录用的改革与完善

(一)国家机关人力资源录用的改革与完善

1. 进一步落实依法管理的原则

依法管理的原则是国家公务员管理的一个基本特征,更是公务员录用制度贯彻始终的重要原则。录用制度在长期的建设和发展中,形成了在公务员法统取下的各项单项法规和条例,在此基础上要求各级机关在录用过程中做到有法可依、依法办事、执法必严、违法必究。依法管理的原则贯彻在考录制度中概括起来表现为依照法定的权限、条件、标准和程序进行。就考录法规体系来讲,一直处于动态的完善过程中。

2. 更加全面落实"公开、平等、竞争、择优"的录用原则

现阶段全面落实"公开、平等、竞争、择优"的录用原则还要从以下两个

方面做出努力。

一是进一步打破公务员录用中存在的地区、身份等资格条件方面的限制。自实行公务员考录制度以来,有些地区在打破公务员录用的身份和地区限制方面做出了努力。二是严格制止公务员招考过程中存在简化考试办法和程序的现象。凡是进入公务员队伍就要通过考试的"凡进必考"制度一直是我国干部人事制度改革的突破口,是推行公务员制度的核心内容之一。然而,从实际情况来看,这项制度的推行还远没有到位。2003 年 7月,中共中央组织部、人事部联合做出要求,严禁各地把对高学历、高职称人员免考,或随意简化考试科目和程序作为吸引人才的优惠政策。

3. 进一步调整和改进考试录用制度的技术环节

(1)加强笔试的科学性。

公共科目笔试是公务员考试录用的第一试,因此试卷考核内容的效度、结构科学与否,直接关系到能否选拔出高素质的人才。但是我国公务员公共科目考试中,出现重知识、轻能力的高分低能倾向。这与教材编写内容缺乏规范性,试卷结构缺乏合理性、科学性有着密切的关系。在 2004年国家公务员招考中,针对以往笔试环节中常识性知识所占比重较大、试卷结构不尽合理的问题,取消了以往的综合知识考试,而将重点放到了《行政职业能力测试》与《申论》两大部分。尽管如此,在我国公务员考试录用笔试环节的科学性方面仍然存在诸多问题,其中最为突出的就是公务员的录取同报考者学历水平难以形成正相关关系。

据了解,中央和省级公务员主管部门将对主任科员以下非领导职务职位进行一次全面的调查分析,提出不同机关层次、不同职位类别公务员所需的能力素质要求,构建分类分等的能力测查标准。应该在坚持和完善《行政职业能力测试》《申论》考试的基础上,研究论证新的考试科目框架,探索、更新考试测评技术,丰富和深化能力测评要素,不断研究、开发新题型,提高试题的有效性。

(2)合理设置考录环节。

目前我国公务员考试录用中的考录环节的问题主要表现为考试的轮制问题和考试的分级、设线问题。一是合理设置考试轮制。我国现行公务员录用考试一般采用二轮考试制,即第一轮笔试,第二轮面试。这种考试轮制客观上体现了重公共科目、轻专业科目的倾向。二是合理分级、设线。分级考试是国外公务员考试录用的成功经验,合理分级可以有效改变我国目前考试录用中报考不同职位的考生采用同一试卷的现象,保证考试的可信性与有效性。我国一些省份的地方政府,在第一轮考试后采用比例抽取的方法,而没有设定最低录取线,造成不同职位录取线差异明显。但由于没有设置最低录取线而不具备协调性,不能调剂高分考生。合理设线将有助于改善这一招考不合理现象。

(3)科学安排面试。

一是要科学合理地组成面试委员会,邀请具有较高理论水平、掌握现代考试技术和方法的专家同实际工作经验丰富的政府官员共同组成面试委员会。积极推行面试考官持证上岗制度,在 2007 年中央机关招考中,规定面试考官小组中,持有省级以上公务员主管部门颁发的面试考官资格证书或者面试考官培训合格证书的人员比例不得低于面试考官总数的 50%,保证了面试工作的科学规范。各地在面试工作方面也进行了积极探索,如湖南、甘肃、江西等很多省(自治区、直辖市)建立了面试考官库,并实行异地交流考官。

二是要科学设计面试中情景模拟、专业能力等方面的测试问题,保证面试的科学性和规范性。例如,云南省先进行结构化面试,然后将面试过程拍摄下来,让考生做自我评价和进行无领导小组讨论,考生对面试的公平性非常认可。江西省研究开发了面试误差控制技术,采取修正系数来解决同一职位不同面试小组评定成绩时产生的误差问题。

(4)建立和完善我国公务员录用试题库。

计算机管理系统为了提高公务员录用考试的科学性和规范性,为国家机关选拔优秀人才提供现代化手段,建设公务员录用考试题库计算机管理系统已成为一个不可逆转的发展方向。作为面向国家机关公务员招考的试题库,需要具有较强的实用性和有效性,而且题目参数的取得要充分考虑测试样本的合理性选取。因此,在题库的设计和开发中要注意保证题库的动态特性、试卷生成的灵活性、数学模型选取的实用性和先进性及题库的安全性。

(5)加强公务员考试管理的制度建设。

目前,我国对公务员的管理实行部内制,在录用公务员时可以有效实现权责统一,有利于提高录用的质量和效益。但在这种体制之下,行政机关可以凭借权力和地位,干预录用工作。因此,要保证通过考试录用到一流的人才,必须加强对相关国家行政机关监督制约。

组织人事部门应会同纪检监察等部门,坚决查处领导干部违反考试录用制度的行为,对违反规定的,要给予纪律处分。对利用职权违规进入,在人员录用上搞不正之风和腐败行为的,要严肃查处。各地各部门也应开展经常性的自查自纠,对违规进入的人员坚决予以清退。并严格执行新录用人员与工资统发相挂钩的办法,对未经录用主管机关审批擅自进入机关的人员,不予核发工资,从机制上杜绝违规进入现象。为净化考录环境,加大对违纪作弊行为的惩处力度,公务员主管部门将建立全国联网的作弊考生名单库,凡弄虚作假的,一经查实,都要取消考试资格或取消录用。情节严重的,五年内不得再报考公务员。在招考过程中,应邀请人大政协代表、纪检监察、信访部门的人员参与监督和指导,确保公平公正。

(二)事业单位人力资源录用的改革与完善

当前我国事业单位人事制度改革已经全面启动,但其改革的进度和力度还难以满足我国经济建设和社会发展的整体需求,事业单位聘用制改革任重而道远。

1. 要充分认识事业单位的自身属性

首先,要充分认识多数事业单位的经济属性,如出版社、设计院、咨询单位、律师事务及会计事务单位等也是重要的产业部门。在总体上这部分事业单位有可能成为一个高产出的"大产业"部门,为国家积累财富。其次,要充分认识事业单位的社会属性。许多事业单位已成为真正的法人实体,能独自承担自己的责任和义务,不能继续把他们看成是政府机关的"附属物"。再次,要充分认识事业单位是一个历史范畴。随着社会的发展,事业单位的种类和范围也在发生变化,应用发展的眼光来处理和界定事业单位的范畴,包括允许一些符合改革发展方向的企、事业不分的单位存在。最后,要淡化"干部"意识。随着改革的深入,将逐步取消事业单位的行政级别,不再按行政级别来确定事业单位人员的待遇。这样,"干部"这个称谓在事业单位将无实际意义,事业单位行政级别取消后,可另外建立一套适合各事业单位性质、特点的组织系统。

2. 不断完善事业单位人事制度改革的各项相关机制

全面顺利推进事业单位聘用制度的建立,还必须对事业单位人事制度改革的各项相关机制进行总体上的完善。这应做到六个"坚持":坚持重在确立事业单位岗位管理基本制度,坚持与收入分配制度改革相配套,坚持与现行政策规定相衔接,坚持统一规范与分级分类管理相结合,坚持因事设岗与尊重人才成长规律相结合,坚持政府宏观管理与落实事业单位自主权相结合。

(1)建立形式多样、自主灵活的分配激励机制。事业单位应逐步建立起重实绩、重贡献,向优秀人才和关键岗位倾斜,形式多样,自主灵活的分配激励机制,为事业单位人力资源的聘用提供核心动力。

（2）建立分流人员的利益补偿机制。可以通过兴办、发展新的产业、转岗培训等方式安置未聘人员，有条件的，也可在行业内或行业区调剂安置。大力提高分流人员的文化程度。通过举办各种类型的培训班，帮助下岗分流人员提高专业技术，以便重新就业。单位可以通过适当补贴形式，鼓励有能力的人员勇涉市场之海。应鼓励分流人员包办、创办企业或到农村从事农业产业开发。要建立行之有效的利益补偿机制，最大限度地减少事业单位推进聘用制改革的阻力。

（3）健全社会保障制度。根据社会主义市场经济发展和人事制度改革的需要，当前要抓紧研究制定以《事业单位人事管理条例》为基础的法律法规体系；健全失业、医疗、养老等保险制度；《机关事业单位工作人员带薪年休假实施办法》已经公布并与 2008 年 2 月 25 日起开始施行，这从法律上保障了带薪休假的合法权益；同时也要抓好分流人员的社会保障工作，以利于事业单位改革的顺利进行。

（三）国有企业人力资源录用的改革与完善

1. 转变落后的录用观念

发展和完善我国国有企业录用制度，必须转变国有企业在计划经济体制下长期以来形成的落后的录用观念。一方面，广大国企员工要充分认识，公开竞争、择优录用是市场经济发展的必然要求，只有不断提升自身的综合素质和能力，才有可能经受市场经济大潮的洗礼。另一方面，首先，企业的管理者要完成对"人"的认识的观念的转变。现代管理的实质就是人的管理，人在管理中处于核心地位。而这种转变就是要完成对职工从"包袱"到"财富"的观念转变。要在企业内部实行竞争上岗的滚动淘汰制，对下岗人员进行再岗和转岗培训，充分发挥企业人力资源的最大能动性。其次，必须转变用人不讲效率的观念，坚决摒弃安置型、福利型、统包统管的人员录用方式。最后，要转变"等"和"靠"的观念，结合企业的实际情况，不断探索和实践适合我国发展要求的国企人力资源新形式。

2. 不断完善企业人员录用相关制度

（1）建立健全考核制度。考核是全面评价和衡量企业员工的重要手段，通过严格的考核才能实现企业内部的竞争优化，适才适用。

（2）建立行之有效的培训制度，把培训与使用紧密结合起来。企业要制订好各类人员的培训计划，依据岗位规范化的要求，根据企业经营管理的需要，缺什么，学什么，按需培训，采取灵活多样的方式，保证培训的效果。要逐步做到先培训,后上岗、转岗,同时要把取得岗位培训证书,作为聘用员工上岗、转岗、晋升的重要依据之一。

(3)企业聘用制度要与企业劳动用工制度、工资分配制度及其他一些管理制度的改革配套进行。要按照改革和发展的需要,研究企业富余和落聘、解聘人员合理安置的办法,防止出现新的能上不能下、能进不能出的情况。

国有企业普遍实行了全员劳动合同制、全员竞争上岗和以岗位工资为主的工资制度,一些企业还探索了工资集体协商制度、企业经营者年薪制和股权期权激励制度,初步建立起管理者能上能下、职工能进能出、工资能增能减的新机制。特别是针对长期以来企业经营管理者基本沿用党政领导干部选拔方式的状况,以公开招聘中央企业高级经营管理者为突破口,把党管干部的原则和市场化选聘相结合,积极建立适应现代企业制度要求的选人用人新机制。

3. 创建企业人员录用良好的外部环境

为国有企业人事制度改革创造良好的外部环境,也是国有企业人事制度有效建立的个重要方面。外部配套改革主要从两个方面着手。

(1)逐步建立社会保险制度,尤其是养老保险和失业保险,前者可以使企业职工老有所养,后者则解决企业实行优化组合后剥离出来的人员在失业期间的生活、培训、就业等问题。

(2)建立人才流动机制。随着国民经济的不断发展,必须逐步建立符合市场经济发展要求的人才流动机制,使之与政治、经济体制改革相适应,进而为企业人事制度改革创造良好的外部环境。

第七章　公共部门人力资源培训管理

进入 21 世纪以来,国家与国家之间、地区与地区之间、城乡之间已经呈现出在全面的竞争与合作中求发展的态势,争人才、抢人才已成为 21 世纪最激烈的竞争,竞争力的比拼,促进了人类的全面进步。人才是第一生产力,现代国家的竞争实际上是人才的竞争。对人力资源重要性认识的提高,使人员的培训与开发得到更多关注。我国经济发展水平和国家实力的提高,对公共部门人力资源素质和能力提出了更高的要求,公共部门人力资源的教育培训也越来越受到重视,对公职人员教育培训的投入也越来越大,这使得公共部门人员培训与开发成为必要。

第一节　公共部门人力资源培训概述

一、公共部门人员培训与开发的内涵

公共部门人员培训与开发主要针对员工的知识、技能、能力和态度四个方面的内容进行,是让员工按照公共部门自身组织发展及员工发展的实际需要,通过有计划的培训、教育和开发活动,持续地更新知识与技能并改进工作态度与动机,提高工作效率,促进组织的发展和员工的成长的一项管理活动,其最终目的是提高员工的绩效、知识、技能,从而实现组织和员工双赢的基本目标。

何为培训与开发?在现实中一般不对二者进行严格区分,而是统称为培训与开发活动,很多时候只是将其分为不同的阶段,即培训阶段和开发阶段。具体来说,公共部门人员培训指公共部门根据国家经济、社会发展的需求对公职人员进行的有计划、有组织的培养、教育和训练活动。接受培训不仅是公职人员享受的基本权利,也是公职人员必须履行的义务。公共部门人员开发指通过国家、地区、企事业单位、家庭、个人组织的正规国民教育、在职学历教育、职业技能培训及人员的使用和启智等活动,达到开发人员潜能、培养各类人才、提升人员素质的目的。二者的差别在于,人员培训更多地着眼于短期收益,主观上更多地考虑组织目标的实现情况;人

员开发则更多地着眼于长期收益,追求组织目标和个人目标的共同实现,二者是互补的关系。

公共部门人员培训与开发是公共部门人力资源管理的重要职能,它能够提升和改善公共部门员工与工作相关的知识、技能、心理素质及价值观,进而提升公共部门的整体绩效和综合竞争力,满足社会公众希望公共部门提高服务水平和质量的要求。人力资源培训作为公职人员素质能力提高的重要手段,对公共部门人力资源的开发和管理活动有着不同寻常的意义,在公共部门建设和发展中扮演着越来越重要的角色。

二、公共部门人员培训与开发的特点

虽然培训与开发已成为现代组织人力资源管理的内容,但不同性质的组织,由于各自追求的目标不同,相应的培训与开发也有各自的特点。公共部门是以谋取社会公共利益为目的的组织体系,与营利性或私营企业组织相比,因其自身性质和对公职人员的特殊要求,使其人力资源培训与开发有着自身明显的特点。

(一)公共部门特别关注公职人员政治素质和道德素质的培养

公共部门人力资源是构成国家政权组织体系的重要力量,掌握着公民和国家赋予的公共权力,执行着国家制定的法律和大政方针,在社会价值权威性分配体系中起着重要作用。他们的行为过程和结果直接关系到政府的公共形象和合法性,所以公共部门人力资源的政治性和道德品质要高于国家人力资源整体平均水平。对于公职人员来说,培训是一个接受再教育的过程,伴随着公职人员职业生涯的始终。因此,公共部门在人力资源的培训与开发活动中要特别关注公职人员政治素质和道德素质的培养,包括进行政治思想理论学习,培养他们的政策分析、判断和执行能力,对他们进行思想道德教育和职业道德教育等。通过政治素质和道德素质的培养,使公共部门人力资源拥有较高的理论水平、政策水平、政治品质、道德觉悟、为公众服务的热情、较好的工作态度和工作作风,从而能更好地在公众面前展示和代表政府及其他公共部门的形象,实现公共部门的公益性目标。

(二)公共部门人力资源培训与开发效果评估的难度较大

培训与开发的效果评估是培训与开发活动的一项重要内容,它可以总结培训与开发活动的经验和发现存在的问题,从而有助于提高培训与开发的效果。但培训与开发的效果主要是通过人员接受培训与开发后工作绩效的改善来体现的,由于人的行为受心理、环境等多种因素的影响,一般很难将因培训与开发而引起的人员工作绩效改革与其他因素引起的工作绩效改善区分开来,使得培训与开发效果的评估存在一定难度。对公共部门而言,要评价公职人员培训与开发的效果,难度则更大。因为公共部门不像私人部门主要追求经济效益,更多的是追求社会效益,而社会效益一般很难定量化。而且评估一般由公共部门内部人员完成,评估人员和评估对象之间存在着复杂的人际关系,评估过程可能会受一些主观因素的影响,导致评估结果失真。因此,公职人员接受培训与开发之后,工作到底改进了多少,到底带来了多少社会效益,公共部门的目标是否得到了更好的实现,均难以做出准确评估。

（三）公共部门人力资源培训与开发注重通才发展和专才发展的结合

公共部门,尤其是政府部门的工作通常分为两类:一类对工作人员涉猎的知识面要求十分广泛,如多数政府综合部门的工作;另一类则对工作人员的专业化、技术化程度要求较高,如多数政府职能部门的工作。这两类工作分别需要通才和专才来担任。一般来说,通才是以法律、政治等社会学科为知识背景的人才,他们的知识储备综合性强、范围广,适合弹性大、工作性质综合的行政事务;专才是以专业、技术化程度较高的学科为知识背景的人才,他们适合从事专业性较强的工作。两者在认知方向和认知方式上都有一定的差别,职业生涯发展路径也有区别。公共部门应根据组织发展及工作的需要,在不同层次上设计通才发展与专才发展相结合的道路,使对公职人员的培训与开发活动能更好地促进组织目标和个人目标的共同实现。

此外,与营利的企业组织相比,公共部门人力资源的培训与开发起步相对要晚,培训与开发体系远不如企业组织那样完善。这主要是因为公共部门在一定程度上具有垄断性,不像企业时刻面临着激烈的竞争。企业为在激烈的竞争中取胜,并保持持久的竞争优势,不得不重视人力资源的培训与开发。企业人力资源培训与开发活动的蓬勃开展,为公共部门提供了示范,促进和推动了公共部门的人力资源培训与开发工作。公共部门吸收和借鉴了许多企业人力资源的培训与开发技术。

三、公共部门人员培训与开发的必要性

对于任何一个组织来说,其发展程度归根结底取决于其员工素质的高

低。培训能激发人的智力与潜能,改变员工在工作中欠缺的态度与技能,从而提高工作效能和效率,因此公共部门非常重视员工的培训。特别是第二次世界大战后,各国政府逐步开展了以公务员培训为典型的培训工作,并将其规范化和法制化。但在我国,对公职人员进行培训与开发的必要性还未被充分认识,目前一些对公职人员实施的培训活动与现代人力资源发展和开发的观念也相差甚远。充分认识公共部门人力资源培训,与开发的必要性,有助于在人力资源管理中以正确的观念和态度对待这一重要工作,积极发展和完善培训与开发制度、体系及其技术,方法。具体来说,公共比将已有的知识、技能和能力运用于目前的工作更加重要。只有对公职人员进行不断的培训与开发,才能实现个人与组织的共同发展。

四、公共部门人员培训的类型

公共部门人力资源培训属于在职教育,培训形式具有较大的弹性,多种多样。根据不同的需要和目标,组织可选择适宜的人力资源培训类型。

(一)初任培训

对新录用人员进行理论和实践教育培训。它是人员被录用后试用期内的必经环节。初任培训一般采取两种方式:第一,工作实习。在有经验的员工指导下了解公共部门管理的基本性质和程序,熟悉工作环境,明确任职所必需的素质。第二,集中进行理论、业务培训。培训期间,要求员工了解国家的大政方针和法律,法规,认识自身的使命和责任,树立努力工作的理想、抱负和信念;学习从事公共管理工作应有的知识技能,提升业务水平,培养优良的工作作风。培训考核合格者才能被正式任用。

(二)在职培训

它的对象是已经在公共部门服务若干年的员工。这类培训是根据社会经济环境的变化及公共部门某些职能的转变对员工的知识结构进行更新,以完善公职人员的知识技能结构,提高管理绩效,培训方式以离职学习为主。

(三)晋升培训

它是对高层次的人员和拟晋升到更高职位的员工进行的培训。此类培训有明确的针对性,根据职务所要求的理论、政策水平、组织能力和业务素质,给予员工政治、业务、技能等方面的教育,使其能够胜任更高一级的领导工作。

（四）专门业务培训

员工在从事某项专门性的业务工作或临时性业务工作时接受的培训，目标是掌握专业工作要求的特殊知识、技能和注意事项等。

五、公共部门人员培训的方式

按照不同的标准，公共部门员工培训可分成多种方式。如依据培训时间的长短，可分为长期培训、中期培训和短期培训；依据员工是否脱离岗位，可分为脱产培训和不脱产培训；依据培训机构性质，可分为学校培训、国家行政学院或文官学院培训、政府机构自身组织培训等。这些划分彼此也有交叉，如学校培训期限一般较长。总体上，公共部门人员培训的方式包括以下几种。

（一）学校培训

由员工管理机构或行政部门选送有培养前途的人员，通过考试进入国内外的高等院校或国家行政学院接受脱产专业培训或进修。

（二）内部培训

由公共部门内部自设的机构根据专业和工作需要组织培训。培训的时间、课程设置和培训要求由内部培训机构确定。

（三）部际培训

若干公共部门横向联合举办培训。参与部门共同承担培训费用，为相同专业或同一层级的员工提供某些共同的课程。

（四）交流培训

通过员工在公共部门之间和公共部门与其他机构之间的交流调任进行的培训，使员工扩大知识面，增长才干，提高能力。

（五）工作培训

在实际工作中对员工进行的有意识的培训。主要通过领导者或有经验的员工在实践中的言传身教和具体指导，帮助员工在行政实践中积累经验。

（六）选择培训

允许员工根据自己的知识结构和个人兴趣制定自己的培训计划，自由选择培训的专业和课程。选择培训的方式主要有两种：一是鼓励员工利用闲暇时间到附近的学校或夜校补习、进修；二是由员工向组织申请假期，脱产学习。

第二节　公共部门人力资源培训的组织与管理

培训工作在现代社会各类组织中已经越来越趋向于专业化和职能化发展，随着人们对员工培训与开发重要性认识的不断加深，培训的组织与管理也愈发受到重视。

一、公共部门人力资源培训需求分析

培训需求分析是培训系统工程的基础环节，它是指在组织进行培训活动之前，采取各种方法与技术对组织成员的基本情况进行鉴别和分析，以明确组织培训对象与培训内容的管理过程。它既是培训方案设计的前提，也是培训评估的基础。作为培训组织与管理的首要环节，公共部门的需求分析一般从以下几个方面展开。

（一）组织层面的需求分析

通过对组织面临的环境，综合考虑组织发展目标及拥有的资源状况，确定培训需求。组织外部政治、经济和文化环境的变化会引发培训需求，全球化的进程、公共组织的服务转型都导致公职人员职责和角色的变更，为了适应这种变化，必然会产生相应的培训需求；组织拥有的资源状况及其变化趋势也会对培训需求产生影响，人力资源的整体素质是培训需求的直接决定因素，财务状况决定着培训的深度和广度，时间资源的充分与否则直接关系着培训的安排和培训效果。

（二）任务层面的需求分析

主要是从组织活动中重要的工作任务出发，由完成相应工作所需要的员工知识、技能和行为模式出发来确定培训需求。这一层面的培训需求是以工作描述或工作说明书为依据，通过核实工作描述，分析从事某项具体工作的内容及所需的任职资格，确定员工达到理想绩效应具备何种素质条

件,掌握何种知识技能,从而设计培训需求。

（三）员工层面的需求分析

从任职者的角度来考察培训需求,将员工目前的实际工作绩效与组织理想或标准的员工绩效之间进行比较分析,找出两者之间的差距,确定需要培训的员工名单和培训内容。

这样的培训设计可以将组织有限的资源最有效地利用,一方面避免不必要的培训,而将那些需要提升的员工作为培训的重点,使培训工作做到有的放矢;另一方面帮助人力资源管理部门了解受训者的基本情况以及绩效差距产生的原因,从而有针对性地设计课程和培训方式。通过上述三方面情况的分析了解,结合组织所处的外部环境。就可以对组织绩效的理想与现状之间做出鉴别与对照,并分析哪些差距是可能借助于培训和开发来缩小或清除的,从而进一步建立培训需求分析模型。培训需求分析模型可以更详细地说明培训分析过程,明确培训的目标与责任,为培训活动的开展奠定良好的基础。

二、培训计划设计

培训计划是在培训需求分析的结果上建立起来的,是根据组织对未来人员培训需求状况预测后,专门制定的组织今后一段时期培训活动的方案。培训计划应包括培训目标、培训方式,课程描述、培训组织过程以及成本费用预算等项目。实际上,培训计划是培训实施整体过程的体现。

（一）确定培训目标

培训目标是根据增调需求分析确定的关于培训的必要性及期望达到的培训效果的总体概括。培训目标指明了培训的方向,并为培训的具体操作及评估提供依据。培训目标应简明扼要,与组织及员工的实际情况相符,并具有一定的前瞻性;在具体设计上,可以根据时间长短不同,体现为不同层次、不同时期的目标体系。

（二）进行课程描述

课程描述是培训目标的具体化和细化过程,在培训中,需要根据培训目标设计出具体的培训项目,包括课程名称、学习方式、学时安排、教学方法、任课教师、培训大纲、培训教材及辅助设备等。课程描述需要将培训的总体计划或分层计划实施的细节以简单明了的文字或图表形式表现出来。

（三）选择培训方法

在培训中,有多种培训方式和方法可供选择,如课堂教授法、案例分析法、研讨法、角色扮演、互动小组法、人格拓展训练等。组织根据拥有的资源、受训人员的实际情况采取其中的一种方法或几种方法的组合,以保证培训达到最佳的效果。一般来说,由于公职人员大多具有较为丰富的理论知识和实践经验,因此在培训中选择互动性、参与性较强的方法更适合。

（四）制定培训控制措施

为保证培训工作的顺利实施,控制措施是必不可少的。培训控制应包括费用控制、培训效果跟踪,员工行为约束、培训秩序保证等。

三、培训效果评估

培训效果评估是对受训者所获得的知识、技能运用到实际工作中的效果进行评价的过程。培训效果可能是积极的,也可能是消极的。评估的目的主要在于了解培训项目是否达到了原定的培训目标和要求,进一步明确受训者是否得到了收获,并为日后的培训改善打好基础。所以,培训效果评估是培训管理中不可或缺的部分。对于公共部门而言,培训是组织的一项人力资本投资活动,需要大量的时间和财政投入。因此必须考虑投入产出之间的关系。在以往很长一段时间里,公共部门对培训的投入并不少。但对效果评估的力度却较差。如政府经常派公职人员到国内外学习、考察,但到底学到了什么,给政府和社会公众带来了什么样的效益却不得而知。由于没有明确的评估制度和体系,公共部门的培训常常流入于形式,正因为此,选择合理的评估方法,建立培训效果评估机制对公共部门尤其重要。

（一）投入产出分析模型

在私营部门的培训效果评估中,培训的支出与收益之间的比例关系是用于衡量和评价培训成果的重要标准和常用方法。在具体操作中,可以用培训的投资回报率来予以评价:

培训的资本回报率－(收益－成本)/成本

其中,成本包括直接成本和间接成本,如受训者的工资、教师的报酬、教轴设备费用、管理成本以及由于培训面不能正常工作造成的机会成本等。收益则包括劳动生产率的提高、产品质量改善、销售量增加、生产成本和事故率降低、利润增长等各个方面。对于收益的评价也可以从直接收益评估和间接收益评估两个方面进行。

投入产出模型作为一种量化分析力法，能够清楚地表明组织培训成本与收益之间的数量关系，对于资金成本控制具有重要的作用，因此在企业中运用得十分广泛。由于公共部门很难取得具体的效益指标，所以使用起来有些难度。

(二)柯氏评估模式

这是在公共部门最为常用的培训效果评估模型。柯氏模型由美国威斯康星大学教授柯当纳提出，他将培训效果评估从四个层面展开。

(1)反应。这是评估的第一个层次，主要了解受训者对于培训内容、科目、形式等的反应，一般通过培训结束后的调查问卷获得。

(2)学习。这是评估的第二层次，是对培训效果的量化评估，目的在于检查受训者掌握培训知识的情况。学习的测定可以通过考试进行，对一些技术性较强的工作，也可以通过实地操作来进行考查。主要是了解受训者经过培训之后是否掌握了更多的知识或学到了更多的技能，对于态度培训的学习效果则可以通过情景模拟或者是在培训后的观察予以考核。

(3)行为。在测定反应和学习成果之时，培训效果的得分往往较高，但实际工作中员工的行为可能并未发生改变。为了达到培训成果转化的最大化，对行为的评估是十分重要的。一般在培训结束后的一段时间，管理者应该组织相关人员对培训的行为效果进行测量。行为变化可以由受训者的上级、下级、同事、服务对象等共同完成评价，主要测定受训者在受训前后行为是否有所改善，是否运用了所学的知识、技能和态度等。

(4)组织。目的在于将培训的结果提升到组织的高度，即衡量培训是否有助于组织整体绩效的提高或改善。组织层次的评估可以通过员工流动率、出勤率、服务质量、工作效率等指标予以测定。

柯氏模型通过对学员的反应、学习结果检查、工作表现对比和组织绩效改变逐级对培训结果进行由浅入深的分析，来衡量培训的近期和远期成效。这种测量模式不仅适用性广，性质不同的组织可以根据实际情况选择不同的指标体系，而且还能发现培训对实现组织目标和战略是否真的做出了贡献，同时还可以暴露出培训与实际工作所需之间可能存在的问题。有许多专家认为，一个真正有意义的培训，至少要经过三到四个层次的评估后才可确立。

(三)布鲁斯沃和拉姆勒评价表

除了上述两种常用的方法外，20世纪70年代美国学者布鲁斯沃和拉的勒对培训项目评价标准和衡量方法进行了研究,并总结了一套至今仍十分有效评价方法(见表7-1)。布鲁斯沃和拉姆勒认为,评估培训项目时所使用的评价项目固然很重要,但评估时间和评估方法的选择也很重要。事实上,很多人力资源管理专家都认为,以合理的成本就能够采集到对组织决策和组织目标发展最为重要的数据的培训项目评价方法才是最合适的。

表 7-1　布鲁斯沃和拉姆勒评价方法

我们想知道什么	衡量什么	衡量项目	获取数据的方法	获取数据的普代方法
受训者是否满意?如果不是,为什么? 1. 概念不相关 2. 培训场所设计不合理 3. 受训人选不合理	培训期间受训者的反应	培训与工作的联系 学习的轻松程度	受训者对培训的教学、练习方式的评估	观察法 问卷法 面谈法
	培训之后受训者的反应	培训到底"值不值" 培训与学习有关吗?	培训产生的行为方式 对项目概念的理解	观察法 问卷法 面谈法
教学素材是否教会了概念?如果没有,为什么? 1. 课程描述 2. 课程设计 3. 培训目标	培训期间受训者的反应	是否理解 是否应用	学习时间 培训期间的测试成绩	观察法 文件检查
	培训之后受训者的反应	是否理解并应用。内容的衔接如何	对未来的行动方案工具的使用表达	观察法 文件检查 问卷法 面谈法
所学的技能是否被应用?如果没有,为什么? 1. 概念存在问题 2. 工具不合适 3. 环境不支持	绩效改进计划	分析行动计划和结果	讨论 文件 结果	观察法 文件检查 问卷法 面谈法 关键事件法
	解决工作问题的技能	提出的问题 计划的行动 采取的行动	讨论 文件 结果	观察法 文件检查 问卷法 面谈法 关键事件法

我们想知道什么	衡量什么	衡量项目	获取数据的方法	获取数据的普代方法
概念和技能的应用是否积极地影响了组织?如果不是,为什么?	难题解决	问题的识别、分析、行动、结果	讨论文件结果	文件检查问卷法面谈法关键事件法
	危机的预测预防	潜在危机的识别、分析、行动、结果	讨论文件结果	文件检查问卷法面谈法关键事件法
	绩效衡量具体到一个特定的培训项目	产出的衡量,过渡或诊断的方法	业绩数据	文件检查

第三节 公共部门人力资源培训的发展趋势

一、公共部门人力资源培训现存的主要问题

(一)有关培训的法律规定过于笼统

我国关于公共部门人力资源培训的立法主要体现在《中华人民共和国公务员法》《公务员培训规定(试行)》和一些部门规章中,它们对公共部门人力资源培训的基本原则、种类、培训科目、施教机构和培训管理做出了原则性的规定。但是有关公共部门人力资源培训实施过程中的所有细节问题却没有明确的法律规定予以说明。

(二)培训的手段相对落后

现在,我国各地的公共部门人力资源培训仍大多采用"填鸭式"的讲授方式,而不是根据公共部门人力资源不同的职位和学历,采取诸如"启发

式""研讨式""角色模拟"等现代化的教育方式和手段,培训缺乏灵活性和多样性。同时,也很少采用电化教学等先进手段,帮助公共部门人力资源理解和消化所学的知识。

（三）培训的内容不够科学

目前,培训还存在着目标不明晰、内容不统一的现象。培训内容缺乏长远的规划和科学的设置,往往上面需要什么,下面就培训什么;有什么教师就上什么课;准备了什么就讲什么,随意性很大。加之培训者与培训对象之间缺乏沟通,对培训需求调研不广泛、不深入、不及时,造成培训内容严重滞后,公共部门人力资源培训缺乏特色。

二、改革和完善公共部门人力资源培训的思路

针对上述存在的问题,我们应该从以下几个方面改革与完善公共部门的人力资源培训工作。

（一）培训的法制化、规范化

作为一种人力资源开发的手段,公共部门人力资源培训不仅需要一个有效的培训管理和培训教育体系作为其保证,而且要获得公共部门及其成员的认同,形成培训的保障支持系统。在一个民主国家,对一项制度最好的保障方式就是进行立法。许多发达国家都十分重视公共部门人力资源培训工作的法制化。例如,1958年美国国会通过《雇员培训法》,把文官培训列入法定范围。我们应积极借签国外在培训立法上的经验,并在已有法规的基础上。研究制定国家公共部门人力资源各种类型培训的管理办法,建立培训施教机构资格认定和培训质量评估等制度,使公共部门人力资源的培训工作各个环节都能做到依法进行。

（二）培训手段的现代化

随着科学技术突飞猛进的发展和人们对公共部门人力资源培训的效果、效率、规范化标准和质量越来越高的需求,已经有越来越多的现代科技手段被运用到培训过程之中,如电子声像视听技术,计算机技术,互联网技术等,它们在现代公共部门人力资源培训中发挥着越来越重要的作用。如今,世界上很多国家已在不同程度上将信息技术运用到公共部门人力资源的培训当中,并逐步建立了以多媒体技术为基础的高技术远程学习系统。我国国家高级公务员培训中心于1998年注册的中国培训网也是利用现代

技术进行的初步尝试。2020年度该培训中心培训采用课堂讲授、学员论坛、小组研讨相结合的方式进行,培训旨在深入学习职业技能提升行动相关政策文件和最新工作部署,精准掌握"互联网＋职业技能培训计划",推动职业技能提升行动各项政策落到实处,助力"六稳""六保"和脱贫攻坚。

今后,我们应该继续推进公共部门人力资源培训的信息化建设,建立远程培训网络,开发高质量的影、音、图、文数字化培训软件和网络课程,充分利用现代化的培训设施和手段,开辟个性化的、互动的、经济实用的培训途径,不断提高培训的吸引力。

(三)培训机构的多元化、市场化

由于历史和体制的原因,目前公务员、企业经营管理人员和专业技术人员的培训,基本都是由各级党校、行政学院或政府部门所属的培训中心承担。然而随着国家公共部门人力资源数量的增加和国家公共管理职能的发展变化,以及科学技术知识更新速度的加快,仅靠原有的国家正规培训机构已无法满足日益增多的培训工作的要求。所以,高等院校和社会团体越来越多地参与到公职人的培训当中,与原有的国家正规的培训机构共同构成了公共部门人力资源的培训网络。在法国,公共部门人力资源的培训是政府行为,政府对培训工作统一规划、统一管理。但由于培训任务重、工作量大,政府也常常引入市场机制,引导社会培训机构参与公共部门人力资源的培训。例如,法国南部的普罗旺斯阿尔卑斯-蓝色海岸大区议会政府,1997年培训了500名公务员,其中30%是由马赛地方公务员管理中心培训的,其余70%均由社会其他培训机构招标完成。这就在各种培训机构中引入了竞争机制,降低了培训的成本,提高了整体的培训能力和培训质量。此外,原有的国家正规的培训机构还正在逐步走向市场,参与到市场机制的运作中,这既减轻了国家的财政负担,也使此类机构由单纯的公共部门人力资源培训机构发展到面向社会的培训机构。较为典型的是英国的文官学院。英国文官学院以公共培训为主,同时为一些个人和私人机构提供服务。它奉行"顾客至上"的准则,为顾客提供专家咨询,同时设置了500个以上的课程题目供顾客选择,如若顾客没有发现符合自己需要的课程,学院则可以根据需要为顾客制定专门的培训开发项目,形成了顾客驱动、定制服务的模式。

我国的公共部门人力资源培训机构应适应多元化和市场化这两种趋势,积极学习和借鉴国外的成功经验,探索适合我国的提高公共部门人力资源培训质量和培训机构办学水平、优化整合各种教育培训资源的有效途径。在这方面,北京、上海、浙江等省(直辖市)行政学院采取的公开招标、服务外包、合同管理等作法,值得学习和借鉴。

（四）培训内容的科学化

培训内容是由培训目标决定、为培训目标服务的。这一总的原则决定了培训内容中既要有基本的政策理论,又要有相应的专业知识,而且要适应各方面的情况,不断更新和完善。这种适应主要表现在以下三个方面。

(1)要根据公共部门人力资源的培训需求确定培训内容。

西方国家的政府和企业在开展培训工作中,非常尊重个人的发展意愿和需求。以法国为例,各政府部门在公务员培训方面,每年都要向下属机构发放培训需求调查表,各个单位和每个公务员都可以阐述各自的培训需求,通过对公务员培训需求的层层汇总,进行综合分析,结合年度培训预算来制定第二年的培训目录。这样就将培训与公务员的需求统一了起来。

(2)适应社会进步和经济发展的需要。

当今世界,科学技术发达、传媒手段先进、信息覆盖面广、知识更新加快。特别是我国社会主义市场经济体制的建立,极大地推动了社会经济的发展,生存环境的改善,促使人们的视野不断开阔,观念不断更新。公共部门人力资源培训工作要提高质量,就必须尽快适应这个变化,不断地将党和政府工作的新思路、新任务,管理科学最新的研究成果、行政改革、国企改革中出现的新变化、新趋势等问题充实到培训的内容中。只有这样,才能使公共部门人力资源通过培训得到新的提高,使培训工作保持旺盛的生命力。

(3)适应开放搞活。

扩大国际交流的需要。对外开放是我国的基本国策,经过多年的实践,已经取得了丰硕的成果和丰富的经验。进入 21 世纪,我国成功地加入了 WTO,这使得我们的经济管理、行政管理工作只局限于国内已远远不够,必须迈出国门,学习他人,全方位地参与国际竞争与合作,按国际惯例和规则处理涉外事务。这就对国家公共部门人力资源提出了更高的要求。要适应这一要求,公共部门人力资源的培训内容必须向这方面靠拢,增加外语、外经、外贸、国际金融、国际政治,以及主要国家和地区的社会、历史、文化、民俗与国际通行的现代化的办公手段等方面的知识和技能。只有经过这样高质量的培训,公共部门人力资源才有能力在国际交流中促成合作、增进友谊,维护国家的政治和经济利益。

（五）培训途径的国际化

从 20 世纪中叶以来,科学技术的发展使全世界在时间和空间上的距离缩短,现代化的交通和电信技术使全球化的进程加快。这也促进了公共部门人力资源培训领域的国际交流与合作,使公共部门人力资源的培训途径日益国际化。首先,从培训内容上看,许多国家的培训教育机构增加了国际关系课程和时事专题课,甚至专门为外国公共部门人力资源设置某些培训项目。其次,从培训方式上看,跨国、越洋的远程教学日益增多,许多国家都将出国培训作为培养优秀公共部门人力资源的重要手段。此外,从培训机构上看,国际培训机构逐渐增多,如亚洲东部地区公共行政组织在韩国设立的管理发展中心、在日本自治大学设立的地方政府中心,均是专门培训亚太地区各国公务员的机构。

我们应该积极利用这些已经形成的国际培训资源,一方面,精心选拔并组织好优秀公共部门人力资源的出国培训;另一方面,适时地引进国外先进的培训软件和培训方式,聘请国外的培训专家来华开展现场咨询或举办学术报告会、研讨会等,提高公共部门人力资源对先进管理知识的掌握和应用的能力。

（六）在职培训与学位教育的结合

将在职培训与学位教育相结合,不仅可以使公共部门人力资源通过培训提高自身的素质和能力水平,改善公共部门人力资源队伍的学历结构和知识结构。也可以在一定程度上解决以往培训评估中缺少客观性和规范性标准的问题。从目前世界各国的情况来看,最适于公共部门人力资源的学位教育是公共管理硕士学位(MPA)和工商管理硕士学位(MBA)。

我国于 21 世纪初引进了 MPA 教育,并第一批在 24 所高等院校进行了试点。目前我们应在开办 MPA 单位的审核与评估、MPA 课程标准的统一、MPA 教材的配套与规范及师资队伍培养等方面加强建设,使 MPA 教育能培养出一批高素质、复合型的行政管理人才。对 MBA 教育,我们要积极推行培训机构资格认证制度和培训从业人员资格认证制度,改变MBA 教育过去的教学形式单一。教学内容杂而不精的问题,使其真正成为一种有学习参考价值、有启发意义的教育培训。

第八章　公共部门人力资源绩效考核管理

公共部门绩效管理（Public Sector Performance Management）是现代公共行政领域研究的课题，它是以提高公共部门组织绩效和个人绩效为目标，通过比较评估和绩效追踪来激励组织中的个人发挥创造性、提高服务质量的管理过程。来源于企业中的绩效管理为现阶段存在诸多问题的公共部门提供了一系列可供借鉴的管理工具。但是公共部门和企业毕竟存在重大差异，公共部门绩效管理有别于以利润为导向的企业绩效管理，具有自身的特殊性。研究公共部门绩效管理的价值就在于分析企业管理手段与公共部门管理手段的差异性，以此来提高公共部门的绩效水平，同时结合公共部门服务行政的要求，大力提高公共部门的服务质量和服务水平。

第一节　公共部门人力资源绩效管理概述

一、基本概念

（一）绩效与绩效管理

1. 绩效

通常意义上的绩效（performance）可以解释为"成绩、成效"（《现代汉语词典》），包含"执行、履行、表现、成绩"（《牛津现代高级英汉词典》）的意思。绩效作为严格的概念最早用于社会经济管理的研究中，随后在人力资源管理领域得到广泛的应用。目前对绩效概念的理解大致有三种主要的观点中。第一种观点认为绩效是所做工作中对实现组织、团队（群体）或个体目标具有效益和贡献的部分，表现为由特定工作职能或活动的产出记录。伯纳丁（Bemardin）认为"绩效应该定义为工作的结果，因为这些工作结果与组织的战略目标、顾客满意度及所投资金的关系最为密切"。第二种观点认为绩效是一套与组织目标相关的行为，表现为在实现既定目标过程中，对于组织、团队和个体的贡献度以及在过程中表现出来的行为。墨菲（Murphy）认为，"绩效是与一个人在其中工作的组织或组织单元的目标有关的一组行为"。第三种观点则认为绩效是上述两种观点的结合。这一观点在布鲁姆巴（Brumbrach）给绩效下的定义中得到很好的体现，即"绩效指行为和结果。行为由从事工作的人表现出来，将工作任务付诸实施。（行为）不仅仅是结果的工具，行为本身也是结果，是为完成工作任务所付出的脑力和体力的结果，并且能与结果分开进行判断"。

很显然，上述第三种观点对绩效的认识比较全面一些。绩效本身应该是行为和结果的统一，行为的目的是为了达到某种结果，结果的产生也离不开行为过程，两者缺一不可，相辅相成。换言之，绩效的概念既包括成绩、效益的含义，也内含执行、表现的意思。因此我们认为，绩效应包括行为和结果两个方面。由此我们将绩效定义为：组织，团队或个体行为在实现目标过程中达成的客观效果，特指那些经过评估的工作行为和结果。从组织形式来看，绩效可以理解为三个层次即组织绩效、团队绩效和个体绩效。人力资源管理关注的是个体的绩效状况。

2. 绩效管理

绩效管理（performance management），又称为目标-效果导向管理，是20世纪70年代后期，西方学者们在总结绩效评估局限性的基础上，为进一步丰富绩效内涵而提出的一种先进的管理思想和制度。正如绩效概念的多样化一样，学术界对绩效管理的理解也不尽相同。目前绩效管理的界定主要有3种主要观点中。布雷德拉普（Bredrup）等人认为绩效管理是关于组织绩效的管理系统；艾恩斯沃斯（Ainsworth）等人则从员工个体绩效的角度进行解释，提出绩效管理是关于员工绩效的管理系统；而国内一些学者如石金涛等人则将上述两种观点结合起来，将绩效管理看作是组织绩效管理和员工绩效管理的综合系统。基于本书对人力资源管理研究的角度，我们倾向于第二种观点，即将绩效管理看成是对组织员工绩效的管理。

绩效管理是指组织根据战略目标和绩效计划，运用各种科学的技术和方法，对组织员工的绩效状况进行考察和比较，通过绩效计划制定、绩效监控、绩效评估和绩效反馈等过程，使其工作行为和绩效状况与组织战略保持一致的管理活动。这一定义包括两层要义，一是在组织战略目标的指引下，通过科学的绩效计划、绩效实施绩效评估和绩效反馈等活动，对组织员工绩效状况进行科学定位；二是将员工绩效状况与事先确定的绩效目标进行比对，通过绩效结果应用方案帮助员工提升绩效，并确定下一阶段的绩效目标，由此达成并推进组织的战略目标。

绩效管理是一个系统工程,从系统论的角度看,绩效管理的影响因素可以从四方面来考察。一是员工的个人特征,包括知识、技能、能力及其他个人特征等方面;二是环境因素,既包括政治、经济,文化、科技等外部环境因素,又包含组织结构、组织文化等组织内部环境因素;三是内部条件,即员工开展工作所需的各种资源,也即客观因素,在一定程度上能改变内部条件的制约;四是激励效应,即员工为达成既定目标而工作的主动性。积极性,激励效应是主观因素。在影响绩效的四大因素中,只有激励效应是最具有主动性、能动性的因素,人的主动性、积极性提高了,员工将会尽力争取内部资源的支持,同时其个人知识技能水平也会逐渐得到提高。因此,绩效管理就是通过有效的激励机制激发人的主动性、积极性,激发员工争取内部条件的改善,提升知识技能水平,从而对员工工作目标、工作能力、工作态度起促进作用,进而提升个人、团队和组织绩效,最终促进和推动组织战略目标的实现。

从过程管理的角度看,人力资源绩效管理的流程是一个螺旋式上升或波浪式推进的过程。这一过程包括目标/计划/沟通/辅导/评价/检查、回报/反馈等几个重要构件;这个流程同样可以分为绩效计划、绩效监控、绩效评估、绩效反馈等四个阶段。

(二)绩效管理与绩效评估

绩效评估(performance appraisal,PA),又称绩效考核或绩效评价,是指评估者对照既定目标或绩效标准,采用系统的原理方法、评定、测量员工在职务上的工作行为和工作效果,其实质是完成组织战略目标的一种结构化方法,是衡量组织员工是否完成组织目标的手段,也可以说是对组织员工工作贡献的排序,是人力资源管理系统不可或缺的评估制度,是绩效管理的重要组成部分,是衡量评价组织员工的规范程序和方法的总和。由绩效评估到绩效管理蕴涵着现代管理理念的深刻变革。绩效评估作为绩效改进的一种探索和方法,其概念先于绩效管理提出,但在实践过程中,绩效评估的各种弊端逐步显露出来。在这一背景下,学者们在总结绩效评估局限性的基础上,于20世纪70年代后期提出了绩效管理的概念。正如莱文森(Levinson)所指出的那样,当时由于缺乏绩效管理的有效支撑,"多数在运行的绩效评估系统都有许多不足之处,这一点已得到广泛的认可。绩效评估的明显缺点在于:对绩效的判断通常是主观的;凭印象的和武断的;不同管理者的评定不能比较;反馈延迟会使员工因好的绩效没有得到及时的认可而产生挫折感,或者为根据自己很久以前的不足做出的判断而恼火"。因此,我们不能简单地将绩效评估等同于绩效管理,它们两者之间是有所不同的,绩效评估只是绩效管理的一部分,是完整绩效管理过程中的一个关键环节,两者的主要区别详见表 8-1。

表 8-1　绩效管理与绩效评估的区别

绩效管理	绩效评估
从战略高度对绩效进行管理	对个体绩效状况进行考核评价
既重绩效过程又重绩效结果	侧重于对绩效结果的判断与评估
伴随人力资源管理活动的全过程	只是出现在绩效管理的特定阶段
目的是发现并解决问题、提高绩效	目的是发现问题并兑现奖罚
注重事先沟通与承诺,关注未来的绩效	讲求的是事后的评价,关注过去的绩效

二、绩效管理的地位和作用

(一)绩效管理是人力资源管理的核心

人力资源管理系统是由人力资源规划、工作分析与评价、人力资源获取、绩效管理、薪酬管理和人力资源开发等一系列要素构成的有机整体,共同支持着组织的高效运行。绩效管理就是将组织的战略目标分解到各个业务单元,最后分解到每个员工,因此对每个员工的绩效进行管理就可以提高整个组织的整体绩效,组织的生产力、竞争力也会得到提高。组织的人力资源管理是一个系统,这个系统内部又有若干子系统,而在诸子系统中,绩效管理系统居于核心地位,起核心作用。

首先,组织的绩效目标是由组织的发展战略决定的,绩效目标要体现组织发展战略导向,组织结构和管理控制是组织和团队绩效管理的基础,工作分析与评价是个人绩效管理的基础。其次,绩效评估结果在人力资源获取、人力资源开发、薪酬管理等方面都有非常重要的作用,如果绩效评估缺乏公平公正性,那么上述各个环节的工作都会受到影响,而绩效管理落到实处将对上述各个环节的工作起到促进作用。再次,绩效管理和人员招聘选拔工作也有密切联系,个人的能力素质对绩效影响很大,人员招聘选拔要根据岗位对任职者能力素质的要求来进行,最后,通过薪酬激励激发组织和个人的主动性、积极性,通过人力资源开发提高个人的知识技能水平,来提升组织人力资源的绩效,进而促进组织战略目标的实现。

绩效管理将直接影响着组织的整体运作效率和价值创造。因此,衡量和提高绩效管理水平,是人力资源管理部门的一项重要常规工作,而构建和完善绩效管理系统是公共部门人力资源管理的一项战略性任务。

（二）绩效管理对公共部门的功能和作用

在公共部门中,绩效管理作为人力资源管理的核心部分,也是提升公共服务品质和实现公共部门战略目标的重要工具。随着全球化趋势的加强,新技术革命的勃发,公众对公共部门尤其是政府部门的期望日趋提高,制定并实施科学的绩效管理活动对于公共部门发展尤其重要。具体来说,公共部门人力资源的绩效管理的功能和作用体现在以下几个方面。

1. 绩效管理有助于公共部门战略目标的达成

由于公共性质,公共部门的战略目标应着眼于生产公共产品,提供公共服务以及实现和发展公共利益。为了有效实现这一战略目标,公共部门需要对目标达成过程中各个环节上的工作行为和产出结果,实际上就是对各部门和所有工作人员的绩效状况和过程给予有效的测评和监控,及时了解目标的达成情况,排除达成目标的障碍和阻力。在这一过程中,绩效管理不仅能像一根绳索一样将每个部门、每个岗位串起来,而且可以使组织、部门与个人合为一体,对达成公共部门战略目标发挥重要的作用。

2. 绩效管理能够在公共部门内部形成一种新的文化氛围

在推行绩效管理的过程中,公共责任与公共服务意识将在公共部门得到持续的加强。公共部门绩效管理所采用的一些技术与方法也多来自于企业管理,因此,企业管理理念的传入有助于公共部门管理者更新管理理念,在绩效目标的引导下,开拓一条新的管理思路。由于竞争优化等企业管理理念的影响,"论资排辈胜过政绩"的官僚文化氛围受到冲击,个人绩效评估有助于公共部门形成一种竞争氛围,由此增强了公共部门的活力与创造性。

3. 绩效管理有助于实现公共部门资源的合理配置

公共部门资源的合理配置的评价标准包括行政成本的降低、公共产品和服务的增加等。质量与效益早已成为公共部门资源配置较为普遍的衡量指标。在保证高质量服务与高效益运作的前提下,公共部门资源配置水平可以得到前所未有的提高,资源运作效率将大大加强。

4. 绩效管理有助于改善公共部门与公众的关系

公共部门绩效管理会将顾客导向放在重点衡量的位置考虑,从而引导公共部门提供优质的公共产品与公共服务,更好地满足公众的需求。在绩效评估阶段,公共部门会将其工作绩效公开展示,同时也积极鼓励公众参与其中,使公众的不同诉求得到申诉,即便是暂时的不足也会得到公众的谅解,从而改善公众与公共部门之间的关系,也提升了公共部门在公众心目中的形象。

5. 绩效管理有助于管理者和被管理者之间的沟通辅导

绩效管理倡导开放式、参与式的管理,改变了以往基于官僚层级体制的僵化呆板、效率低下的行政命令式的做法,要求管理者与被管理者双方定期就工作行为与绩效状况进行沟通。从绩效计划的制订,到绩效监控和绩效评估,再到绩效反馈与改进,都需要所有人员积极参与其中。在这一沟通过程当中,任何员工不再只是管理活动的被动接受者,他们有参与的愿望和协作的意识,工作效率的提高就能成为他们自觉自愿的行动,从而激励他们朝着绩效改进方向努力。此外,管理者还可通过绩效辅导,告诉员工自己对他们工作的期望,使员工理解到自己工作的重要性,让他们知道自己所做各项工作的衡量标准,同时也为管理者提供了一个掌握信息并对绩效计划实施监控的机会和向员工授权的合法途径。

6. 绩效管理有助于强化公职人员的服务精神和责任观念

公共选择理论认为,公共部门中的公职人员同样是理性自私的经济人,他们在行使公共权力过程中也存在谋求自身利益的自然倾向。因此,绩效管理是以公众而非政府规模或公职人员的个人需求,作为公职人员评价的标杆。这与以往的以政府为中心的评判标准是截然不同的,绩效管理使公职人员的责任观念落到实处,并促使他们在日常工作中自觉地践行"以人为本,顾客至上"的服务精神。

三、绩效管理的理论资源

绩效管理理念最初是从企业管理引入的,是将企业管理中应用范围很广的目标管理、量化管理、顾客服务论等引入公共管理活动中,为提高公共部门的服务效率和质量提供了很好的理论资源。

(一)目标管理

"目标管理"最早是由美国著名的管理学家德鲁克(P. Drucker)于1954年在《管理实践》中提出的。德鲁克认为,"并不是有了工作才有了目标,而是有了目标才能确定每个人的工作"。所谓的目标管理,也就是将企业管理的总体目标与各部门的业务、计划结合起来,层层分解到有关部门,并建立相应的考核机制。换言之,实施目标管理的目的就是使组织和每个成员都有明确的目标,并通过考核机制来评价目标达成,这也被西方学者称之为"绩效精神"。德鲁克提出,一个企业要想增养绩效精神,应在以下几方面付诸实践中。

(1)组织的重点必须放在绩效上。所谓绩效,也就是部门的资源耗费与它对公司的贡献是否对等。对企业和每个人来说,组织精神的第一要求是绩效的高标准。

(2)组织的重点必须放在机会上,而不是放在问题上。

(3)有关人的各项决定,如工作岗位、工资报酬、晋升、降职或离职等,都必须表明组织的价值观和信念。它们是组织真正的控制手段。

(4)在有关人的各项决定中,管理层必须表明,正直是一个经理人所应具备的唯一的绝对条件。

目标管理理论是20世纪管理学的重大理论创新。这一理论主题鲜明地强调在目标明确的情况下,人是能够对自己负责的。目标管理的创新点主要体现在以下两个方面:一是重视人的因素,强调参与性民主性、自我控制性强的管理,是一种将组织需求和个人需求相结合的管理理论;二是强调结果,是以目标的制定为起点,以目标计划的实施为核心,以目标完成评估为终点的管理模式。因此,这一理论由于其创新性,完善了传统的过程管理理论,并首先为大企业所应用。

随着目标管理理念被广泛接受,其方法论也逐步完善,到20世纪80年代,西方逐渐形成了以目标管理为基础的绩效管理制度。绩效管理在跨国公司中的成功引起了西方政府的极大兴趣;1973年,美国总统尼克松最早将绩效管理引人公共管理领域,称为"目标管理"(management by objectives)。从某种意义上讲,20世纪80年代的西方国家公共部门绩效管理改革运动是目标管理的延伸,如公共部门绩效管理将管理划分为绩效计划(目标)的制定、绩效监控、绩效评估以及绩效反馈等四个环节的模式,即是来自于目标管理。公共部门绩效管理的目标-效果导向也来自于目标管理。不过,较之一般意义上的目标管理,公共部门的目标更为复杂,因而比较难以客观公正地进行评价。但无论是企业组织还是公共部门的绩效管理,其共同点是一样的,即都要求员工讲求效率。因此可以说,企业组织绩效管理取得的成功,为公共部门人力资源绩效管理奠定了基础。

（二）量化管理

对公共服务进行目标量化管理，并按此实施绩效评估，这也是公共部门绩效管理成功的重要理论。我们知道，公共管理的缺陷之一，是"只有定性管理而缺乏定量管理"。在缺乏定量指标支撑的情况下，对个人的业绩评价取决于评价者的主观感受，但感觉往往是靠不住的，可能会导致评价失真、失实。对此，美国学者詹姆斯·哈林顿（H. James Harrington）认为："量化管理是第一步，它导致控制并最终实现改进；如果你不能量化某些事情，那么你就不能理解它；如果你不能理解它，那么你就不能控制它；如果你不能控制它，那么你就不能改进它。"因此，我们要实现高效管理，引进科学的管理办法——量化管理是关键。量化管理对于公共部门的意义和作用主要表现为：

（1）能够将公共部门战略目标分解成更明确的、量化的子目标，加上自上而下的沟通与信息传递，使公共部门各个层级的人员了解组织目标，进而对目标进行管理和实施，起到帮助公共部门落实战略的作用。

（2）能够通过明确少数关键和总体协调一致的量化指标，使公共部门各单位、各岗位依据岗位职责形成既分工又协作的群体，促进其战略目标的达成。

（3）能够通过运用量表法、关键指标法、平衡计分法等定量分析方法，设定职位（岗位）绩效目标、指标和标准，将工资奖金、等级晋升与绩效联系起来，进一步提高公职人员的工作积极性。

（三）顾客服务论

顾客服务论是公共部门绩效管理的又一重要理论资源。"顾客"一词广泛地应用于商业服务领域，是指消费者。而顾客服务论作为公共部门绩效管理的核心理念，是由美国前副总统戈尔（A. Gore）主持起草的报告《从繁文缛节到结果管理：创造高效能低成本的政府》中首次提出来的。该报告提出了384项建议和简化程序，顾客至上，提高效能，降低成本等政府绩效管理改革的基本原则，这里的"顾客"是指公共服务的受益人，如教育服务产品的受益人——学生和家长，公共医疗产品的受益人——病人等。顾客服务论对于公共部门绩效管理的意义和作用可概括为两个方面：一是顾客服务论明确了公共部门服务目标，使为民服务具体化。从理论上说，公共部门的各项职能都是根据为人民服务的要求来设计的。然而，人民是抽象的，而"顾客"是具体的。通常，抽象的概念只是应用于理论研究，而公共部门绩效管理具有可操作性特点，因而它只能采用现实的"顾客"概念，将一般意义上的为民服务,具体化为"为特定的受益人服务"。为此,在绩效指标设计上,我们应当充分反映顾客利益,包括设计群众满意率等指标,如在评估公共教育的绩效指标中应当包括学生和家长的满意度。二是顾客服务论为设定公共服务项目,计算公共服务成本提供了依据。这体现在公共服务项目设定上,就是突出那些体现顾客利益的公共服务项目,砍掉那些华而不实、无效率的项目,将资金集中于公共部门的基本服务项目上。

第二节　公共部门人力资源绩效管理流程

公共部门绩效管理是基于公共部门的战略目标和绩效计划,对公职人员的绩效状况进行考察和比较,通过持续的绩效反馈,使其工作业绩、工作行为等绩效状况与公共部门的战略目标保持一致的管理过程。具体来说,绩效管理过程包括以下 4 个基本环节,即绩效计划、绩效监控、绩效评估和绩效反馈。

一、绩效计划

(一)什么是绩效计划

制定绩效计划是绩效管理过程的起点,是指公共部门中的评估者对被评估者即公职人员应该实现的工作绩效进行沟通,并将沟通的结果落实为订立正式书面契约(即绩效计划及其评估表)的过程。绩效计划设计从公共部门的领导层开始,将绩效目标层层分解到各级职能部门及下属单位,最终落实到每位公职人员。从"名词"角度看,绩效计划是指评估期内关于绩效目标、指标和标准的契约;从"动词"角度看,绩效计划是指公共部门中管理者和被管理者就评估期内绩效目标、指标和标准进行共同沟通并达成一致意见的过程。

1. 绩效计划是关于绩效目标、指标和标准的契约

绩效计划的制订从绩效契约(或协议)开始,首先在公共部门战略目标的指引下,明确公共部门的绩效目标,然后将绩效目标进一步分解为可量化的绩效指标,以使下一个阶段的绩效实施有明确的评判标准。

(1)绩效目标。绩效目标是指从哪些方面对公职人员的绩效状况进行评估。绩效目标通常包括工作业绩、工作行为、工作能力和工作态度等内容。另外,我国《公务员法》第33条规定:对公务员的考核,按照管理权限,

全面考核公务员的德、能、勤、绩、廉，重点考核工作实绩。这里的"德、能、勤、绩、廉"即是我国公务员绩效目标的核心要素。

（2）绩效指标。绩效指标解决的是从什么角度来衡量，从哪些方面来评估绩效目标的问题。公职人员的绩效指标主要涉及5个方面内容：①数量（quantity），如警察破案的数量，每天接待来访的人数等；②效率（efficiency），如每次得到许可的成本与收益之比等；③效能（effectiveness），如导致逮捕的调查的比例，设备检修的比例等；④质量（quality），如顾客满意度、公众投诉被确认的比率等；⑤成本-效能（cost effectiveness），如空气污染程度/成本、犯罪率/成本等。

（3）评判标准。评判标准是指各个指标要达到什么样的水平和程度，它解决的是"做得怎样""完成了多少"等问题。在评判标准的制定上，各国公共部门采取的办法并不一致，大致有三分法、四分法和五分法等。目前我国公务员绩效评判标准按四分法来划分，分别描述如下：①优秀，是指正确贯彻党和国家的路线、方针、政策，模范遵守各项规章制度，熟悉业务，工作勤奋，有改革创新精神、成绩突出；②称职，是指正确贯彻党和国家的路线、方针、政策，自觉遵守各项规章制度，熟悉或比较熟悉业务，工作积极，能够完成工作任务；③基本称职，是指思想政治素质和业务素质，一般能基本完成本职工作，但工作作风方法存在明显不足，工作积极性、主动性不够，完成工作的质量和效率不高，或在工作中有某些失误；④不称职，是指政治、业务素质较差，难以适应工作要求，或工作责任心不强，不能完成工作任务，或在工作中造成严重失误。

2. 绩效计划的形成是一个双向沟通过程

在绩效计划制定过程中，还必须通过持续的双向沟通，使管理者和被管理者就绩效目标、绩效指标和评判标准达成共识。所谓双向沟通也就意味着在这个过程中管理者和被管理者双方都负有责任，管理者要向被管理者提出绩效评估期间的工作目标和要求，向被管理者解释说明"契约"的内容；被管理者则要向管理者表达自己对所设定工作目标的认识，就"契约内容"做出明确的承诺。

（二）绩效计划的制订程序

关于绩效计划的制订程序，按照国内学者方振邦在其著作《战略性绩效管理》一书中的观点，可将绩效计划步骤划分为三个阶段。

1. 准备阶段

准备阶段的工作是准备信息和沟通方式。信息包括关于组织、团队和个人三方面的内容，一般主要有：公共部门的战略规划、年度计划、团队工作计划、公职人员的目标和计划、公职人员的职责描述、公职人员上一个评估期间的绩效结果。沟通方式有召开职工大会、小组会议或单独面谈等方式。

2. 沟通阶段

沟通阶段是整个计划制定阶段的核心，由沟通环境和气氛的准备、沟通的原则、沟通的过程、沟通的结果等部分组成。环境和气氛指要有专门的时间、无干扰的地点和宽松的气氛；沟通的原则指相对平等的关系、注重员工的能动性、适当的管理者影响力和共同决策等；沟通的过程是指对有关信息的回顾、传递和交流，并达成一致的过程；沟通的结果是指沟通达成的关于绩效的契约（协议或计划）。

3. 审定确认阶段

审定确认阶段是制定绩效计划的最后环节，需要对经过沟通而确定的绩效目标、主要工作描述，可能遇到的障碍与可以提供的支持、衡量标准、行动计划等计划内容进行系统的审定，形成一份经双方协商讨论的绩效协议书（或计划任务书）并由双方在该协议书上签字。

二、绩效监控

作为公共部门绩效管理过程的中间环节，绩效监控是绩效计划的落实和执行，包括从绩效计划形成到目标实现为止的全部活动，是展现管理者管理水平和艺术的主要环节。监控与管理的好坏直接影响到绩效管理的成败。

（一）绩效监控是一个动态的管理过程

所谓绩效监控，是指公职人员按照绩效计划任务书实现自己的绩效目标，管理者进行跟踪、检查、指导，及时发现其工作过程中存在的问题，帮助公职人员不断改变工作方法与技能，随时纠正其偏离工作目标的行为，并结合实际情况的变化及时对工作目标进行修正与调整，从而确保绩效目标实现的一个动态变化的管理过程。绩效监控是整个绩效管理中耗时最长的活动。在这一活动中，组织的内外部环境因素在不断地发生变化，即所谓"计划赶不上变化快"，所以说监控与管理只能是一个动态的变化过程。

这里的变化包括:适应环境变化的需要,及时调整绩效计划的方向和进度,变更工作目标和任务;适应计划推进的需要,适时调整计划实施各阶段所关注的重点工作;计划的完成本身就是一个不断改进和提高的过程。

(二)绩效监控的核心是持续沟通式的绩效辅导

公共部门绩效管理的目的在于使公职人员的行为量化而达到公共管理的目标,绩效计划对于公职人员意味着公共产品和服务的数量、质量和成本一效率,意味着公共利益的价值体现。但我们发现在公共部门绩效计划的制订和执行之间,仍然存在着一个较大的弹性空间。在绩效监控开始时,公共部门管理层和普通公职人员的意识、态度和行为并没有做好充分的准备,缺乏足够的对计划的执行能力——帮助公职人员完成绩效计划书既定的目标和任务,以及调整在这一过程中的工作态度和行为,最终通过提升公职人员绩效水平来改进组织、团队的绩效。在这一过程中绩效辅导发挥出重要的作用。

1. 绩效辅导的概念

要想具备实现绩效计划的执行能力,就必须进行持续沟通式的绩效辅导。所谓绩效辅导,是指在绩效监控过程中,管理者根据绩效计划,采取恰当的领导方法,对下属公职人员进行持续的指导,确保公职人员的工作不偏离公共服务和公共利益的目标,并提高其绩效周期内的绩效水平以及长期胜任素质的过程。在这一过程中,管理者通过双向沟通,使被管理者知道组织的整体目标及部门(团队)目标、基于此目标的管理者的期望、被管理者的工作标准,被管理者的工作权限和资源等信息;帮助管理者掌握工作的进展程度、被管理者的工作表现,可能遇到的障碍等情况,并实现信息资源的传递和共享。它通过互动交流,在管理者和被管理者之间建立起良好的、令人鼓舞的、面对面的协作关系,形成和谐向上的凝聚力,进而提高整个公共部门的执行能力。

2. 绩效辅导的方式

绩效辅导方式包括正式辅导和非正式辅导。正式辅导是指在正式工作情境下进行的事先经过计划的安排,按照一定规则进行的辅导。正式辅导一般遵循公共部门的层级制或组织的权力路线进行,常用的辅导方式主要有:①书面报告,下属人员使用文字或图表的形式向主管领导报告工作进展、反映所发现的问题的一种沟通方式。书面报告可以是定期的,也可以是不定期的。定期的书面报告主要有工作日志、周报、月报、季报和年报等形式;②正式面谈,一对一正式面谈是绩效辅导的特别有效的方式;③定期的会议沟通或小组或部门会议;④工作咨询等。非正式辅导通常建立在工作人员的社会关系之上,基于工作人员彼此间的社会交互行为而产生,它的表现方式不固定,具有多变性和动态性,可以发生在任何时间和任何地点,如主管领导与下属人员在非正式的会议、闲聊、喝咖啡时对工作进展情况进行的交谈。

(三)绩效监控结果为绩效评估提供依据

客观公正的绩效评估绝非是凭感觉、拍脑门进行的,这些评估的依据主要来自于绩效监控的过程。换言之,绩效监控是为绩效管理的下一个环节——绩效评估准备信息数据的,所以在绩效监控的过程中一定要对被评估者的绩效表现做一些观察和记录、收集整理必要的信息。记录和收集绩效信息可以为绩效评估提供充分的客观事实,为绩效反馈和改进提供有力的依据,可以发现绩效问题和产生优秀绩效的关键事件及原因,可以在绩效评估和人事决策发生争议时提供事实依据。

一般而言,获得绩效信息的方法主要有:①观察法。上级主管直接观察下属公职人员在日常工作中的表现,并对其业务表现进行记录;②工作记录法。通过对日常工作记录体现出来的公职人员工作任务完成情况的分析来获取信息的方法;③他人反馈法。从公职人员提供公共服务的对象或发生业务关系的对象那里获得绩效信息的方法。特别需要指出的是,他人反馈法中的"他人"主要是指公共服务的对象("顾客")公众。从公众评价中获取绩效信息,对于公职人员的绩效评估是非常重要的,尤其是在基层一线工作的公职人员。目前在我国一些设立公共服务窗口平台的公共部门(如政务服务中心)就常常使用这种获取绩效信息的办法,即通过现场评价、定期抽样等方式,请公众来评价该一线公职人员的工作绩效(如评选最佳服务人员)。因为一线公职人员的服务品质、服务态度、服务表现等,唯有作为顾客的公众最清楚。通常来说,绩效信息主要包括:工作目标或任务完成情况的信息,来自顾客(公众)积极的和消极的反馈信息,工作绩效突出的行为表现,工作绩效有问题的行为表现等。

三、绩效评估

绩效评估是绩效管理的核心环节,是评估者对被评估者在一定期间内的工作绩效进行的测量和评定,确定被评估对象是否达到绩效计划设定的绩效目标和标准的管理活动。在公共部门人力资源管理中,绩效评估不是单纯地对公职人员过去的绩效进行评估,而是包括评估主体、评估客体和评估方法技术等一系列内容。

（一）绩效评估主体

这里主要回答"对被评估者的绩效表现进行评估的工作由什么人来完成,即评估者是谁"的问题,一般来说,针对不同的评估对象应采用不同的评估者,但无论是哪一类评估者,都应该是了解人力资源工作和表现的人。合格的评估主体应满足以下条件:熟悉被评估者的工作表现;了解被评估者的工作内容和性质;能将观察结果转化为有效信息;能公正客观地提供评估结果。在公共部门中,公职人员在组织中的关系是:组织内部有上级主管、下属,同事,组织外部有顾客（公众）等。依据评估主体的不同,公职人员绩效评估主要有以下几种类型。

1. 主管评估

由上级主管进行评估是最常见的评价方式,上级主管往往与被评估者的接触最多,最有机会观察被评估者的工作表现,更为重要的是,由于被评估者的工作目标是在主管和被评估者相互沟通的基础上达成的共识,因此,主管能够较好地将绩效评估活动与组织、个人目标联系起来,通过有效的绩效沟通/辅导方式,将组织整体目标分解和细化为个体工作目标。但由于上级主管掌握直接奖惩权,若仅采用单向的沟通/辅导方式,容易增加被评估者的心理负担并引起他们的反感,这就需要强调上级主管具备评估的素质和技能的重要性。

2. 同事评估

同事往往是与被评估者朝夕相处的人,他们熟悉和了解被评估者的工作情况和工作方法,而且能观察到主管无法观察到的某些方面,如果能实事求是地反馈被评估者的信息,其反映的情况应该更为精确、可信。同事评估的不足在于:由于彼此之间比较熟悉和了解,受人情关系影响或竞争和利益驱动,可能会使评估结果偏离实际情况。

3. 下属评估

下属直接了解上级的实际工作情况、领导风格、协调和组织能力,在评估中可以提供许多非常有价值的,而且是采用其他方法难于收集到的信息。同时,下属以匿名方式参与评估,还能达到权力制衡的目的,使上级受到有效监督。但下属在评估中由于担心领导报复,往往会夸大领导的优点,或隐置对领导的不满。另外,下属对领导工作不可能全盘了解,在评估时也往往侧重于个别方面,容易造成评估片面、不客观。

4.自我评估

自我评估是让被评估者自己对自己的工作绩效进行自我评估。自我评估通常采取被评估者本人述职的方式进行,述职内容主要包括任职表述、尽职表述、欠缺表述和自我评价等。自我评估可以降低被评估者在评估过程中的抵触情绪,增强被评估者的参与意识,使评估结果更具建设性。但由于评估者自身原因,自我评估只能作为其他评估的补充。

5.公众评估

公共部门的性质决定了直接接受公共服务的"顾客",公众理所当然成为公共部门人力资源绩效的评估主体。与上述组织内部的评估主体相比,公众评估属于一种外部评估,具有异体性,评估结果更加客观、真实。公众与被评估者之间不存在直接的利害关系,不受组织内部利益机制的牵制,因此能站在客观立场上较为真实地反映被评估者的绩效。公众作为公共部门绩效评估的主体不仅是必要的,而且具有重大的现实意义。

但是由于受我国传统文化、政治制度以及公众知识和能力等种种因素限制,公众作为评估主体的作用尚不明显,有待发展。

6.专家评估

专家评估是以专家作为绩效评估的主体,组织相关领域的专家学者运用专业方面的知识和经验,对被评估者的工作绩效状况进行考核判定。一般来说,专家具有评估的专门知识和技术,能通过收集,处理、分析各种绩效信息和数据,并采用多种方法、模型对被评估者绩效进行科学评估。同时,专家作为一个相对独立的评估主体,也不牵扯组织内部的利益关系,能够较为客观、理性地开展评估工作,得出的结论较为科学、准确、公正。因此,专家评估作为一种科学、实用的评估方式,在各领域应用范围广泛。但在我国公共部门实践过程中也出现了一些问题和弊端。例如:一些受到公共部门委托的专家,可能容易受到受托人——被评估者的牵制和暗示,而影响评估结果的准确性;而一些作为独立观察者和研究者的专家,虽然不带偏见,但他们很难从公共部门获取第一手数据资料,其结论也不易受到重视。

(二)绩效评估客体

选择和确定什么样的绩效目标(项目)指标是评估一个重要的、难于解决的问题。公共部门多采用的评估客体通常一方面是绩效目标、项目分解的一系列指标,另一方面是任务绩效、周边绩效等影响因素情况。目前对公共部门绩效评估内容的划分主要有三大类。

1. 德、能、勤、绩、廉

根据《中华人民共和国公务员法》等相关法律法规的规定,我国公务员绩效评估的内容一般包括德、能、勤、绩和廉五个构成部分(表8-2)。

(1)"德",即品德、道德,是指工作人员的政治思想品德以及遵纪守法、廉洁奉公、遵守职业道德和社会公德的情况。现阶段对公务员"德"的评估,主要是看其是否坚持党的基本路线,是否忠于国家,是否遵纪守法、办事公道,品德是否高尚。

(2)"能",即能力或才能、才干,通常是指完成岗位工作的本领。对公务员"能"的评估,关键是考核评价其本职岗位的业务技术能力和管理能力的运用和发挥,业务技术提高情况和知识更新情况。

(3)"勤",是指工作尽力尽责、勤奋不息、甘于奉献。古语说"勤能补拙",从某种意义上说,勤奋的工作可以弥补能力上的不足。勤是工作态度的基本体现。勤由组织纪律上的勤、工作态度上的勤、工作积极性上的勤、本职工作岗位上的勤奋敬业和出勤率等方面组成。

(4)"绩",是指一个人的工作实绩,是综合反映一个人工作能力,水平和努力程度的一个标志,是业务活动和管理过程中表现出来的改造客观世界的物质或精神的成果。对公务员"绩"的评估,关键是考核评价其履行职责情况、完成工作任务情况,数量、质量、效益、成果的水平等情况。

(5)"廉",即廉洁自律,是指工作的道德操守。对公务员"廉"的评估,主要是考核评价执行党和国家清正廉法的有关规定和严格要求自已的情况,有无违纪现象;自身修养,爱好是否健康向上,能否积极参加一些公益活动,自觉抵制不健康行为,遵纪守法、克己奉公、廉洁自律等状况。

表 8-2　我国公务员绩效指标体系

绩效项目	绩效指标及其权重	具体要求
德	思想政治表现	学习马列主义、毛泽东思想、邓小平理论和"三个代表"重要思想。贯彻落实科学发展观,遵纪守法
	职业道德	服从领导,忠于职守,实事求是,依法行政
	社会伦理道德	顾全大局,处事公道,诚实守信,乐于助人,敬老尊贤,举止文明

绩效项目	绩效指标及其权重	具体要求
能	政治理论水平	熟悉本职工作及相关政策、理论、法律法规和管理知识,在工作中能正确理解和执行
	本职业务工作能力	熟悉本职业务工作的内容,要求、决策科学,管理有方,操作有序
	筹划协调能力	工作有计划性、系统性和预见性,能调动人的积极性,妥善处理各种人际关系
	开拓创新能力	具有创新精神,想方设法做好本职工作,工作在本部门、本系统有特色,有影响
	文字/口头表达能力	能完成本职工作所需的公文写作,口头表达准确、条理清楚
勤	出勤情况	遵守考勤制度,积极参加集体活动
	工作表现	奋发向上,工作扎实,积极主动,团结协作,尽职尽责
绩	工作数量	完成本职工作任务和领导交办的事项
	工作质量	完成工作任务的质量要求
	工作效率及效益	办事高效,绩效明显
廉	廉洁自律	严格执行党风廉政建设

2. 工作业绩、工作行为、工作能力、工作态度

根据绩效项目的构成要素,公职人员绩效评估的内容可以分为工作业绩、工作行为、工作能力和工作态度四个方面。

(1)工作业绩。工作业绩是指对公职人员的工作结果的考核评价,是对公职人员贡献程度的衡量。作为最客观和本质的评估维度。工作业绩直接体现了公职人员在工作中的价值贡献。常用的工作业绩指标有工作数量、工作质量、工作效率及效益等。

(2)工作行为。工作行为是指对公职人员在工作中表现出来的行为进行考核评价,衡量其行为是否符合部门规范和要求、是否有成效。由于对行为的评估很难用具体的数字来做精确表述,因此常用出勤率,表彰率等作为其绩效指标。

(3)工作能力。工作能力是对公职人员在职务工作中发挥出来的表现为专业性工作技能或相关专业知识、工作经验等能力。主要包括专业知识和相关知识、技能、工作经验、所需体能和体力。在进行工作能力评估时应注意全面评估公职人员的专业性工作技能和相关的基本技能，包括人际技能、沟通技能、协调技能、公关技能、组织技能、处理和解决问题技能等。

（4）工作态度。工作态度是对公职人员工作努力程度的评价，即对其工作积极性的衡量。常用的绩效指标有主动精神、创新精神、敬业精神、自主精神、忠诚感、责任感、团队精神、事业心、自信心等。

3. 任务绩效和周边绩效

根据与绩效指标直接相关或间接相关的因素，公职人员绩效评估的内容还可以分为任务绩效和周边绩效两种类型。

（1）任务绩效。任务绩效是指与工作产出直接相关的绩效因素，也就是能够直接对其工作结果进行评价的这部分绩效指标。任务绩效是与具体职务的工作内容密切相关的，同时也和个体的能力、完成任务的熟练程度和工作知识密切相关的绩效。任务绩效是相对一个人所担当的工作而言的，即按照其工作性质，员工完成工作的结果或履行职务的结果。换言之，绩效就是组织成员对组织的贡献，或对组织所具有的价值。在公共组织中，公职人员的绩效具体表现为提供公共服务和产品的数量、质量、成本费用以及为实现公共利益作出的其他贡献等。任务绩效是绩效评估最基本的组成部分，通常可以用公共产品（服务）数量、质量、效率、效益以及公众的评价等指标来进行衡量。

（2）周边绩效。周边绩效是指与周边行为有关的绩效，周边绩效对组织绩效没有直接贡献，但它却构成了组织的社会心理背景。能够促进组织内的沟通，对人际关系或部门沟通起润滑作用。在公共组织中，周边绩效可以营造良好的组织文化氛围，对公职人员工作任务的完成有促进和催化作用，有利于其任务绩效的完成以及整个部门和组织绩效的提高。周边绩效通常可采用正面行为性的描述来评估，如保持良好的工作关系、坦然面对逆境、主动加班工作等。

四、绩效反馈

对公职人员的绩效状况进行评估以后，还要将绩效信息反馈给被评估者。这是绩效管理过程中的必要环节，也是公职人员改进绩效的重要动力。反馈绩效信息，促进公职人员的全面发展，通过帮助公职人员执行公共管理工作时认识和利用自身全部能来提高工作绩效；当他们意识到自身的长处与缺点，并清楚如何提高自己素质和技能时，绩效管理的目的就达到了。

（一）绩效反馈的内涵

绩效反馈是通过评估者与被评估者之间的沟通，就被评估者在绩效周期内的绩效情况进行面谈，在肯定成绩的同时，找出工作中的不足并加以改进。绩效反馈的目的是为了让公职人员了解自己在本绩效周期内的工作业绩是否达到既定的目标，工作行为和态度是否合格，顾客（公众）的反应是否良好，让公共部门管理者和下属公职人员双方达成对评估结果一致的看法；双方共同探讨绩效未合格的原因并制定绩效改进计划；同时，管理者要向下属公职人员传达组织的期望，双方对绩效周期的目标进行探讨，最终形成一个绩效契约（新的绩效计划）。绩效反馈的内容主要包括公职人员在绩效周期内提供公共产品和服务数量、质量和行为表现等绩效状况，并听取公职人员对评估结果的看法；与公职人员探讨取得如此成绩的原因，对绩效优秀者予以肯定和鼓励，和绩效不合格者一起分析问题和原因，制定调整、改进培训计划；针对公职人员的绩效结果水平，告知他将获得怎样的考评奖惩；表明组织对他们的要求和期望，了解他们在下一个绩效周期的打算和计划，并提供可能的帮助和建议。

（二）绩效反馈的作用

由于绩效反馈在绩效评估结束后实施，而且是评估者和被评估者之间的直接对话，因此，有效的绩效反馈对公共部门绩效管理起着至关重要的作用。

1. 绩效反馈是评估公正的基础

由于绩效评估与被评估者的切身利益息息相关，评估结果的公正性就成为人们关心的焦点。而评估过程是评估者履行职责的能动行为，评估者不可避免地会掺杂自己的主观意志，导致这种公正性不能完全依靠制度的改善来实现。绩效反馈较好地解决了这个矛盾，它不仅让被评估者成为主动因素，更赋予了其一定权利，使被评估者不但拥有知情权，更有了发言权；同时，通过程序化的绩效申诉，有效降低了评估过程中不公正因素带来的负面效应，在被评估者与评估者之间找到了结合点、平衡点，对整个绩效管理体系的完善起到了积极作用。

2. 绩效反馈是提高绩效的保证

绩效评估结束后,当被评估者接到评估结果通知单时,在很大程度上并不了解评估结果的来由,这时就需要评估者就评估的全过程,特别是被评估者的绩效情况进行详细介绍,指出被评估者的优缺点,特别是评估者还需要对被评估者的绩效提出改进建议。

3. 绩效反馈是增强竞争力的手段

任何一个团队都存在两个目标:团队目标和个体目标。个体目标与团队目标一致,能够促进团队的不断进步,提高团队竞争力;反之,就会产生负面影响。在这两者之间,团队目标占主导地位,个体目标属于服从的地位。

(三)绩效反馈的原则

绩效评估的好坏,绩效结果的应用以及绩效计划的改进都离不开绩效反馈的有效实施。要保证绩效反馈的顺畅有效性,必须遵循以下几条原则。

1. 相互信任原则

只有相互信任,才能使评估双方相互理解并最终达成共识。在公共部门中,上下级之间需要信任保证,只有提高沟通双方的信任度,才能破除沟通障碍,保证组织中信息的顺畅流动。

2. 对事不对人原则

在绩效反馈面谈中,双方应该讨论和评估的是业绩、行为等工作绩效,也就是工作中的一些事实表现,而不是讨论被评估者的个性特点。在绩效评估中,个性特点不能作为评估绩效的依据,比如个人气质的活泼或沉静等。但是,在谈到被评估者的主要优点和不足时,可以谈论他们的某些个性特征,但要注意这些个性特征必须是与工作绩效有关的。例如,地方政府信访部门的某位公职人员,其个性特征中有不太喜欢与人沟通的特点,这个特点可能使他的工作绩效受到影响,这样关键性的影响绩效的个性特征还是应该指出来的。

3. 多问少讲原则

在公共部门中,"行政命令"型领导很难实现从上级到"帮助者""伙伴"

的角色转换。在反馈面谈过程中,我们建议上级主管在与下属人员进行面谈时遵循 20/80 法则,即面谈的 80％ 的时间留给下属,20％ 的时间留给自己,而自己在这 20％ 的时间内,可以将 80％ 的时间用来发问,20％ 的时间才用来"指导""建议"。换言之,要多提好问题,引导下属自己思考和解决问题,自己评价工作进展,而不是通过命令式的口气、居高临下地告诉下属应该如何做。

4. 着眼未来的原则

绩效反馈面谈中很大一部分内容是对过去的工作绩效进行回顾和评估,但这并不等于说绩效反馈面谈仅仅集中于过去。谈论过去的目的并不是停留在过去,而是从过去的事实中总结出一些对未来发展有用的东西。因此,任何对过去绩效的讨论都应着眼于未来,核心目的是为了制定未来发展的目标和计划。

5. 正面引导原则

不管被评估者的评估结果是好是坏,一定要多给他们一些鼓励,至少让他们感觉到:虽然我的绩效不理想,但我得到了一个客观认识自己的机会,我找到了应该努力的方向,并且在我前进的过程中会得到上级领导的帮助。总之,要让所有参与的公职人员把一种积极向上的态度带到工作中去。

第三节　公共部门人力资源绩效管理方法与应用

一、公共部门人力资源绩效管理的方法

绩效管理组织模型表明,我们可以通过将重点集中在员工的个人特征、行为或者结果方面来进行人力资源的绩效管理。此外,我们还可以采取一种对比的方法来对员工绩效进行衡量,即对不同员工之间的绩效进行总体上的比较。最后,我们还可以开发出一种能够将前面所说的这些绩效衡量方法糅合在一起的绩效衡量系统,如将质量管理法引入对绩效的衡量。很多绩效评价技术都是将这些绩效衡量方法结合在一起使用的。在本节中,我们将探讨对绩效进行衡量和管理的各种方法,并且考察与每一种方法相联系的各种技术,同时还要根据战略一致性、效度、信度、接受度以及明确度等标准对每一种绩效衡量和管理方法的优缺点进行评价。

（一）比较法

绩效衡量的比较法要求评价者将某个人的绩效与其他人进行比较。所采取的做法通常是：首先对个人的绩效或价值进行某种总体上的评价，然后再设法对属于同一工作群体的所有人排定一个顺序。至少有三种类型的绩效评价技术可以被划归到比较法的名下，即排序法、强制分布法和配对比较法。

1. 排序法

简单排序法要求管理人员对本部门的所有员工从绩效最优者到绩效最差者进行排序。而交替排序比较法则要求管理人员首先通观所有需要接受评价的员工名单；然后从中挑出最好的员工，将这个人的名字从名单上划去；接着再从剩下的名单中找出最差的员工，也将其名字从名单上划去一以此类推。

排序法是一种已经引起法庭特别关注的绩效评价方法。在"阿尔波马尔纸业诉讼穆迪"一案中，建立在员工排序法这种绩效衡量方法基础之上的甄选系统的合法性就受到了怀疑。事实上，法庭认为："我们无法准确地知道主管人员所考虑的工作绩效标准到底是什么，每一位主管人员所考虑的绩效标准是否是相同的；或者甚至说，我们无法准确地知道，其中的某些主管人员是否真的运用了某种较为集中和稳定的绩效标准。"

2. 强制分布法

强制分布法也同样采取排序的形式，只不过它是以群体的形式对员工进行排序。这种绩效评价方法要求管理人员将一定比例的员工放入事先确定好的如表 8-3 所示的各类绩效等级之中。该表中的例子反映了默克公司如何通过将事业部的绩效和员工个人绩效结合起来，提出了将员工放入不同绩效类别之中的建议。例如，在绩效最差的那些事业部中（无法接受），只有 1% 的员工能够得到最高等级的绩效评价结果（TF＝绩效最佳的 5%），而在绩效最好的那些事业部中（绩效优异），则有 8% 的员工可以获得最高等级的绩效评价结果。然而，在某些情况下，强制分布法会迫使管理人员根据分布规则的要求，而不是根据员工个人的实际绩效来对他们进行归类。例如，即使某位管理人员手下的所有员工的绩效水平都高于平均水平，这位管理者也会被迫将某些员工的绩效评价为"无法接受"。

表 8-3　绩效评价强制分布法操作指南

员工绩效评价等级		评价类型	事业部绩效评价等级					
			优异（EX）	突出（WD）	高标准（HS）	有改进余地（RI）	无法接受（NA）	
TF	最佳的 5%	相对	8	6	5	2	1	
TQ	最佳的 20%	相对	20	17	15	78	79	
OU	杰出的	绝对	71	75	75	78	79	
VG	优秀的	绝对						
CD	良好的	绝对						
LF	最差的 5%	相对						
NA	不可接受	绝对	1	2	5	8	10	
PR	正在改进		不适用					

注:此表根据失业者绩效来确定员工的目标绩效等级分布。

强制分布法的倡导者认为,这种绩效评价方法对那些害怕解雇绩效较差的员工的管理人员是一种抵制。而批评者认为,这种方法可能会迫使管理人员去惩罚一位在某个杰出团队中属于比较好但又不算是最好的员工。同样有可能出现的情况是,一位在某个绩效很糟糕的团队中表现很一般的员工看起来却会是一位非常优秀的员工。此外,当绩效评价标准具有主观性或很难根据这些标准来对员工进行区分的时候,组织要想将员工划分到不同的绩效种类之中,就会变得非常困难。

3. 配对比较法

配对比较法要求管理人员将每位员工与同一工作群体中的所有其他员工进行一对一比较,如果某位员工在与另一位员工的比较中被认为是绩效更优秀者,那么此人将得到一分。在全部的配对比较都完成以后,管理者再统计出每位员工获得的更为有利的评价的次数,而这便是员工的绩效评价分数。

对管理人员来说,配对比较法是一种很耗费时间的绩效评价方法,并且随着组织变得越来越扁平化,控制幅度越来越大,这种方法会变得尤其耗时。例如,一位手下只有 10 位员工的管理人员必须进行 45 次(10×9/2)比较,如果这一群体上升到 15 位,就需要比较 105 次。

（二）特性法

绩效管理的特性法主要关注的是，员工在多大程度上具有被认为对企业的成功非常有利的那些特性。这种方法的一些绩效衡量技术通常会界定出一系列的个人特质（如主动性、领导力、竞争力等）。然后，管理人员再根据这些特质对员工个人进行绩效评价。

1. 图标尺度评价法

在绩效管理中，最常用的特性法是图标尺度评价法。表 8-4 展示了一家制造业公司使用图标尺度评价法的例子。从表 8-4 可以看出，管理人员需要根据这张单子，上所列举的所有特性，利用一个五分或者其他分数评价尺度来对被评价者的绩效进行评价。

管理人员每次只需要考虑一位员工的绩效状况，在每一项特性的五个分数中圈出一个与被评价员工最为相符的分数即可。图标尺度评价法既可以为管理人员提供大量的不同分数（自由尺度），也可以为管理人员提供一种连续的分数，管理人员只要在这个连续的分数段上画一个符号即可（连续尺度）。图标尺度法的合法性问题在 1973 年的"布理托诉基亚公司"一案中备受争议。在此案中，基亚公司根据绩效评价的结果将一些讲西班牙语的员工辞退了，而在该公司的绩效评价中，公司领导要求主管人员根据一些没有确切定义的绩效维度（如工作量、工作数量、工作知识等）对下属员工的绩效进行评价。法庭最终对这种比较主观的绩效评价方法提出了批评，并且声称，公司应当首先提供一些经验性的数据来证明自己的绩效评价与员工的实际工作行为确实是高度相关的。

表 8-4　图标尺度评价法的一个例子

下列这些绩效领域对大多数职位来说都是非常重要的，请你通过圈定相应的分数的形式来得出你对每一个绩效维度的评价结果					
评价尺度					
绩效维度	杰出	优秀	良好	尚可	较差
知识	5	4	3	2	1
沟通	5	4	3	2	1
判断	5	4	3	2	1

评价尺度				
绩效维度	杰出	优秀	良好	尚可	较差
管理技能	5	4	3	2	1
质量	5	4	3	2	1
团队合作	5	4	3	2	1
人际关系	5	4	3	2	1
主动性	5	4	3	2	1
创造性	5	4	3	2	1
问题解决	5	4	3	2	1

2. 混合标准尺度法

混合标准尺度法是为解决图标尺度评价法中存在的一些问题应运而生的。为了创建一个混合标准尺度,我们必须首先对相关绩效维度加以界定,然后再分别将代表每个绩效维度好、中、差的说明性文字与代表其他绩效维度好、中、差的说明性文字混合在一起。表 8-5 所展示的就是一个混合标准尺度法的例子。

由表 8-5 我们可以看出,在运用这一评价工具时,它要求管理人员在空格中注明被评价员工的实际绩效水平是高于(+)等于(0)还是低于(-)相应文字陈述中所描述的情况,然后再根据一个特定的分数计算规则来确定每一位员工在每一个绩效维度的得分。例如,如果一位员工在某一绩效维度的表现比表格中所陈述的三种绩效水平都要高,那么这位员工在这一绩效维度就可以得到 7 分。如果一位员工在某一绩效维度所得到的评价是低于高标准的,相当于中等标准,但是高于低标准,那么这位员工在这一绩效维度的评价得分就是 4 分。而如果一位员工在某一绩效维度上得到的评价低于表格中所陈述的所有三种绩效标准,那么这位员工在这一绩效维度就只能得 1 分。评价人员将这种计分方法运用于所有的绩效维度,便可得到员工的总体绩效分数。

表 8-5　混合标准尺度法的一个例子

被评价员工的两个个性特征:主动性、智力水平 绩效等级说明:高、中、低			
说明:请在每一项陈述后面确定这名员工的绩效是否高于评价水平,绩效水平如果高于评价水平用(＋)陈述,如果低于评价水平请用(一)陈述,如果正好与评价水平持平请用(0)陈述。			
主动性	低	如这位员工有坐等指挥的倾向	（一）
智力水平	低	详细的描述	（一）
主动性	中	详细的描述	（0）
主动性	高	详细的描述	（＋）
智力水平	中	详细的描述	（0）
智力水平	高	详细的描述	（＋）

（三）行为法

绩效管理中的行为法的主要做法如下:对某位员工在有效完成本职工作时所必须展示出来的行为加以界定。这种方法所包括的各种绩效评价技术,首先都是界定上述所说的这些行为,然后再要求管理人员评价某位员工在多大程度上展现出了这些行为。在此,我们将讨论行为法的五种行为的绩效评价技术。

1. 关键事件法

关键事件法(Critical Incident Technique,CIT)是以记录直接影响工作绩效优劣的关键行为为基础的评估方法。其要求管理人员将每一位员工在工作中表现出来的能够代表有效绩效与无效绩效的具体事件都记录下来。管理人员可以利用这些事件向员工提供明确的反馈,让员工清楚地知道,自己在哪些方面做得好,哪些方面做得不好。此外,组织通过重点强调那些能够对组织战略起到支持作用的关键事件,将这种方法与组织的战略紧密联系起来。然而,令人遗憾的是,许多管理人员不愿意每天或者每周都记录其下属员工的行为表现。另外,在这种情况下,要想对不同员工的行为表现都进行比较,这通常也是很困难的,这是因为每一个事件都是发生在每一位特定员工身上的特定事件。

2. 行为锚定评价法

行为锚定评价法是建立在关键事件法基础之上的。这种绩效评价方法的设计思路是:组织通过开发与不同绩效水平相联系的行为锚,来具体界定各个绩效维度。绩效维度中存在着一系列行为事件,而每个行为事件都分别代表着这一绩效维度的某个特定绩效水平。

要开发这种行为锚定尺度,我们首先必须搜集代表职位上的优秀绩效和无效绩效的大量关键事件,然后再对这些关键事件加以分类,划归到不同的绩效维度之中。那些被专家认为能够清楚地代表某一特定绩效水平的关键事件,将会被作为行为事例为管理人员提供指导。管理人员的任务就是根据每一个绩效维度来分别考察员工的绩效,从而确定在每一绩效维度中,员工的实际绩效与具有指导性的哪些关键事例是最为相符的。这种评价结果就成为员工在这一绩效维度中的得分。

行为锚定评价法既有优点也有缺点,它的优点是:可以通过提供精确和完整的绩效维度定义来提高评价者信度;其缺点是:可能导致偏见性的信息回忆,也就是说,那些与行为锚最为近似的行为最容易被回忆起,而行为评价法实际上是不怎么做这样的区分的。

3. 行为观察评价法

行为观察评价法是行为锚定评价法的一种变异形式。与行为锚定评价法一样,行为观察评价法也是一种从关键事件法发展而来的绩效评价方法。但是,行为观察评价法与行为锚定评价法有两个方面的不同。

(1)行为观察评价法并不舍弃能够代表有效绩效或无效绩效的大量关键行为,相反,它利用了其中的许多行为来更为具体地界定构成有效绩效的所有必要行为。例如,在某一特定的绩效维度中,行为观察评价法可能不仅仅利用4种行为来界定划分出来的4种不同的绩效水平,也有可能用上15种行为。行为观察评价法的一个例子见表8-6。

表8-6 行为观察评价法例子——克服变革阻力

克服变革阻力			打分
①向下属描述变革的细节			
几乎从来不	12345	几乎常常如此	
②解释为什么必须进行变革			
几乎从来不	12345	几乎常常如此	

续表

克服变革阻力				打分
③讨论变革会给员工带来什么样的影响				
几乎从来不	12345		几乎常常如此	
④倾听员工的心声				
几乎从来不	12345		几乎常常如此	
⑤在进行变革的过程中请求员工的帮助				
几乎从来不	12345		几乎常常如此	
⑥必要时确定一个会议日期,在变革完成之后来讨论员工关心的一些问题				
几乎从来不	12345		几乎常常如此	
很差	尚可	良好	优秀	出色
6～10	11～15	16～20	21～25	26～30
总分数		等级		

(2)行为观察评价法并不是要评价到底哪一种行为最好地反映了员工的绩效,而是要求管理人员对员工在评价期内在每一种行为上的表现频率做出评价,最后再将员工在所有绩效维度中得到的评价分数进行加总和平均,从而得出员工的总体绩效评价结果。

行为观察评价法的缺点主要在于,它所需要的信息量可能超出大多数管理人员所能够加工或记住的信息量,一个行为观察评价体系可能包括 80 种以上的行为。同时,它还要求管理人员必须记住在半年或一年这样长的时期内,每一位员工在每一种行为上的表现频率。针对一名员工,管理人员来完成这种工作就已经够繁琐了,而一名管理人员通常要对 10 名以上的员工进行评价。

4. 组织行为修正法

组织行为修正法是通过一整套正式的行为反馈与强化系统来管理员工行为的绩效评价方法。这个系统建立在行为学的动机观点之上,这种观点认为,员工未来的行为是由他们过去得到过的正面强化的行为所决定的。尽管组织行为修正法有多种类型,但是在大多数情况下,此类方法都有四个组成部分:首先,它们要界定出一套对工作绩效来说是非常必要的关键行为;其次,它们要运用一种衡量系统来评价员工是否表现出了这些行为；再次，管理人员将这些关键行为告知员工，甚至有可能为员工制定出目标，对他们的这些行为的频率加以规定；最后，管理人员还要向员工提供反馈与强化。

5. 评价中心法

虽然评价中心法经常被用于甄选和晋升等决策，但是它现在也已成为衡量绩效管理的一种方法。在评价中心法中，被评价者常常需要完成大量的模拟任务，如无领导小组讨论、公文处理以及角色扮演等。在评价中心法中，多位评价者需要观察管理人员的行为，对他们作为一名管理者所具有的技能或潜力进行评价。评价中心法的优点在于，它能为一个人在完成管理任务方面的绩效提供一种较为客观的评价。此外，它还能向被评价者提供具体的反馈意见，同时帮助被评价者设计出个性化的开发计划。例如，ARCO 石油天然气公司就将其管理人员送到评价中心去，从而发现这些人的优势与不足，然后再为每一位管理人员制定一套相应的人才开发行动计划。

（四）结果法

结果法所关注的是对一个职位或一个工作群体的目标或者可衡量结果的管理。这种方法假设绩效衡量过程中的一些主观因素是可以被消除的，工作结果是一个最能衡量对组织有效性作出的贡献的指标。在这里，我们将考察两种利用结果法进行绩效管理的系统：目标管理法和生产率衡量与评价系统。

1. 目标管理法

无论是对于私营部门还是公共部门，目标管理法都是一种被广泛使用的绩效管理方法。目标管理法的最初概念来源于 BoozAlln 和 Hamilton 合伙开设的会计事务所，这种管理方法当时被称作"管理者通信"。在这一管理过程中，所有的下级管理人员都必须给他们的上级管理者写一封信，在信中详细说明他们未来的绩效目标以及他们计划怎样去达到这些目标。20 世纪 50 年代，哈罗德．史密迪将这些思想移植到了通用电气公司，并对其作了进一步的扩展，而道格拉斯·麦格雷格则将其发展成为一种管理哲学。

在一个目标管理系统中，组织的高层管理团队首先要为公司确定来年的战略目标，接着，再将这些目标传递给下一个层级的管理者。这一层级的管理者这时就需要明确，为了帮助公司达到未来的目标，他们自己应当取得哪些成果。这种目标制定过程一层一层传递下去,直到公司中的所有管理者都制定出了能够帮助公司实现未来目标的个人目标为止,而所有这些目标就构成了对每一位员工个人的工作绩效进行评价的标准。

任何目标管理系统都有三个共同的组成部分:首先,它要求必须制定出具体的、有一定难度的以及比较客观的目标。其次,目标管理系统所使用的目标通常不是由管理层单方面制定的,而是由管理者及其下属人员共同参与制定的。最后,管理人员在整个绩效评价期间都要通过提供客观的反馈,来监控员工在目标达成方面所取得的进展状况。

针对目标管理所进行的研究揭示出与其有效性相关的两个重要发现。在对目标管理法进行考察的 70 项研究中,有 68 项研究都表明,这种管理方法确实能够带来生产率方面的提高,只有两项研究发现,企业因为采用这种方法而导致了生产率的降低,这就说明目标管理法通常是能够提高生产率的。此外,研究还发现,当公司的最高管理层对目标管理法持一种强烈的支持态度时,这种方法能够实现的生产率增长幅度是最大的;当高层管理人员的支持很强烈的时候,生产率的平均增长幅度为 56％;当高层管理人员的支持一般的时候,生产率的平均增长幅度为 33％;而当高层管理人员的支持程度比较低时,生产率的平均增长幅度只有 6％。

显而易见,目标管理法对提高组织的绩效水平确实有着非常积极的作用。此外,从这种方法本身所采取的目标制定过程来看,目标管理法也很有可能将员工个人的工作绩效与公司的战略目标联系在一起。

2. 生产率衡量与评价系统

生产率衡量与评价系统(Pro MES)的主要目标是激励员工达到更高水平的生产率。它是一种在衡量生产率的同时也向全体员工提供生产率信息反馈的手段。

生产率衡量与评价系统主要包括四个实施步骤:首先,组织中的人共同确定本组织希望生产哪些产品,希望完成哪些活动或达成哪些目标。一个组织的生产率高低取决于它能否有效地生产出这些产品。例如,对一个修理店来说,"修理质量"可能就是它的一种产品。其次,大家一起来界定对产品进行衡量的指标。这些指标是用来衡量组织在生产这些产品方面的有效程度。例如,"修理质量"就可以用下列指标来表示:一是返修率,在经过修理之后仍然无法正常使用,因而不得不重新被送回来修理的物件占总修理物件的百分比;二是通过质量控制检查的物件所占的比例。再次,大家共同确定一个指标所应当达到的量以及同这个量相联系的绩效水平之间的关系。最后,管理部门要建立一套反馈系统,向员工和工作群体提供信息,让他们了解自己在每个指标上所应达到的特定绩效水平,然后将员工个人或工作群体在每一指标上所得到的有效分数进行加总,这样就可以得到总体的生产率分数。

生产率衡量与评价系统属于一种相对较新的绩效管理方法,因此,它只适用于很少的场合。不过,到目前为止的研究已经表明,这种技术在提高生产率方面是很有效的。研究还揭示出这套系统也是一种有效的反馈机制。然而,这种系统的使用者却发现,开发这套系统是非常耗费时间的。尽管在得出结论之前,我们还需要对生产率衡量与评价系统进行一些更为深入的研究,但到目前为止的研究已经表明,这套系统是一种有效的绩效管理工具。

三、绩效结果的应用

绩效评估本身不是目的,必须重视绩效结果的应用。绩效结果可以为公共部门人力资源管理和其他管理决策提供大量的有用信息,尤其是公职人员的奖惩、培训、级别调整、职务晋升、薪酬待遇等各方面都离不开绩效评估的结果。将可测量的绩效结果与奖励挂钩,这是绩效管理的核心所在。绩效结果如果不能有效服务于人力资源管理活动,也就失去了其存在的价值和意义。

(一)绩效结果的基本用途

关于公职人员绩效结果的应用,我国《公务员法》《国家公务员考核暂行规定》和《事业单位工作人员考核暂行规定》都作了明确规定。《公务员法》第37条规定:"定期考核的结果作为调整公务员职务、级别、工资以及公务员奖励。培训、辞退的依据。"由此可知,公职人员绩效结果的用途主要有以下几方面。

1. 用于薪酬的调整

这是绩效结果的最普遍的用途,通常是为了增强工作报酬的激励作用,在公职人员的报酬体系中将一部分报酬与绩效挂钩,报酬的分配和调整往往由绩效的好坏来确定,对于从事不同性质工作的公职人员,这部分与绩效挂钩的报道所占的比例可能有所不同。以我国公务员为例,根据《国家公务员考核暂行规定》第12条第2.4款和第13条第1款规定,对不同绩效等次公务员的薪酬调整如下:"国家公务员在现任职务任期内,年度考核连续两年被确定为称职以上等次的,在本职务工资标准内晋升一个工资档次。""国家公务员年度考核被确定为称职以上等次的,以其本年度十二月份基本工资额为标准,发给一个月的奖金。""当年考核被确定为不称职等次的,予以降职。其职务工资就近就低套入新任职务工资档次。"虽然上述文件作了规定,但由于政府部门在实际运用中缺乏积极性,使得绩效结果的应用往往流于形式,并未真正起到激励的作用。

2. 用于职位的调配

绩效结果是公职人员职位调配的重要依据。在我国,公职人员的职务调配包括纵向的升迁或降职,也有横向的工作轮换或交流。通过分析积累的绩效结果记录,可以发现公职人员的工作表现与其职位的适应性问题。某些公职人员适应其岗位且在某方面绩效突出,就让其继续留任并在某方面承担更多的责任,做到人尽其才,事得其人;某些公职人员不适应其岗位且在某方面绩效不理想,就及时调整其工作岗位并减少其在某方面承担的责任,做到人适其事、识人善用;同时还包括公共部门有计划地将一批批优秀人才在各种职位间转换、交流,以培养其全面的才干。以我国公务员为例,根据国家公务员考核暂行规定 8 第 12 条第 1.5 款和第 13 条第 1.2 款规定,对不同绩效等次公务员的职位调配如下:"国家公务员连续三年被确定为优秀等次或连续五年被确定为称职以上等次的,在本职对应级别内晋升一级。""国家公务员连续两年被确定为优秀等次或连续三年被确定为称职以上等次的,具有晋升职务的资格,当年考核被确定为不称职等次的,予以降职。连续两年考核被确定为不称职等次的,按规定予以辞退。"

3. 促进人力资源开发

如何有效地开发现有的人力资源,最大限度地发挥人力资源的整体效能,是公共部门人力资源管理工作的中心任务、绩效评估作为基础性的环节,提供了全体公职人员动态,连续和完整的绩效结果记录,通过分析可以发现公职人员及组织方面存在的问题以及解决问题的办法就构成了人力资源开发的各项活动,包括素养评估、教育、培训等。通过分析,还可以发现干部后备人选,为干部考察和培养等更高层次的人力资源开发活动创造条件。对此,2009 年 10 月,中共中央办公厅印发的《关于建立促进科学发展的党政领导班子和领导干部考核评价机制的意见》(中办发[2009]30 号)(以下简称《意见》)提出要强化考核结果运用,抓住关键环节,解决考核结果与干部使用脱节的问题,《意见》强调,要坚持把考核结果作为领导班子建设和领导干部选拔任用、培养教育、管理监督、激励约束的重要依据。

4. 实现绩效改进

绩效结果最突出的运用就是为绩效改进提供依据。所谓绩效改进（human performance improvement）是指通过绩效结果反馈，确认工作绩效的不足和差距，查明产生的原因，制定并实施有针对性的改进计划和策略，不断提高公职人员绩效管理水平的过程。即指采取一系列行动提高工作人员的能力和绩效。绩效改进的一系列行动包括绩效诊断与分析、制定绩效改进计划、落实改进计划及结果评估。

（1）绩效诊断与分析。绩效诊断与分析是绩效改进的起点。通过绩效诊断，如果发现公职人员的现实绩效结果与期望绩效之间存在差距，就要具体分析出现差距的深层原因。导致公职人员绩效差距的原因很多，如知识和技能、工作态度或其他外部障碍等。如果是知识和技能等方面的原因，就要采取相应的开发策略（如脱产学习、技能培训等）予以改革；如果是态度和障碍的原因，就需要采取相应的管理策略（如态度教育等）来解决。

（2）制定绩效改进计划。明确了绩效改进的方向和重点后，就应确定相应的绩效改进计划。公职人员绩效水平较低往往有多重原因，须针对不同类型的绩效责任主体选择不同的绩效改进计划。换言之，绩效改进不仅仅是要通过改进计划解决发现的问题与不足，还要通过对公职人员的培训实现其能力的提高，进而实现组织核心竞争力的提升和公职人员个人的发展，使组织和公职人员形成一种双赢的关系。

（3）落实改进计划及结果评估。制定绩效改进计划后，接下来就是在改进计划的指导下有针对性地改进公职人员绩效水平。绩效改进计划的落实是一个系统的过程，首先需要成立专门的绩效改进小组。在分析绩效差距及其产生原因的基础上，绩效改进小组根据公职人员绩效改进方案，有针对性地组织公职人员培训，以提高工作人员的专业知识、技能和其他素质。

5. 用于人员选拔和培训效果的评估

绩效结果可以用来衡量选拔和培训的有效性。如果选拔出来的优秀人才的实际绩效确实很好，那就证明选拔是有效的；反之，就说明选拔失效或者绩效结果有问题。另外，公职人员培训的效果也可以通过培训之后一段时间内的绩效表现反映出来。如果绩效有所提升或提升很显著，就说明培训有效或达到了应有的效果；如果绩效没有发生变化或变化不明显，就说明培训无效或没有达到预期的效果。

（二）绩效结果的应用方法

目前,绩效结果的应用方法主要包括绩效薪酬和员工发展。

1. 绩效薪酬

绩效薪酬是对员工超额工作部分或工作绩效突出部分所支付的奖励性报酬,旨在鼓励员工提高工作效率和工作质量。它是对员工过去工作行为和已取得成绩的认可,通常随员工绩效的变化而调整。绩效薪酬主要有绩效工资、绩效奖金、个人特别绩效奖三种比较常用的形式,在此我们仅介绍绩效工资。绩效工资(也称绩效加薪,奖励工资)是以工作人员聘用上岗的工作岗位为主,根据岗位技术含量、责任大小、劳动强度和环境优劣确定岗级,以工作人员的劳动成果为依据支付劳动报酬的工资制度。对公共部门来说,与传统工资制相比,绩效工资制的优势就在于它通过将薪酬待遇与可量化的业绩挂钩,来调动公职人员的工作积极性,激励他们持续改进公共服务工作。

2009 年 9 月 2 日,国务院总理温家宝主持召开因务院常务会议,决定在公共卫生与基层医疗卫生事业单位和其他事业单位实施绩效工资。会议指出,实施绩效工资是事业单位收入分配制度改革的重要内容。在规范津贴、补贴的同时实施绩效工资,逐步形成合理的绩效工资水平决定机制、完善的分配激励机制和健全的分配调控机制,对于调动事业单位工作人员积极性,促进社会事业发展,提商公益服务水平,具有重要意义。

会议还明确了事业单位实施绩效工资的基本原则:一是实施绩效工资与清理规范津贴补贴相结合,规范事业单位财务管理和收入分配秩序,严肃分配纪律;二是以促进提高公益服务水平为导向,建立健全绩效考核制度,搞活事业单位内部分配;三是分级分类管理,因地制宜,强化地方和部门职责;四是统筹事业单位在职人员与离退休人员的收入分配关系,不断完善绩效工资政策、绩效工资制有其优越性的一面。

但也有不足之处:一方面,绩效工资鼓励员工之间的竞争,但也可能会破坏员工之间的信任和团队精神;另一方面,绩效工资鼓励员工追求高绩效,但如果员工的绩效同组织的利益不一致,就可能发生个人绩效提高,组织绩效反而降低的情况。例如,某地方政府的招商部门工作人员为了完成个人的招商引资指标,可能会对有投资意向的企业家夸大宣传很多优惠政策,当地政府为了兑现这些优惠政策可能会投入很高的成本。

2. 员工发展

组织的成功来自于成功的员工,组织的发展来自于发展的员工。因为职业的动力是员工与组织之间相互作用的最佳融合点,所以公共部门应积极地为公职人员制定个人职业生涯发展计划。所谓个人职业生涯发展计划就是一个人一生的工作经历,特别是职业、职位的变迁和工作理想的实现过程。具体来说,就是根据员工有待发展提高的方面所制定的,一定时期内完成的,有关工作绩效和工作能力改进与提高的系统计划。个人职业生涯发展计划通常包括:个人在工作能力、方法等方面有特发展的项目,发展这些项目的原因,这些项目的目前水平和期望达到的水平,发展这些项目的方式以及达到目标的期限等内容。

第九章 公共部门人力资源薪酬与福利管理

薪酬与福利管理是人力资源管理的核心环节之一,它不仅是人力资源保障的基本措施,而且涉及组织战略的实现、人员激励与发展,甚至关系到社会的稳定。在现代组织中,优秀人才的获取、竞争与维持,不仅依靠有效的薪酬制度,而且越来越依赖于组织的福利项目计划的设计。在公共部门中,政府公务员的薪酬与福利有相关的法规明确规定。

第一节 公共部门人力资源薪酬管理

一、公共部门薪酬管理的定义

公共部门薪酬管理是指公共部门为行使其职能,由人事行政部门负责、相关职能部门参与、涉及薪酬系统的一切管理工作,也是制定便于吸引人才、任用人才和激励士气的薪酬体系的管理过程。薪酬管理为公共部门的正常运行提供人力资源保证,是公共部门人力资源管理的物质基础。

随着社会主义市场经济体制的确立和逐步完善、人事体制的不断改革,公共部门的薪酬管理工作逐步走向专业化和科学化,薪酬管理的方法和技术更加精细化、丰富化和人性化。由于公共部门需要和私人部门在人才市场上开展人才竞争,公共部门薪酬管理活动质量的高低将直接决定公共部门人力资源质量的高低。公共管理理论的演进和创新为公共部门薪酬管理提供了新颖的管理理念和管理方法,绩效管理、标杆管理、顾客导向等理念在公共部门中的运用为公共部门薪酬管理带来了机遇和挑战。

二、公共部门薪酬的主要形式

公共部门的薪酬是一个综合性范畴,包括公务人员的全部劳动收入,不仅限于货币收入,而且包括非货币收入。在社会主义市场经济条件下,政府在社会经济发展中起主导作用,加之就业困难等多种因素的影响,公务员的报酬形式比较复杂而隐蔽,社会上出现了报考公务员热的现象,这从侧面证明了公务人员的薪酬不仅限于货币收入等外在报酬,还包括社会地位、职业安全等内在报酬。

（一）外在薪酬

外在薪酬是指公务人员因在公共部门工作而获得的各种收入，包括工资、奖金、津贴和补贴、福利和保险等。外在薪酬相对于内在薪酬的特点是容易进行测量和定量分析。随着公共部门薪酬管理规范化和法治化水平的提高，公务人员对外在报酬的重视程度越来越高。外在薪酬包括直接薪酬和间接薪酬。

（1）直接薪酬是以法定的货币形式直接支付给公务人员个人的报酬，包括基本工资、奖金、津贴和补贴。由于我国经济社会发展水平存在着一定的区域和城乡差别，不同地区、不同行业的公务人员在奖金、津贴和补贴上的差距比较明显。

（2）间接薪酬是不直接支付给公务人员个人的具有成员资格性的报酬，包括福利费（如降温取暖费等）、保险和对收入的法律保障。我国公共部门在支付给公务人员的间接薪酬上的差距明显，这是出现公务员报考"冷部门和热部门"差异的重要原因之一。

（二）内在薪酬

在我国，由于传统的"学而优则仕"的观念以及"官本位"思想影响，公务人员在获得外在薪酬之外，还享受着无法货币化的内在薪酬，主要包括职业发展、工作成就、职业安全和社会地位。内在薪酬的吸引力可以从近年来我国公务人员报考人数的不断攀升和竞争激烈程度中得以体现。

三、公共部门薪酬的职能

薪酬在公共部门人力资源管理中处于核心地位。新中国成立以来，国家根据按劳分配的基本原则对公共部门薪酬管理体制进行了不断改进。1955年建立了供给制，1985年开始确立以职务工资为主要内容的结构工资制，2005年确立了较为完善的职级工资制，并辅以正常增资机制。薪酬对于调动公务人员的工作积极性和创造性，保障公共部门的有效运转发挥了重要作用。总体说来，公共部门薪酬的职能主要表现在以下几点。

（一）保障职能

保障职能是薪酬的首要职能。马克思主义认为，劳动创造价值，报酬的首要职能是为劳动者形成特定劳动能力、维持自身及家庭生活资料，以及支付培训费用提供保障。薪酬尤其是基本工资的主要职能就是向公务人员提供维持劳动能力所必需的货币支付，帮助公务人员恢复和提高劳动能力，保障其生活和家庭生活资料来源。这是劳动力可持续发展的基础。

（二）激励职能

薪酬除了具有消极的生活保障职能外，还具有积极的激励职能。公共部门可以通过提供奖金、津贴和补贴以及福利来满足公务人员的心理期望和事业发展期望。公共部门还可以通过为公务人员提供额外的报酬激发公务人员的创新热情和工作积极性，提高工作效率，以换取额外报酬和特殊需要的满足。需要特别指出的是，公共部门在运用薪酬的激励职能时需要遵循三条原则：一是薪酬分配的标准应当尽量公平合理；二是货币激励同精神鼓励有机结合；三是当期激励与远期激励有机结合。

（三）调节职能

随着社会经济的迅速发展、科技的进步和国家间竞争的日趋激烈，公共部门需要行使的职能越来越复杂，这就需要公共部门能够录用到高素质人才。由于市场经济体制下的人力资源管理奉行双向选择的原则，因此，公共部门的薪酬机制发挥着人才调节职能，公共部门可以通过薪酬结构的积极变化录用到优秀人才。近年来，由于公共部门提高了薪酬水平，公共部门在录用工作人员时的主动性提高了，可供选择的人才增加了，这将有助于合理配置公共部门人力资源。

（四）增值职能

随着美国学者舒尔茨的人力资本理论得到普遍认同和接受，薪酬的第四种职能逐渐得到体现，那就是人力资本增值职能。增值有两个方面：一方面是可以通过薪酬给公务人员提供发展机会，提高福利和社会地位，从而增加公务人员的人力资本价值和人力资本的生产力与创造力；另一方面是可以通过公务人员自身的价值增值来提高公共部门的行政绩效和社会价值。

四、公共部门薪酬制度的基本原则

薪酬制度是公共部门人力资源管理中的重要制度，关系到公务人员的工作积极性、公务员队伍的稳定和社会公正，受到公共部门和社会的广泛关注，薪酬制度应当坚持以下几项基本原则。

（一）按劳分配原则

按劳分配原则是确定劳动者的劳动报酬、分配个人消费品的主要原则，是维护社会公平和调动劳动者工作积极性的重要保障。按劳分配原则反对平均主义和"大锅饭"，主张体现工作职责、工作能力、工作实绩等方面的差别，保持合理的报酬差距。公共部门薪酬制度的设计应该体现按劳分配原则，这将有助于奖勤罚懒，保护公务人员的工作积极性和创造性，最终提高公共部门的行政绩效。

（二）正常增资原则

国家应该建立公务员工资的正常增长机制，在每年的财政预算中，应保证有必要的经费用于增加公务员的工资和福利。坚持这项原则，首先是由公务人员劳动的特点所决定的，因为公务人员的劳动成果难以货币化，公共部门的产出无法像私人物品一样参与市场交易。因此，公务人员的工资应当随着资历的增加而增加。其次，确立正常增资原则有助于使公务人员的工资增长得到制度保证，从而推进正常增资走向制度化、法制化和规范化。最后，正常增资能够使职务相同而工作年限不同的公务人员的工资有所差别，从而激励公务人员做好本职工作，对职务晋升形成良好心理预期。

（三）平衡比较原则

公共部门的产出与私人部门的产出不具有价格可比性，但是，仍然需要支付给公务人员合理的报酬。因此，公务人员的工资与私人部门人员的工资应保持平衡。国家在确定公务员的工资水平时，应当将企业工资水平作为参照来不断调整公务人员的工资水平，使公务人员的工资水平与企业中相应人员（职务、学历、资历等方面）的工作水平大致持平。当然，平衡比较原则的实现非常困难，操作难度较大，涉及复杂的统计处理问题。这正是公共部门薪酬管理的艺术性所在。

（四）物价补偿原则

物价补偿原则是国家根据物价指数的变动，定期调整公务人员的工资，使公务员的工资提高水平高于或等于物价上涨水平，从而使公务人员的生活水平和实际收入不因物价上涨而下降。在实践中，实行公务员制度的各个国家基本上都采纳了这一原则。这一原则的实施主要有两个原因：

一是公共部门是非生产性部门,它无法像私人部门一样主动地提高产品售价,从而避免因物价上涨而受损;二是公务人员的工资来自财政预算安排,而财政预算安排无法轻易改变。

（五）法律保障原则

公务人员的薪酬应该受法律保障。《公务员法》规定:任何机关不得违反国家规定自行更改公务员工资、福利、保险政策,不得擅自提高或降低公务员的工资、福利、保险待遇,任何机关不得扣减或者拖欠公务员的工资。公务员工资、福利、保险、退休金以及录用、培训、奖惩、辞退等所需经费,应当列入财政预算,予以保障。这样有助于确保公务员的工作责任、义务与权利对等,促使公务人员安心工作,维护公共部门人力资源管理工作的权威性。

公共部门人力资源管理是一项重要的工作任务,具有法制性、强制性和权威性等特点,是公共管理活动的重要组成部分。因此,各个层级、各个领域的公共部门必须坚持上述五项基本原则。同时,我国是一个发展中国家,并且处于体制改革和社会转型期,不同地区、不同行业的公共部门所处行政环境的差异性较大,为了提高公共部门的行政效率,需要因时、因地制宜地执行这些基本原则,发挥这些原则的灵活性和弹性空间。

第二节　公共部门人力资源福利管理

一、福利的含义

福利有广义和狭义之分。从广义上讲,凡是有关改善员工生活质量的公益性事业和所采取的措施都可称为福利。它几乎概括了人们所享受的一切物质待遇,当然也囊括了社会保险、社会救助、社会优抚等内容,几乎成为社会保险的同义语。狭义的福利则专指社会保障体系中除社会保险、社会救济和社会优抚之外改善员工生活质量的各种措施。公职人员的福利,就是指公共部门为改善和提高政府及公营部门员工生活质量,在工资之外给予经济上帮助和生活上照顾的一系列措施。

建立公共部门福利制度,有利于提高公职人员的生活水平,降低公职人员的流动率,提高公共部门的工作效率。福利与社会保险同属于社会保障体系,但存在着根本区别:

（1）目标不同。社会保险的目标在于保障劳动者的基本生活。基本生活是指不超过原有的生活水平,而福利的目标在于使人们的生活水平在原有的基础上进一步提高。

(2)作用性质不同。社会保险一般由国家立法强制实施,而福利则既有法定的,也有组织依据实际情况自主建立和实施的。

(3)享受条件不同。社会保险以权利义务的对等为基本原则,要享受保险待遇,必须具备基本条件;而福利不需要享受者为之付出代价,也就是说,享受福利待遇是无特定条件的。

二、福利的实施原则

近几年,公共部门特别是国有垄断企业的员工福利受到了社会的广泛关注,这从另一个角度说明,公共部门员工的福利设置不是随意的,应当遵守合理的原则。

(1)公职人员的福利水平要与国家的经济发展水平相适应。

公共部门工作人员的福利费用,大多来自财政预算拨款,因此,国家经济发展水平决定着福利水平。另外,不论是以货币形式还是以实物形式,过多的福利支出都会形成对市场的冲击,尤其在通货膨胀较严重的情况下,过高的福利水平会对宏观经济产生破坏作用。

(2)福利要与组织承受能力相适应。

福利虽然是员工普遍受益的事业,但毕竟需要经济投入,因此,福利水平必须与组织的经济承受能力相适应。过高的福利开支,会削减组织其他运转费用的开支,成为组织的包袱,进而影响组织目标的实现。

(3)要正确处理工资与福利的关系。

工资在国民收入分配中占有主导地位,福利只是辅助分配形式。尽管福利具有工资所不具备的某些优越性,但也有与宏观经济管理目标相背离的弊端。比如,过多的福利发放会拉大社会成员的个人收入差距;福利是较典型的隐性收入,现有的税收手段难以对其进行有效追踪检查,工资向福利的转化会导致大量税源流失,影响国家财政收入;适当的公职人员福利具有激励工作动机的正面功能,但福利毕竟属于工资之外的收益,过多的福利发放必然削弱员工的工作动力。因此,必须确保工资在国民收入分配格局中的主体地位,员工福利只能是对工资的必要补充。

三、公共部门的福利管理制度

(一)公共部门福利制度的主要内容

福利制度是指国家和公职人员所在单位为满足公职人员生活方面的

共同需要和特殊需要,在工资之外给予工作和生活上的照顾制度。我国公职人员享受的福利是按照《国家公务员管理条例》的规定执行的,主要包括工时制度、探亲制度、年休假制度、产假制度等。

1. 工时制度

公务员除法定节假日外,每天工作 8 小时,每周工作 40 小时,平常时间安排公职人员延长工作时间,每日不得超过 1 小时,如系特殊原因,则每日不得超过 3 小时,每月不得超过 36 小时。

2. 探亲制度

根据国家的需要,一些公职人员远离亲人工作和生活,因此,实行探亲制度是完全必要的。它解决了部分职工与家属两地分居的实际问题,既可使职工与家人团聚,又有利于控制城市人口过猛增长,缓和城市住房等各项公用设施供应紧张的压力,是一项符合群众利益也对国家有利的制度。为了鼓励职工在边远地区工作,对由内地到新疆、西藏、青海等地工作的职工和本地职工都规定了特殊的更为优惠的探亲和休假待遇。

3. 年休假制度

公职人员连续工作一年以上的,享受带薪年假,根据工作任务、岗位、资历等不同情况,每年可安排不超过两周的休假。各级党政机关、人民团体和事业单位职工休假的具体实施办法,由省、自治区、直辖市和各部门制定。正确实施年休假制度,是保证工作人员身心健康的必要基础,也是保证单位工作任务顺利完成的重要前提,各单位要高度重视,领导干部要带头执行年休假制度,要根据工作任务、岗位性质和工作人员个人的实际情况,合理计划并妥善安排工作人员休假,并做到既要保证单位各项工作的正常运转,又要保证年休假制度的顺利实施。

4. 产假制度

女性公职人员产假为 98 天,其中包括产前休假 15 天。难产者增加 30 天,多胎生育的,每多生一个婴儿,增加 15 天。怀孕不满 4 个月流产,根据医生意见给假 15～30 天,怀孕超过 4 个月以上流产的,可给予 42 天产假。产假期间工资照发。怀孕和分娩期间在本单位医疗机构或单位指定的医疗机构所用的检查费、接生费、手术费、住院费和药费,由所在单位负担。产前检查时间算工作时间。

（二）公共部门传统福利制度存在的问题

现行保险与福利制度是在计划经济体制下逐步建立起来的,其主要特点是:国家统一规定各项保险的标准,各单位根据国家规定负责本单位工作人员各项保险福利的管理,所需经费由国家财政立项实报实销。其存在的主要问题如下。

(1)福利制度社会化程度较低。各单位自己负责工作人员生、老、病、伤、残以及福利等工作,"机关办社会""单位办社会"的问题相当严重。一些本来应该由社会承担的福利,如托儿所、幼儿园、理发室、浴室、车队等,都由国家机关承担,既增加了国家财政的负担,也不利于国家机关工作人员的精简和工作效率的提高,同时也使相当一部分福利设施得不到充分利用。

(2)福利在职工全部劳动报酬中所占比重过大。长期以来,相当一部分劳动报酬如住房、教育、文化设施等,是以非商品的形式无偿提供给职工,不进入工资,形成一种"低工资、多补贴、泛福利"的模式。这与建立社会主义市场经济体制的要求不相称。

(3)福利基金提取和使用存在不合理问题。目前事业单位职工福利基金的提取比例,在单位年度非财政拨款结余的40%以内确定,中央级事业单位职工福利基金的提取比例,由主管部门会同财政部在单位年度非财政拨款结余的40%以内核定。由于所提取的福利经费不足以应付支出,再加上多提一些福利项目既可以方便本单位的工作人员,又可以部分缓解国家公共部门工作人员收入偏低的矛盾。因此,许多单位用计划外经费、行政事业经费的增收节支部分给本单位工作人员发放补贴,甚至巧立名目,滥发补贴和实物等,而目前对这些问题的解决还缺乏有效的办法。其结果是:一方面,冲击国家的财政纪律;另一方面,由于福利分配在工作人员总收入中的比重过大,削弱按劳分配的主导作用,进一步加剧分配的平均主义趋势。此外,由于许多单位在执行福利待遇政策时,几乎是各行其是,常常造成从事相同职务或相似工作但由于所在单位不同而实际待遇相差悬殊,使按劳分配原则遭到破坏。

此外,没有建立基金积累制度,我国现行的养老保险制度是"统账结合"制度,即社会统筹部分与个人账户部分共同组成我国的基本养老保险制度,虽然该制度能够在注重效率的同时又能兼顾公平、减少管理成本和风险,但由于没有形成积累,养老金收不抵支的部分将逐年减少甚至消除,随着人口老龄化的加速和退休人员的不断增加,财政负担将越来越重。据预测,到2030年,全国退休人员将相当于在职人员的40%,若按过去现收现付的办法,养老费用将相当于工资总额的50%。

(4)福利制度的某些规定不够合理、不够完善。很多福利制度在管理上不科学,缺乏有效的约束监督机制,导致经费增长过快,浪费现象严重。比如,对国家公共部门工作人员实行的公费医疗制度,由于制度本身的一些漏洞和管理不善出现了一些较为严重的问题,如"小病大养""一人生病,全家吃药"等,造成药品和医疗费用的浪费,同时还败坏了社会风气。

第三节　我国公共部门的行为规范与权益保障

一、我国公共部门人力资源行为规范的主要内容

(一)行政纪律

1. 行政纪律的定义

所谓行政纪律,是指行政组织为了维护公共利益和组织整体利益而制定的一种要求行政人员在行政管理活动甚至个人生活中必须遵守的行政准则和行为规范。行政纪律分为广义和狭义两种。狭义的行政纪律主要指政府中的纪律,广义的行政纪律则包括一切组织中由行政机构所制定并要求其成员遵守的服务于行政管理需要的纪律。这里所讨论的行政纪律指的是狭义上的行政纪律。

对于行政纪律的概念,可以从以下三个方面来理解:

(1)从行政纪律的目的来看,它是政府为维护公共利益的需要而制定并专门用于约束和限制行政人员的行政行为的规范。在这里,行政纪律可以视为是行政行为的边界和框架,它要求行政人员围绕这个框架开展行政管理活动,不得逾越行政纪律所规定的界限。这样,行政行为就会成为行政组织整体行动的一个组成部分,成为实现行政目标的积极行为。

(2)从行政纪律的内容上看,它与行政管理的各个方面的要求是一致的。行政管理是一种专门化、职业化的社会活动,与其他形式的管理活动相比,有着很多差异,这就使得行政纪律本身也有了很多特殊的内容。行政纪律是一个抽象概念,其具体内容因行政管理活动的具体情况而各有不同。

(3)从行政纪律的性质上来看,它是一种带有强制性的行为规范。行政纪律一般以成文的、规章性的形式出现,具体规定了行政人员与行政组

织之间的权利义务关系。行政纪律的这一特性与法律规范较为接近。行政人员违反行政纪律所受到的惩罚属于行政性制裁。从力度上和行为底线要求上看,行政纪律的强制性色彩都较为严厉。

2.行政纪律的生成和运行机制

(1)行政纪律的生成机制。

行政纪律的生成和运行机制是指对应行政人员行政管理活动的特殊要求来制定行政纪律并使其发挥作用的过程。在行政纪律的生成和运行机制中,包含着对行政人员及其行为进行行政纪律规范的全部内容,具体特征表现为:凭借行政强制手段,通过对违规行为实施监督、检查和审议,查明违规行为的性质,为违规行为的处理提供裁量的标准,并由行政组织和监察部门对违规者进行相应的行政处理。其目的在于使违规的行政人员对违规行为承担相应后果,或者说使违规行为成为成本高于收益的不经济行为,从而制止或减少行政人员违规行为的发生。总之,行政纪律生成和运行机制的功能就是解决以行政条例、规章等形式出现的伦理道德禁令如何监督、规范行政人员行为的问题。

行政纪律的生成机制包括三个基本环节:第一,揭示社会背景、行政机构的目标要求;第二,使行政机构的目标转化为行政纪律;第三,保证行政纪律与行政目标相一致。对这三个基本环节的理解可以从以下两个方面入手:

第一,一定时期的社会伦理道德的基本原则、观念,为行政纪律的形成规定了思想内涵。行政纪律是国家行政行为为了维护公共利益以及其整体利益而制定的,它规定了各级政府及其行政人员在公务活动中必须遵守的行为规范。从社会属性的角度来讲,行政纪律兼有行为规范与行政管理制度的双重特性,其内容必然反映了社会意识形态的基本原则与要求。不同国家,在不同社会的经济文化基础上必然会产生不同的行政道德内容,从而导致不同的行政纪律要求。

第二,制度环境为行政伦理原则的纪律化提供了物质基础。行政伦理原则要想切实地产生社会调节作用,必须依赖于一定的物质基础,这就是包括国体、政体在内的制度环境。制度环境反映了统治阶级的根本利益,也反映了行政伦理原则的基本内容,并为这些原则的纪律化提供了国家强制力的保障。只有将行政伦理原则物化为行政纪律,行政伦理原则的基本目标才有实现的可能。因而,这一环节也成为行政纪律生成机制的一项重要内容。

（2）行政纪律的运行机制。

行政纪律的运行机制揭示了各种社会权力之间的相互关系和作用。世界上任何一个国家，在总体目标的前提下，各种社会权力主体都有着各自的利益追求。而各种权力主体之间利益的相互消长所构成的权力关系便成为行政纪律运行的根基。

以美国为例，多元化的社会权力关系决定了美国行政纪律的运行机制必然存在多元化的特点。除了三权分立的体制外，在美国还存在着众多参与公共管理或监督公共权力运行的非营利性的民间组织和社会团体。在美国社会意识中，民众不仅仅是行政系统输出方面的被动接受者，更是输入与输出两方面的积极参与者。如设在华盛顿的"公务员政策中心"的民间组织，通过对行政官员不良行为的分析，提出有关道德对策，征集公众签名，要求议会讨论，以及召开听证会等，以此来影响政府行为。这些组织的共同特点是：它们都是一些非营利的民间组织，它们的活动经费或是由商业界赞助或是由慈善组织提供或是依靠会员赞助等，均拒绝政府出资，因而工作独立性较强。尽管工作侧重点各有不同，但其宗旨都是促进行政官员廉政勤政，保证政府行为和行政纪律的运行符合民众的根本利益。

3. 行政纪律的基本特征

（1）具体性和灵活性。

行政纪律属于组织行为规范，从属于行政组织目标实现的需要。行政组织的基本目标是服务于国家和社会公共事务管理，但是，这一基本目标在不同的部门、不同的领域中会有具体的、内容不尽相同的表现。随着社会的发展，在不同历史时期，行政组织也会将其基本目标重心放在不同的社会生活层面。可以说，行政组织的基本目标也会按阶段被分解为不同的具体目标，不同阶段会有着特定的目标。由于行政目标的不同，从属于行政目标实施需要的行政纪律也会有所不同。对于一些政府部门来说必不可少的行政纪律，对另一些政府部门来说或许可有可无；在一些政府部门中要求行政人员必须遵守的行政纪律，在另一些部门中就可能只作为行政人员行为标准的原则性建议。行政组织在自身发展过程中对各种规范所进行的变更往往首先体现在行政纪律的变更上。当然，任何一个政府的行政纪律当中都会始终保留一些最基本的规范性内容，但大多数具体性的行政纪律规范会随着行政组织的发展而及时修订，以不断适应各个阶段行政目标的变化。

（2）强制性。

行政纪律规范一旦以成文规章的形式确定下来，其性质便上升到政府的行政管理制度的层面，是作为行政管理制度的一部分而存在的行为规范。与其他社会组织的纪律和一般性社会团体的章程不同，政府中的行政纪律规定由行政权力的强制力提供实施保证。虽然一切组织中的纪律都具有强制性的特征，但行政纪律的强制性特征尤其突出。其他社会组织和私人组织纪律的强制性都不可能超越法律所规定的国家强制力，只能通过限制组织成员，使其行为不经济来证明纪律自身的强制性特征，而行政纪律的强制性则直接来源于法律的支持，根源于行政权力自身的强制性，在对成员课以处罚的过程中有着相当大的行政自主权，因而能够在维护行政法律的过程中表现出相当大的强制性而不必受到法律的追究。而如果私人组织或其他社会组织实施超越法律的强制力的话，其成员就有权利向司法机关提出诉讼请求，申请保护个人法定人身财产权利不受侵害，相应地，实施不法侵害组织也会受到法律的追究。

（3）公共性。

公共部门的公共行政管理活动属于公众的公共行政而非少数人的私人行政。"公共性"理所当然是公共行政活动的根本属性。公共行政的这一性质反映在行政纪律之中，便使行政纪律也成为了公共行政公共性的制度保障。行政纪律在对行政人员的行为加以规范和约束的同时，恰恰也在使行政人员的行为合乎公共行政的性质和目标，要求行政人员围绕维护和促进公共利益的目标进行行政行为的选择。行政纪律的公共性特征也反映在行政纪律的适用范围上，即行政纪律只对行政人员的公务活动行为进行规范和约束，而其他社会组织、团体及私人组织中的成员都不受行政纪律的约束。同时，行政纪律也仅对行政人员的行政行为具有约束力，行政人员公务活动以外的私人行为一般也不受行政纪律的约束。

（4）社会性。

行政纪律的社会性特征主要表现是它所造成的社会影响。事实上，一切组织的存在都需要得到社会的认同，或者说，一切组织都把社会认同感作为其存在的合法性来源。因此，一切组织中的纪律都具有社会影响力，区别仅在于有的组织更注重组织纪律的直接的社会影响，而有的组织则更关注纪律对于维护组织内部秩序的意义。对于行政组织即政府而言，既要考虑行政纪律对社会所产生的影响，又要关注行政纪律在维护自身组织秩序过程中所发挥的作用。这不仅仅是因为政府的社会形象和内部秩序同等重要，还因为这两方面的内容彼此促进、相互影响。这也是政府这一行政组织不同于一切其他类型的组织的性质所决定的。

4.行政纪律的作用

行政纪律通过成文规范的形式,明确行政人员应当遵守的行为准则,并采取强制手段保障这些准则的正确实施,这对于维护行政组织的工作秩序和行政效率,提高行政人员遵纪守法的自觉性具有重要作用。行政纪律的主要作用体现在以下几个方面:

(1)有利于形成一支优化、廉洁、稳定、高效的国家公务人员队伍。从人的本性上看,行政人员作为生活在现实社会中的人,其本性都不可能是尽善尽美的。这种不完善往往会使行政人员难以抵御权力和金钱的巨大诱惑。在"以权谋私"等行为无须付出任何实质性代价的情况下,此类道德失范就有可能泛滥成灾,进而影响整个政府机体的正常运转。实现行政人员队伍的优化、廉洁、稳定和高效,必须加强以伦理道德要求为核心的行政纪律建设,使伦理道德要求制度化、纪律化,从而对行政人员的行为发挥普遍的、有效的约束作用。行政纪律建设有利于明确行政人员日常公务活动中应当遵守的行为规范,使廉政建设和反腐斗争"有法可依",从而促进行政人员严于律己、奉公守法,自觉遵守职业规范和职业道德,进而保证行政人员队伍的纯洁和稳定。

(2)有利于实现行政人员管理的规范化。从伦理道德规范被人们接受的规律来看,人们接受并主动履行道德规范的要求都有一个从"他律"到"自律"的过程。这一规律对于行政人员来说也不例外。虽然行政人员在担任公职之前都经过一定的伦理道德标准选拔,具备一定的伦理道德基础,但这并不意味着他们能够掌握并自觉接受这些伦理道德规范的要求,更不意味着他们在各种各样的利益驱动面前能够恪守操守。伦理道德的内容要求要想在行政人员身上实现由"他律"向"自律"的转化,就必然要经过行政纪律发挥作用的阶段。从行政人员的职业行为来看,其最大特点就是与行政权力紧密相关。从一定意义上甚至可以说,行政人员的职业行为就是行使行政权力的行为。因而,行政道德的核心内容也就是权力道德,行政道德对行政管理的职业行为的约束,最主要、最关键的也就是对行政权力的约束。然而,仅仅依靠道德力量对行政权力进行约束显然是远远不够的,必须借助于"物化"了的力量即强制力来进行约束,即行政纪律的力量。

(3)行政纪律是精神文明建设的重要组成部分,有利于促进和推动社会主义精神文明建设的不断深化。这主要体现在以下几个方面:首先,行政纪律建设是整个社会主义精神文明建设的重要组成部分。其次,行政人员队伍的纪律化建设是精神文明建设的基础。最后,行政纪律建设有利于促进和推动公共组织中的精神文明建设。

（二）行政伦理

1. 行政伦理的概念界定

所谓公共行政伦理，就是伦理在公共行政关系、公共行政活动中的功能与作用的体现。对于当代中国来说，就是指执政的中国共产党、国家机构和国家公务员在公共行政领域，在实践立党为公、执政为民，在坚持科学执政、民主执政、依法执政，在履行经济调节、市场监管、社会管理、公共服务等职能的过程中，所形成的一种应然关系（即"应该如何做"）与调节。行政伦理不仅属于精神文明范畴，而且是政治文明的重要组成部分。公共行政伦理在本质上是政治伦理。

行政伦理包括两个方面的内容：一是政治体制与政府体制及运行机制中包含的伦理内涵；二是国家公务员个体的伦理状况。这表明，公共行政伦理没有只属于自己的独特的领域，它渗透在政治、行政、公共行政与政府活动的方方面面，体现在诸如行政体制、行政领导、行政决策、行政监督、行政效率、行政素质等所有行政活动之中。这当然不是说公共行政伦理没有自己的独立体系。相反，经过数千年行政历史的陶冶和现实社会公共行政实践的历练，行政伦理已经成为公共部门人力资源行为规范的一个重要方面。

2. 行政伦理观

（1）行政伦理观的定义。树立正确的行政伦理观，是国家公务员在加强行为规范建设中首先需要认真解决的基本问题，也是树立和落实科学发展观，构建社会主义和谐社会的前提。行政伦理观在根本价值层面上影响或指导着公共行政主体的行政行为。具体地说，行政伦理观就是指公共行政主体（主要是国家公务员）在公共行政领域中关于行政伦理之价值追求的总体观念，是其公共行政生活的伦理实践与行政伦理观念的凝结与升华，并具体表现为执政党、国家机构和国家公务员的行政伦理活动现象、行政伦理意识现象与行政伦理规范现象。行政伦理观作为一种特定的价值观就在公共行政实践中具有重要的价值导向作用。

（2）行政伦理观与公务员的权力观和利益观。从行政伦理观对公务员的行为规范影响来看，作为一种特定的价值观，行政伦理观与权力观、利益观有着密不可分的关系。也正是在这个意义上，我们强调行政伦理的基本问题就是权力与利益的关系问题，所以，确立正确的行政伦理观、价值观的前提是必须树立正确的权力观和利益观。

①树立正确的权力观。《中华人民共和国宪法》明确规定："中华人民共和国的一切权力属于人民。"国家的人民民主专政性质决定了国家公务员是人民的"公仆"，代表"最广大人民的根本利益"，行使人民所赋予的权力，行政行为的目的是为人民服务，实现好、维护好和发展好最广大人民群众的根本利益。因此，树立正确的权力观，国家公务员必须正确认识自身所行使的公共权力的根本性质，只有把这个问题真正搞明白了，才能正确地看待和运用手中的公共权力。第一，我们党在革命战争时期是代表人民并领导人民去夺取政权的，革命胜利以后则要代表并领导人民掌握和行使好国家的各项公共权力。第二，我国是社会主义国家，人民是国家的主人，国家的一切权力都来自于人民。从主权在民理论来看，国家公务员所行使的公共权力说到底都是人民赋予的。第三，国家公务员必须运用人民赋予的权力为国家的安全、发展和富强服务，为人民群众的团结、富裕和安宁服务。也就是说，公共权力必须始终用来为国家和人民谋利益，而绝不能把公共权力变成谋取个人或少数人私利的工具。第四，一代一代的国家公务员都必须始终信守为人民掌握和行使权力的正确原则，同时始终要自觉地接受党和人民群众监督自己对公共权力的行使。

②树立正确的利益观。行政伦理的基本问题是权力与利益的关系问题。行政伦理观的基本内涵不仅要求树立正确的权力观，而且要求树立正确的利益观。对于国家机构和公务员来说，树立正确的利益观，就是党和国家的路线、纲领、方针、政策和各项工作，必须始终坚持把人民的根本利益作为出发点和归宿，充分发挥人民群众的积极性、主动性和创造性，在社会不断发展进步的基础上，使人民群众不断获得切实的经济、政治、文化利益。

3. 行政伦理观的价值要素

（1）行政伦理的价值基础：廉政。

廉政是公共行政伦理关系的反映和要求，是公共行政伦理观的基本内容。实际上，廉政的理念是马克思主义国家学说的基本内容之一，也是社会主义行政伦理观的基本内涵。恩格斯在 1891 年为马克思的《法兰西内战》单行本所撰写的"导言"中曾分析说，国家和国家机关由社会公仆变为社会主人的现象，在至今所有的国家中都是不可避免的。巴黎公社"为了防止国家和国家机关由社会公仆变成社会的主人"，采取了两个正确的办法：第一，它把行政、司法和国民教育的一切职位都交给由普选选出的人担任，而且规定选举者可以随时撤换被选举者；第二，它对所有公职人员不论职位高低，都只付给与其他工人相同的工资。这样，即使公社没有另外给各代议机构的代表规定限权委托书,也能可靠地防止公职人员去追求升官发财。从广义上讲,"廉政"不仅包括反对腐败之义,而且包括政府机构的精简、廉价,权力运作的民主与公正,形象的说法就是"当好社会的公仆"。而且,在"廉政"的基础上,无产阶级的新型国家和国家机关还要提出"勤政"的目标,而最为关键的就是要防止国家和国家机关由社会公仆变为社会主人。

(2)行政伦理的价值核心:勤政。

在公共行政管理领域和行政伦理观中,"廉政"是价值基础,但不是核心内涵;行政伦理观的价值核心是"勤政",即要在"廉政"的基础上再向前进,做到"勤政为民"。勤政有着多方面、多层次的内涵。其中最主要的就是要大力提倡和培养国家公务员的公共职业精神。所谓职业精神,就是与人们的职业活动紧密联系的、具有自身职业特征的精神。职业精神具有以下一般特征:其一,在内容方面,职业精神总是要鲜明地表达职业根本利益,以及职业责任、职业行为上的精神要求。其二,在表达形式方面,职业精神比较具体、灵活、多样。因而,它不仅提出了原则性的要求,而且力求具体、有可操作性,诸如企业精神、职业誓词等。其三,在调节范围上,职业精神主要调整两方面的关系,一是同一职业人们的内部关系,二是他们同所接触的对象之间的关系。其四,在功效上,职业精神一方面使社会的精神原则"职业化";另一方面又使个人精神"成熟化"。职业精神与职业生活相结合,具有较强的稳定性和连续性,形成具有导向性的职业心理和职业习惯,以致在很大程度上改善着从业者在学校和家庭生活中所形成的品行,影响主体的精神风貌。

4. 行政伦理规范

(1)行政伦理规范的界定。

行政伦理规范,即执政党、国家机构和国家公务员的行政行为规范,是执政党、国家机构和国家公务员必须统一遵守的、在一定伦理标准指导下的行为方式和行动准则。行政伦理规范对公共行政行为作了具体的规定与限制,制定了统一标准,以衡量执政党、国家机构和国家公务员的行政行为是否符合行政伦理观的要求。

对于行政伦理规范,可以从两方面来理解其内涵:

从广义上讲,行政伦理规范是指执政的中国共产党、国家机构和国家公务员在公共行政领域,在履行经济调节、市场监管、社会管理和公共服务等职能过程中所形成的体现应然关系的伦理规范;行政主体必须遵循的从政指导思想和执行公务时必须遵循的基本准则,是党和国家为公务员规定的活动原则、工作程序、办事规则、言行标准和行政纪律等,通常包括组织纪律观念、思想作风以及职业规范等。这些准则,既是公务员进行职业行为选择的价值依据,也是对国家公务员职业行为进行评价的标准。国家公务员无论官职大小、地位高低,都要认真对待、严格遵守。

从狭义上讲,行政伦理规范是国家公务员的行政伦理规范,是指国家公务员在执行公务活动中应当遵循的行为规范和伦理要求,也就是说,行政伦理规范在本质上是一种伦理要求,它是行政伦理对公务员的引导,它从正面鼓励"正当"的行为,从反面约束"不正当"的行为,以实现行政伦理对行政主体的精神和活动的影响。行政伦理规范体现着公务员对行政伦理关系的自觉认识和自觉规范,体现着公务员的主体性和创造性;同时,公共部门人力资源行为规范行政伦理规范一经形成,就对公务员的行为具有客观的约束性,是具有普遍性的行为规范对公务员任意行为的理性制约。

(2)行政伦理规范的特点。

作为一种伦理行为规范,除了具有一般伦理行为规范的特点之外,行政伦理规范还有其自身的基本特点。

①强烈的政治性。行政伦理不仅属于精神文明的范畴,而且是政治文明范畴的重要组成部分,在本质上是政治伦理。具体说来,行政伦理规范的政治性特点表现为:第一,国家公务员的专门职业就是行政,行政就是执行国家的意志;第二,国家公务员的职业行为,直接关系到国家的兴亡,其政治性是很强的;第三,行政伦理规范是公务员制度的重要组成部分,其目的是保证公务员准确无误地执行国家的意志。

②必要的强制性。行政伦理是行政他律与行政自律的统一,因此,必要的强制性成为其基本特点。必要的强制性是指行政伦理规范包括一些非常严格的要求,不管国家公务员个人的意愿和能力如何,都必须坚决遵守和履行,否则就会受到必要的处罚和制裁。行政伦理规范具有必要的强制性的特点主要基于以下的原因:首先,这是由国家公务员所从事的公共行政的职业社会性质和社会地位决定的;其次,这是由公共行政职业的实际情况决定的;最后,这是由公务员对规范遵从的规律决定的。

③广泛的示范性。国家公务员所从事的职业,使国家公务员成为了既是群体利益的集中代表者和维护者,又是公共意志的体现者和执行者;既是社会生活的组织者和领导者,又是公共关系的协调者和设计者。国家公务员的职业特点,使国家公务员成为国家和各级政府形象的主要象征,使国家公务员的行为较从事其他职业的个体行为而言,具有很强的示范性,往往对社会产生全局性和方向性的重要影响。

（三）行政责任

1. 行政责任的含义

行政责任是构建公共部门人力资源行为规范的关键概念。弗雷德里克·莫舍曾经指出："在公共行政和私人部门行政的所有词汇中，责任一词是最为重要的。"正如莫舍所界定的，这一概念的两个主要方面就是：主观责任和客观责任。客观责任与从外部强加的可能事物相关；而主观责任则与我们自己认为应该为之负责的事物相关。这两种责任不应被视为真实与虚假的区别；主观责任是作为对我们的信仰、个人与职业价值观以及性格特征的一种表达，和更为明确的客观责任的表达一样具有真实性。这些概念是理解行政责任的关注点。下面我们将分别进行阐述。

（1）客观责任。这里讨论的客观责任的具体形式有两个方面：职责和应尽的义务。所有的客观责任都包括对某人或某集体负责，也包括对某一任务、下属员工和实现某一目标负责。前者是职责而后者是义务。职责和义务，对某人负责和为某事负责，都是客观行政责任的两个方面。从相对重要性来看，义务更为根本；职责是确保义务在等级制度结构中得以实现的手段。职责包含上下级关系以及自上而下地行使权威以确保实现既定的目标。如果把客观责任的这两个方面放在公共行政角色的组织和政治背景中加以解释，就可以澄清公共政策运行过程中关键人物之间的责任关系。这些客观责任将越来越少地取决于综合的职责关系，而越来越多地取决于基础的义务关系。

首先，公共行政人员最为直接地对其上级负责，贯彻上级的指示或相互之间业已达成一致的目标任务，同时也要为他们自己的下属行为负责。无论这些指示是来自于等级森严的管理体系还是来自于由协作完成的决策过程，他们都必须能够解释自己的行为，并将时间和财富的分配与工作计划和组织目标统一起来。这是直接的责任关系，它包括一个常规的报告过程。客观责任也要求对下属的行为负责，这是韦伯的官僚机制的理性形态理论的基本观点。上级必须指示自己的下级行事，给他们提供完成工作所需要的资金，为了职责分配和执行监督适当地授权给下级。反过来，他们也为自己的下级如何使用所提供的资金和如何实施所授予的权力去完成任务而负责。下级受命遵照上级的任何超出自由裁量权规定范围的决定，这样上级才能保留最终责任。

其次，公共行政人员对民选官员负责，把他们的意志当作公共政策的具体表现来贯彻和执行。这些公共政策大部分是为立法活动而采取的，个别的是为行政命令而采取的。行政人员必须能够说明其行为以及对资金的使用与法律的意图和行政命令的意图相一致。这种法律责任关系不像第一种关系(即直接对上级的关系)那样简单和直接,因为它包括不定期的报告,但它是更为基本的义务。正如公共政策是组织任务和使命的基础一样,公共行政人员对制定政策者的义务超过了对组织上级的义务。

最后,公共行政人员要对公民负责,洞察、理解和权衡公民的喜好、需求和其他利益。行政人员可以通过在现存法律框架内改变计划和政策,或通过向民选官员建议新的立法等方式对公民的上述要求做出回应。行政人员必须能够向公民解释,其行为是符合公民的意志或者符合广大公众的利益的。这是最不直接的职责关系,因为它只有对行为和成绩的不定期的报告。然而,它是最根本的义务关系,因为公民是主权者,公共行政人员是他们的受托人。在民主社会的架构下,与民选官员一起分担代表和受托职能意味着行政人员也要与民选官员分担这种义务关系。对于这两个团体来说,这正是造成他们角色模糊和冲突的主要原因所在。

(2)主观责任。外部强加的义务只是责任的一个方面,与此并列的是我们自己的情感和信仰的责任——主观责任。客观责任来源于法律、组织机构、社会对行政人员的角色期待,主观责任根植于我们自己对忠诚、良知、认同的信仰。履行行政管理角色过程中的主观责任是职业道德的反映,该职业道德是通过个人的经历而建立起来的。信仰、价值观和禀性这样一些内部力量驱使我们以特定的方式做出一定的行为。

关于对某人或某事负责的情感和信仰是在社会化过程中产生的。它们是价值观、态度和信念的表现,而这些价值观、态度和信念是我们从家庭、公立学校、宗教派别、朋友、职业训练和组织活动中获得的。价值观是我们应该拥有的一种信仰类型,它比其他的信仰更为基础,它是我们的信仰系统中的核心,因此也是我们的"态度"。价值观就是关于我们该如何去做的信念,也是关于我们想要的某种最终的生存状态的信念。从层次上来说,价值观是最核心的部分,信念是中间层次的部分,而态度则是外化的一些表现。这表明了价值观与一个人所拥有的更为具体的信念、态度之间的基本关系,也表示了态度是概括地包含了价值观和信念。

价值观对于主观责任的构建有着巨大的影响。由价值观引发的主观责任并不仅仅是情感的表达。它们由三种成分构成:认知过程、情感过程和行为过程,这三者都影响着我们的生活方式。价值观不仅仅产生于我们的认识和环境之间的相互作用过程之中,而且,反过来,价值观也在我们与环境的相互作用过程中塑造了我们的认识能力。价值观还引发了我们对于认识到的事物产生积极的或消极的情感反应,这些反应都与信仰相关。

这种对于自然和社会的认识和情感反应造成了禀性的产生，正是我们内心的禀性使我们以某种特定的方式做出一定的行为。换言之，我们信仰什么和我们对这些信仰有什么感觉，都影响了我们的性格形成；反过来，这些性格塑造了我们的行为方式。价值观控制了人类行为，它是指导人类行为的准则或标准尺度。

主观责任就来源于这些基本的、坚定的，我们称之为价值观的信仰当中，这些价值观或多或少会被详细阐述为原则。这些原则将价值观和广泛的行为标准联系在一起了。当我们面对问题和事件时，与其相关的价值观和原则使我们产生了这样的情感和禀性，即以特定的方式行事或寻求实现特定的目标。

如果将公共部门人员角色化，将其概括成一系列的义务和利益，那么这个角色的执行就有两个组成部分：客观成分和主观成分。客观成分由那些外部的义务组成，从客观责任的角度来看，它们给公共部门人员这一角色提供结构、稳定性、墨守成规和连续性，这些都接近于公民的意志。主观成分由子系统的价值观和原则构成，这些都是在我们对那些客观义务和公民的期待做出回应的过程中建构起来的。当我们承担了一套价值观和原则，来引导我们具体地、有个性地、独特地对那些总的客观性角色定义做出回应。换句话说，我们所建构的一套主观责任是那些从外部强加的客观责任的对应物。它是我们将自己的需要和习性与角色的要求融合在一起的一种方式。角色使我们有必要内部产生一种价值观子系统，这是使客观责任的履行与我们自己的内心禀性相一致的一种伦理准则。

这种内部伦理准则可能是也可能不是由业界共识的公共行政人员责任形成的。有时候，当行政人员还没有被职业性团体社会化时，来自于其他角色的个人习性价值观就是主观责任的唯一来源，没有可识别的公共服务伦理准则引导行政人员的行为。在这种情况下，履行公众行政人员角色是建立在个人价值观基础之上的，而这些个人价值观可能与公众期待的相一致也可能不相一致。不一致的情况只有在行政人员的一些明显的行为被上级、其他行政人员发现，或者与公共服务准则发生冲突时，才会被揭穿。

主观责任不仅仅是人类活动的一个不可避免的方面，它从我们的社会化过程和其他角色中产生出来，而且它的思想和体系的发展对于以连续的、理性的和独立的方式履行客观责任都是必可不少的。连续性和内部控制力量能够使行政人员以一种相对可预测的方式形成自由裁量权，公众也因此对行政人员产生信任感。

2. 行政责任的内容

(1)行政组织责任。

行政组织责任是行政机关应负的基本职责。在中国,行政组织责任包括两个方面,一是行政机关的本体责任,二是行政的结构责任。本体责任是指政府所应承担的责任。第一,从责任来源看,行政的本体责任来源于行政权力本体,即行政权力的授予者,也就是国家权力机关,所以,政府机关本体要对权力主体负责。在中国,全国人民代表大会是国家最高权力机关,政府要对它负责并受它监督。第二,从责任本身所具有的内涵看,政府必须做好授权者所赋予的任务并对没有做好分内之事承担后果,这就是政府行使行政权,履行公务的责任。上述责任就是人们通常所说的政治责任。结构责任是指政府内部组织结构所应承担的责任,它是政府内部各级行政机关的责任及相互关系的总和。第一,从纵向结构关系看,下级政府机关或部门应对上级政府机关和本级政府负责,这是行政权力来源决定的必然结果。第二,从横向结构来说,同级行政机关要承担相互配合与合作的责任,它们共同承担行政责任,其区别只在于责任的角度不同。不管横向的责任关系还是纵向的责任关系,其总和即构成了政府内部组织结构的结构责任。在行政组织责任中,政府的本体责任及其结构责任都是对行政组织而言的,它不针对具体的政府工作人员,故名行政组织责任。行政组织责任制是中国行政责任的基础。

(2)行政法律责任。

行政法律责任是行政主体违反行政法律义务构成行政违法而应当依法承担的否定性的法律后果,它是对行政主体违反行政法律义务所应承担的责任的确认和追究,它包括行政主体、行政法律责任的确认和行政法律责任的追究,即承担方式三方面的内容。中国行政法律责任的范围包括:第一,行政机关的行政法律责任。行政机关应该依照法定授权,履行行政管理职责。行政机关的行政法律责任包括行政立法责任、行政执法责任和行政司法责任等。第二,公务员的行政法律责任。公务员是依法履行公职的人,与他们的职位相对应,承担着法定的权利和义务。公务员在执行公务过程中,必须谨慎行使法定权利,认真履行法定义务,一旦滥用职权或违反职责,就必须承担法定的个人责任。行政法律责任是带有强制性的约束行政权的制度,它对规范行政行为的价值取向、监督政府及公务员在合法与合理的范围内行使行政权有很大作用。所以,行政法律责任是行政责任的核心。

（3）行政首长责任。

行政首长责任是一种领导责任，在我国体现为行政首长负责制。《中华人民共和国宪法》第八十六条和第一百零五条对行政首长负责制作了专门规定。行政首长负责制就是对行政领导者职务、责任和权力进行充分认定以便进行有效管理的一种制度，包括规定行政首长的职责、职权行使的依据与方法等内容。它既是一种行政领导体制，又是一种行政责任制。所有的行政责任制度都需要行政首长去领导实施，所以，行政首长负责制是行政责任制的灵魂。从形式上看，行政首长既要承担政府的责任，又要承担职务与职权所带来的责任和义务；从性质上看，行政首长既要承担法律责任，又要承担一般行政责任。将行政首长负责制与行政责任制的其他形式相比，它是其他形式的行政责任制生存与运转的前提。

（4）行政岗位责任。

行政岗位责任是在中国行政改革中产生的，它是规定政府机关中所有工作岗位的职、权、责、利关系的行政管理制度，其核心内容是要求在日常工作中确立起科学而合理的职、权、责、利关系，保证这些关系在行政管理实践中得到贯彻落实。行政岗位责任是行政工作责任的重要内容和主要形式，它与行政组织责任相关，是一个问题的两个方面。行政组织责任是对政府机构而言的，它调整各级人民政府及其内部机构的职、责、权、利关系，其核心是解决各级政府机关上下左右之间的工作关系，因此，它也叫行政机关责任。行政岗位责任是调整政府机关所有工作岗位的职、责、权、利关系，它揭示的是政府机关中各个职位自身的特殊要求，并试图整合各职位相互之间的工作关系。由于行政管理实践的复杂性，行政岗位责任有五种具体形式，分别是决策型岗位责任、智囊型岗位责任、管理型岗位责任、经济型岗位责任、执行型岗位责任。

3. 行政责任的功能

行政责任是国家政治制度的组成部分，是规范政府及公务员行政行为的重要制度，是防止行政过错的主要措施与方法，所以，行政责任在国家政治管理中具有重要作用。

（1）指导功能。

行政责任是宪法所规定的一种政治法律制度，它是立法、行政、司法三权分离的历史产物，所以，行政责任是政治制度的重要组成部分。政治制度是在特定社会中，统治阶级通过组织政权以实现其政治统治的原则和方式的总和。政治制度包括三个方面的内容：一是国体与政体；二是国家结构形式；三是具体的各项政治制度，包括立法制度、行政制度、司法制度、政党制度、选举制度、人大制度和公务员制度等。政治制度的核心价值是正义,政治制度的实质是对人民高度负责。政治制度以明示的方式规定了政治原则、政治责任以及违背原则的行为后果。政治制度是由一个国家的宪法规定的,我国宪法从原则上规定了我国各级政府中公务员的行政责任,它是政治民主和依法治国的体现。特别是自《中华人民共和国行政诉讼法》和《中华人民共和国国家赔偿法》颁布以来,对政府责任、公务员责任、国家赔偿、追究行政责任的法律主管部门和行政主管部门及其职权等行政责任进行规范,制度更加明确。这些规定从政治制度和法律制度的层面明确了政府及公务员的各种责任,对政府管理和公务员履行职责具有指导作用,指导功能是一种政治制度的明示功能,它以制度规定的方式明示政府及公务员违背制度规定时必须承担的政治、经济和法律责任及后果,所以,这种指导功能体现了政治-行政制度的指引与导向功能。

（2）规范功能。

规范功能在于通过行政责任规定来先行控制公务员的行政行为,使之符合政治及行政规范所设定的行为模式。在公共管理中,行政责任的规范功能包括:第一,规范的功能可以使公务员按照政治及法律规范授予的权力去履行行政管理职责,没有这种法律规范,也就没有公务员的相应行为。所以其功能在于组织人们依照规范的授权去活动,即法无授权即禁止,依法行政。第二,行政责任作为一种规范,是人民及国家对公务员及其行政行为的集体期望和预期,它能够因果性地规定公务员的外在行为,而且也能影响公务员的内在认同,它可以内化为公务员对可依赖性的集体预期的回应,集体认同的深度和广度则主要取决于规范内化的程度。因此,行政责任作为一种规范可以塑造公务员的行为模式。行政责任不仅可以使公务员在思想上树立公民至上的政治价值观,也可以将这一价值观内化到行为上,在实践中更好地为人民服务,实现行政管理的宗旨。将政治与行政规范内化,使遵循规章制度成为生存需要和自身发展的一部分,从而在社会互动中重新塑造自我身份和集体认同,使政府及公务员扮演好公共服务者的角色。

（3）预防功能。

行政责任是一种制度化的和预期性的规定。作为制度规定,行政责任给公务员提供行为准则,作为预期性规定,行政责任告知公务员什么可为、什么不可为及其后果。因此,在政府及公务员从事职务行为时就事先知道哪些行为可以作为、哪些行为不可以作为,以及可以作为的行为不作为、不可以作为的行为作为而导致的各种后果。政府及公务员的工作具有公共性的特点,政府行为是公开的、透明的,一旦政府及公务员有不当行为,触犯了行政责任规定,就会对集体和个人名誉造成损害,还会影响到公务员的个人升迁,所以,行政责任可以在行为上和心理上使公务员工作更加谨慎,同时预防公务员在工作中犯错误。

(4)纠错功能。

行政责任是通过制度和法律的形式向社会公开的,所以,它就为社会监督政府及公务员行为,以及纠正政府及公务员的错误提供了依据。第一,社会可以通过舆论监督来纠正政府及公务员的过错。第二,公民可以通过民主监督来纠正政府及公务员的过错。第三,政府可以通过管理途径对未尽责公务员进行行政处分或行政处罚来纠正政府及公务员的过错。第四,司法机关可以追究法律责任的方式来纠正政府及公务员的过错。第五,通过人民代表大会追究公务员的政治责任。

二、公共部门人力资源行为规范的实施

以上关于行政纪律、行政伦理、行政责任的论述,介绍了国家公务员行为规范的主要来源及内容,公务员在履行公职时也认同了已经存在的这些办事规矩。为了确保国家公务员行为规范得到正确的遵守和履行,需要运用各种手段加以制约,下面将就此问题进行简要论述。

(一)领导表率

1. 领导表率的作用

领导者的表率,实际上是一种思想熏陶和行为影响。这种熏陶,可以影响下属公务员的行为,使之符合规范;下属公务员的规范行为,反过来又能促使领导者更加严格地要求自己,使其成为规范行为的表率。可见,领导的表率是实施行为规范、制约公务员行为的有力措施。领导者的表率之所以能够对公务员产生较大的影响,能够制约公务员行为,使之符合规范,是因为领导是下属公务员的领导者和指挥者,具有威望性权力,他们是行为规范的示范者,他们的一言一行都会令下属效仿。

2. 领导表率的方式

领导者要使自己成为遵守行为规范的榜样,发挥其行为规范的表率作用,必须做到:严于律己,以身作则;率先实施,模范带头;临之以境,导之以行。

(1)严于律己,以身作则。领导者是公务员行为规范的示范者、检查者,这就要求领导严于律己,以身作则,做出榜样。正人先正己,自己不正

怎么能够要求下属廉洁奉公。

(2)率先实施,模范带头。在实施国家公务员行为规范时,领导者只有身先士卒,做出行动榜样,才有资格、有能力率领公务员一道遵守公务员行为规范。以廉政行为规范为例,中共中央就有关保持廉洁、反对腐败做出了许多具体的规定,要求国家公务员廉洁奉公,杜绝各种腐败现象。要做到这一点,领导首先必须带头为政清廉,成为廉政建设的楷模。

(3)临之以境,导之以行。为了使公务员有效地接受领导表率的制约,领导者应当深入实际,详细了解公务员的情况,支持部属开展工作,引导好部属公务员按照规范实施公共行政。一个优秀的领导者,随时都要有目的地引导部属按照行为规范从政理事。

(二)自省、自律

1. 自省、自律是保证行为规范得以实施的关键

自律,即自我约束,自我控制。国家公务员应通过政治理论的学习、方针政策的研究和领会,以及行政管理的实践,树立正确的人生观,增强法制意识,增强为人民服务的责任感,经常自我反省,自觉遵守各种社会规范和公务员行为规范,经常约束和检点自己的行为,使自己的行为符合公务员行为规范的要求。通过领导的表率,通过行政目标的制约及奖励对自己的吸引,通过舆论的赞扬和谴责,不断地进行对比、自省、反思,修正自身的错误,发扬优点,使好的规范行为得到保留和发展,使不规范的行为得到纠正,使错误行为受到惩处。在实践中,要以优秀公务员的模范行为要求自己、锻炼自己,使外在制约力量,在自我制约中发挥作用,增强自我控制、自我约束的能力,全面提高自己的素质,使自己在各方面均有长进,把自己造就成为优秀的国家公务员。由此可见,公务员自律是保证公务员行为规范得以实施的关键。

2. 公务员自律的方式

(1)努力学习马列主义、毛泽东思想,学习党的路线、方针、政策,学习党和国家的政令、法规、政纪,不断地提高自身觉悟,增强自我约束的自觉性。公务员的觉悟越高,其自我控制能力也就越强。

(2)以集体意识为基础,努力培养自我制约的能力。集体意识是个人自觉性的总和,是自我控制的基础。政府机关的集体意识,对每一个公务员都有潜移默化的作用。加强集体意识,可以促使公务员形成良好的习惯和规范行为。因此,国家公务员,一方面要将自己的言行与集体联系起来,

个人行为服从集体行为;另一方面要在集体行为的规范下,严格要求自己,使自己的行为符合国家公务员应有的行为规范。

(3)主动自觉地接受群众的批评和监督,公开自己履行公务的从政行为,如办事经过、办事依据、办事结果等,纠正自己的不规范行为及违纪、越轨行为,自觉约束自己的行为。

(4)严格要求自己,经常检查自己的行为,反思自己在履行公务中存在的偏差。为了严肃认真地依法执行公务,每一个公务员都要牢牢记住自己的责任和义务,正确行使权力,负其责任;应熟悉公务员的各种行为规范,正确理解各项规范的内容、准备和要求,严格按照各项规范办事;应经常检查自己的行为,寻找自己违纪、越轨的原因,绝不能对自己的错误宽容自谅,真正做到自律、自查、自改,使自己的各种行为符合国家公务员行为规范的标准要求。

(三)舆论监督

1. 舆论及其作用

舆论是社会生活和人们意愿的反映,是一种公开表露的社会制度,是具有生活倾向性的意见,具有一定的代表性。舆论具有不同程度的压抑力和约束力,对国家公务员的行为有着重要的监督作用。进行批评的舆论监督,能够有效地制约公务员的各种不良行为,控制或减少公务员的违法、失职行为。进行表彰的舆论,可以形成良好的行为环境,促进公务员行为的良性发展。

2. 加强舆论监督,保证行为规范的实施

强化新闻媒介,加强信访工作,建立举报制度,开展民主协商对话,听取公众意见,开展有益谈心,是当前舆论监督的主要形式。

(1)新闻媒介制约。新闻媒介是一种权威性极强、覆盖面极广的舆论监督手段,它能抓住人们的心理,引起人们的普遍关心。因此,新闻媒介对国家公务员的监督具有很大影响,能够很快地对公务员的某种行为起有力的制约作用,并对国家公务员整体的行为规范起强化作用。因此,利用新闻媒介,传播公众意见,宣传优秀典型,批评不良作风,可以使国家公务员从正反两个方面接受教育,不断提高自己的素质。

(2)信访工作制约。信访工作是一种联系群众,接受公众舆论监督,制约公务员行为的行之有效的措施。人民群众采取写信和面谈的方式,对国家公务员进行批评,指出公务员的违纪失职行为,帮助公务员按照政府规范的行为行使公务。这种做法,既可以使公务员的行为受到制约,又能监督行政管理有序地依法运转。因此,党和政府的各级组织应重视信访工作,建立健全信访制度。

(3)举报制度制约。举报制度是保证舆论监督和制约公务员行为的有力措施。要保护举报者,使其勇于揭露公务员的违纪违法行为和渎职犯罪行为,批评公务员在履行公务中违反规范的行为,以纠正其错误。为此,政府各部门均应设立举报箱,严格执行举报制度,以查处举报案件,达到制约公务员行为的目的。

(4)民主协商对话制约。民主协商对话制度是指不同的社会组织之间、不同的群众团体之间、领导机关与群众之间、群众与群众之间、人民群众与国家公务员之间,依据规定的原则和程序,就各级政府的重大事情,以及公务员管理的有关事宜进行直接的对话沟通和协商讨论。各级政府要建立民主协商对话制度,完善社会主义的民主和舆论监督,开展各种形式的、公正、民主的协商对话,使公务员与人民群众沟通思想,加深理解,消除在执行公务中产生的误解和隔阂,关心群众疾苦,接受群众的合理建议,接受批评监督,从而有效地制约公务员的行为。

(5)公众舆论制约。要重视各种形式的公众舆论,特别是要重视非正式组织和非正式场合的公众议论。非正式组织的舆论,往往是受到较多人支持的公意。非正式场合的舆论,一般是指在茶馆、酒店等公共场所及街头巷尾扩散的议论和意见。这两种舆论靠众多人的传播,不胫而走,影响很大。国家公务员要特别重视这些公共舆论,及时吸收其有益的批评意见,有错必纠,检点自己的行为是否合乎规范,使这种制约力量在公务员的行为规范中发挥积极作用。

三、我国公共部门的权益保障

(一)公共部门人力资源的基本权益

从内容构成上看,公共部门人力资源的基本权益可以大体上分为三个方面:一是身份保障权;二是财产性权利;三是政治权利。

公共部门人力资源的身份保障权,主要是指公共部门人力资源通过被录用取得合法身份后,其身份受到法律的保护,非因法定事由和非经法定程序不被免职、降职、辞退或受其他行政处分。身份保障权强调的是公共部门人力资源身份的法律性,只有在具备法律依据、遵循法律程序的前提下,才可以取消其身份。身份保障权是公共部门人力资源享有其他各项权益的基本源泉。

公共部门人力资源的财产性权利,主要是指公共部门人力资源的经济利益权,包括其在任职时的劳动报酬权、福利和保险,以及退休后包括退休金在内的保障。

公共部门人力资源的政治权利,主要是指法律规定的公共部门人力资源参与国家政治生活的民主权利和政治上表达个人见解与意愿的自由和权利。

具体来讲,公共部门人力资源的基本权益包括:

(1)非因法定事由和非经法定程序不被免职、降职、辞退或者行政处分。

(2)获得履行职责应有的权利。

(3)获得劳动报酬和享受保险、福利待遇的权利。

(4)参加政治理论和业务知识培训的权利。

(5)对公共部门及其领导人的工作提出批评和建议的权利。

(6)提出申诉和控告的权利。

(7)依法辞职的权利。

(8)宪法和法律规定的其他权利。

(二)公共部门人力资源权益保障的内容

简单来说,权益保障就是指对劳动者在职业期内依法享有的各种基本权益的保障。会共部门人力资源的权益保障,不仅是指国家采取什么措施确保法律赋予公共部门人力资源的政治、经济、社会和文化等方面的权利得以实现,而且更主要的是指当公共部门人力资源的合法权益受到侵犯后可以通过什么途径补救以及如何补救。

根据公共部门人力资源享有的基本权利,公共部门人力资源的权益保障大体上包括以下四方面内容。

1. 身份权利的保障

身份权利的保障主要是指对公共部门人力资源在政治身份上的确认以及地位的保障。公共部门人力资源非因法定事由和非经法定程序不被免职、降职、辞退或受其他行政处分。身份权利的保障是法律对公共部门人力资源身份的保障权。身份保障权是公共部门人力资源享有其他各项权益的源泉,公共部门人力资源享有的其他任何权益,离开身份的保障均会失效。公共部门人力资源特别是公务员在执行公务时免不了会触犯某些人的既得利益,他们有可能对公务员进行报复,使得公务员面临无端被免职、辞职、辞退或受到行政处分的危险,法律为此做出明确的规定,就是为公共部门人力资源公正执法和维护公共利益提供强有力的保障。

2. 经济权利的保障

经济权利的保障是指对公共部门人力资源依法享有的物质利益方面权利的保障。经济权利的保障主要是为了维护公共部门人力资源在领取法定劳动报酬,享受法定保险、福利待遇以及法定休假等方面的权利。按劳分配是社会主义分配制度的一项重要原则,公共部门人力资源特别是公务员为公众服务,付出了一定的劳动,就应该得到相应的工作报酬,以维持其个人和家庭的生活,从而提高其工作的积极性和创造性。

3. 文化教育权利的保障

文化教育权利的保障是指对公共部门人力资源在接受政治理论和业务知识培训、教育等方面权利的保障。这是提高公共部门人力资源自身的政治素质和业务素质,从而提高其工作能力的需要。我国《公务员法》要求公务员在政治上追究进步,通过学习和培训以提高其政治素质、理论水平和业务能力,这也是我国公务员制度的一个重要特色。

4. 安全与健康权利的保障

安全与健康权利的保障是指对公共部门人力资源在工作中避免人身伤害和疾病侵害等权利的保障。我国《公务员法》规定,公务员实行国家规定的工时制度,按照规定享受休假,在法定工作日之外加班的,应当给予相应的补休。国家建立公务员保险制度,保障公务员在退休、患病、工作、生育、失业等情况下获得帮助和补偿。公务员因公致残的,享受国家规定的伤残待遇。公务员因公牺牲、死亡、病故的,其亲属享受国家规定的抚恤和优待。

(三)公共部门人力资源权益保障的必要性

保障公共部门人力资源的基本权益,根本目的在于更好地维护公共部门人力资源的合法权益,提高其工作的主动性和积极性,建立健全有效的公共部门人力资源权益保障制度,促进公共部门在对其工作人员进行管理时能够依法行使人事职权。但是,我国现行公共部门人力资源权益保障制度存在的问题和不足极大地降低了公共部门人力资源权益保障的有效性。因此,健全和完善公共部门人力资源的权益保障制度是一项必要而紧迫的任务。具体来讲,公共部门人力资源权益保障的必要性包括:

(1)维护公共部门人力资源的合法权益,稳定公务员队伍。

有效保障公共部门人力资源的合法权益对于调动公共部门人力资源的工作主动性和积极性具有重要的推动作用。从麦格雷戈的"Y"理论来看,行政效率的提高,关键是要激发工作人员的主动性、积极性和创造性。当工作人员受到不当处理时能够得到纠正,权益受到侵害时能够得到公平合理的维护,这必然会起到调动公共部门人力资源积极性的作用。健全我国公共部门人力资源的权益保障制度,有利于维护公共部门人力资源的合法权益,有利于稳定公共部门工作人员特别是公务员队伍,激发他们的积极性,提高公共部门的行政绩效,提升公共生产力。

(2)完善公共部门内部监督机制,促进行政机关依法行政。

公共部门人力资源的权益保障制度,不仅是公共部门工作人员个人合法权益的保障机制,也是公共部门内部的一种监督和制约机制,是国家行政监督体系的一个组成部分。在内部行政法律关系中,行政机关及其领导人作为管理者拥有对被管理者——国家公务员的考核、奖惩、任免、工资、福利等方面决定的权力,这些权力无论从理论上还是从实践上,都存在被滥用的可能性。因此,必须对这种权力进行有效制约,建立公共部门人力资源权益保障制度就是对这种权力的一种积极有效的监督机制。

(3)完善国家公务员制度,促进行政机关内部人事管理的民主化和法制化。

完善国家公务员制度需要健全有效的公务员权利保障制度。公务员权利保障制度对于国家公务员制度中其他具体制度具有重要的保障和监督功能。因此,随着公务员权利保障制度的健全和完善,公务员寻求权利救济意识的加强,运用救济手段的水平和能力的极大提高,行政机关内部人事管理民主化和法制化必将步上新的台阶,社会主义民主和法制建设也将达到一个新的水平。

第十章　公共部门人力资源职业生涯管理

员工是组织的资源和财富,在很多情况下,员工与组织间心理契约的建立,员工对组织的投入、奉献精神和归属感,不仅依靠组织为员工提供较高的薪酬、福利水平来维系,更重要的是看组织能否为员工创造发展的条件,使员工有机会在其自我职业生涯发展中,在为组织贡献其青春、才华、知识、智能的过程中,获得成就感和自我实现感。职业发展管理就是指公共部门积极鼓励员工不断获得职业成长,发挥其工作兴趣和潜质,激励与开发员工的全部潜力并为员工提供成功机会。而组织有关职业生涯发展规划的决策行为,人员晋升和流动调配政策的制定与实施,对于公共部门的职业发展管理具有重要的影响和意义。

第一节　公共部门人力资源职业生涯概述

一、职业生涯的含义及特征

（一）职业生涯的含义

"职业生涯"的英文是 career,学者们对这一概念有多种解释。

美国著名职业问题专家萨帕(Donald E. Super)指出,职业生涯是指"一个人终生经历的所有职位的整体历程"。后来他又进一步指出:"职业生涯是生活中各种事件的演进方向和历程,是统合人一生中的各种职业和生活角色,由此表现出的个人独特的自我发展过程;它也是人自青春期直到退休之后,一连串有酬或无酬职位的综合,甚至包括副业、家庭和公民的角色。"

格林豪斯认为,职业生涯是"贯穿于个人整个生命周期的、与工作相关的经历的组合"。他强调职业生涯的定义既包含客观部分,如工作职位、工作职责、工作活动以及与工作相关的决策,也包括对工作相关事件的主观知觉,如个人的态度、需要、价值观和期望等。

综合以上对职业生涯的理解,我们认为,职业生涯是指一个人在其一生中所有与工作、职业相联系的行为与活动，以及相关的态度、价值观、愿望等的连续性经历的过程。职业生涯只是表示一个人一生中在各种职业岗位上所渡过的整个经历，没有成功与失败之分，也没有进步快慢之别。职业生涯由行为活动与态度、价值观两个方面组成，可以将其分为外职业生涯和内职业生涯。外职业生涯表示职业生涯的客观特征，是指一个人在工作期间进行的各种活动和表现的各种举止行为的连续体。内职业生涯是指职业生涯的主观层面，是个人对职业追求的一种主观愿望，由个人的能力、兴趣、气质、需要、态度和价值观等多种因素所决定。

（二）职业生涯的特征

（1）终身性。职业生涯是人一生中的一个连续不断的发展过程，概括了一个人在一生中所经历过的各种职位和角色，以及在各种职位中不断成长直至终身的历程。

（2）发展性。职业生涯是一个活跃和动态的发展历程，个体在不同工作阶段会有不同的追求，而且这些追求会不断调整和发展，并促进个体不断成长。

（3）阶段性。每个人的职业生涯发展过程都经历了不同的阶段，在不同的阶段具有不同的目标和任务，从而呈现出一定的阶段性。

（4）差异性。职业生涯是个人根据自己的理想，为实现自我而展开的一种职业历程。由于个人之间在职业条件、职业理想、职业兴趣和职业选择等方面存在差异，人与人之间的职业生涯历程必然存在差异，不可能存在完全一致的职业生涯。

（5）综合性。由于个人所从事的职业往往会决定其生活状态，职业和生活之间难以区分，一个人在一生中所扮演的所有职位的角色，既包含个人的职业角色，也包含学生、子女、父母和公民等各个层面的角色，因此职业生涯具有综合性，涵盖了人生整体发展的各个层面。

（6）互动性。个人是生活在群体和社会当中的，其职业生涯是个人与他人、个人与环境、个人与群体、个人与组织、个人与社会互动的结果。换句话说，职业生涯具有社会性。

二、职业生涯规划

（一）职业生涯规划的基本内涵

职业生涯规划包括个人职业生涯规划和组织职业生涯规划两个方面。

个人职业生涯规划是指个人通过对自身的主观因素和客观环境的分析,确立自己的职业生涯发展目标,选择实现这一目标的职业,以及制定相应的工作、培训和教育计划,并按照一定的时间安排,采取必要的行动实现职业生涯目标的过程。组织职业生涯规划是指组织根据自身的发展目标并结合成员的发展需求,制定组织的职业需求战略、职业变动规划与职业通道,并采取必要的措施加以实施,以实现组织目标与组织成员职业发展目标相统一的过程。

个人职业生涯规划和组织职业生涯规划两者之间既有联系又有区别,无论对个人还是组织来讲,都需要两者的统一,这样组织才有可能发展,个人的职业生涯规划才有可能实现。因此,职业生涯规划是指组织或者个人把个人发展与组织发展相结合,对决定个人职业生涯的主观因素、组织因素和社会因素等进行分析、总结和测定,确定个人的事业奋斗目标,并选择实现这一事业目标的职业,制定相应的工作、教育和培训的行动计划,对每一步骤的时间、顺序和方向做出战略设想和合理安排,组织提供相应的职业通道,以实现个人和组织共同发展的过程。

（二）职业生涯规划的影响因素

（1）组织人员的个性特征。组织人员的个性特征是影响职业生涯规划的核心因素,个性特征包括需要、兴趣、动机、理想、价值观、信念、气质和性格等。由于个性特征的差异,因此每个人对于不同职业的评价和价值取向不同,从而会影响到对每个人职业生涯的规划。比如有的人注重社会价值,有的人关注经济价值,从而导致他们的职业生涯规划不同。

（2）家庭。家庭对于人的影响是毋庸置疑的。家庭观念长期潜移默化的作用,会使人形成特定的价值观和行为模式。家庭成员的职业观念和职业结构等会影响人的职业价值观和职业兴趣,从而影响一个人的职业理想和职业生涯规划。家庭的经济状况和社会地位也会影响人的职业生涯规划,因为它可以提供不同的择业环境和工作条件。

（3）受教育程度及能力。教育是赋予个人才能、塑造个人人格、促进个人发展的一种社会活动,它影响着一个人的素质和能力的高低,进而影响到人的职业生涯规划。由于受教育程度的不同,因此个人的职业价值观、职业能力和知识结构等会存在较大差异,在职业选择和规划上就会体现出这种差异。比如受教育的专业不同,会影响到职业类别的选择;受教育程度的不同,会影响到思维模式和能力程度,从而决定了职业生涯的发展。

（4）组织因素。个人的职业生涯是在一系列特定组织中度过的,组织给人的感受以及对职业具体内容的认识,往往会影响到个人的职业行为和未来的职业发展道路。比如,公共部门所提供的职位是决定个人在组织中自我规划的重要因素,如果公共部门不适合个人职业规划的发展,就会影响到个人职业的选择。组织对成员所提供的培训、组织文化和岗位设计等,都会对职业生涯规划产生直接影响。

(5)社会环境。人是生活在社会中的,无不会受到社会环境的影响。社会职业需求、职业声望、社会的人际环境、社会制度和经济发展状况等都会影响人们对职业的认定和职业生涯规划的调整。比如职业需求越多,职业声望越高,人们就越倾向于对该类职业生涯进行发展规划。社会经济发展状况也会影响到个人对未来发展的预期,进而影响到职业生涯的规划。

(三)职业生涯规划的基本原则

(1)系统性原则。系统性原则是指对职业生涯发展的整个历程进行系统考虑,同时将职业生涯规划的实施作为一个系统工程进行。

(2)清晰性原则。清晰性原则是指规划的目标和措施等一定要清晰、明确,能够把它转化成为一个个可以付诸实施的行动,人生各阶段的职业线路划分与安排一定要具体、可行。

(3)发展性原则。发展性原则是指在制定和选择职业生涯的具体实施措施时,要充分考虑内外部环境变化等因素,要从长计议,使职业生涯规划具有一定的弹性,并可根据环境变化进行调整。

(4)差异性原则。差异性原则是指在制定职业生涯规划时,要充分考虑组织、个体和环境的差异性,使职业生涯规划更具有个体性和针对性,与组织、自身和环境各方面更加适应。

(5)可行性原则。可行性原则是指职业生涯规划要从实际出发,要根据个人特点、组织发展需要和社会发展需要来制定,选择切实可行的目标,不能做不着边际的梦想。

(6)激励性原则。激励性原则是指职业生涯规划要在可行性的基础上具有一定的挑战性,对自己具有一定的内在激励作用,完成规划要付出一定的努力,这样成功之后才会有较大成就感。

(7)统一性原则。统一性原则是指职业生涯规划的个人目标和组织目标、长远目标和近期目标、总目标和分目标以及目标和措施之间要一致。

(8)可评估性原则。可评估性原则是指职业生涯规划的制定应有明确的时间表和评价标准,以便进行检查和评估,使自己随时掌握职业生涯规划的执行状况,从而为修订或改进职业生涯规划提供可靠依据。

（四）职业生涯规划的重要意义

职业生涯规划是组织人力资源开发与管理和人力资源自身发展的重要内容之一，对于个人和组织发展的作用是不可忽视的。公共部门同样十分关注人力资源职业生涯规划对于公共组织和公务人员个人发展的重大意义。

（1）职业生涯规划有利于个人职业发展的方向性、科学性和合理性，能够促进个人事业走向成功。职业生涯规划可以使个人充分认识自我，了解自身的优势和劣势，明确外部机遇和挑战，并且帮助个人客观地分析社会环境，正确地选择适合自己的职业，明确自身的发展目标，从而采取有效的措施克服职业生涯发展进程中的障碍，顺利地沿着预先规划好的职业道路前进。

（2）职业生涯规划有利于建立学习型组织。学习型组织的内涵包括三个方面：全体成员能全身心投入并持续增长学习能力的组织；能让全体成员活出生命意义的组织；能通过学习创造自我、扩大创造未来的能量的组织。公共部门作为管理社会公共事务的组织，其所承担职能的复杂性和多元化，要求其向学习型组织发展。通过制定职业生涯规划，组织成员为了个人的职业生涯发展，积极参加各种知识与技能培训，而组织也能更好地进行职业生涯规划工作，根据成员的职业目标提供更具针对性的培训，从而使整个组织的学习气氛高涨，最终实现向学习型组织的转变。

（3）职业生涯规划有利于充分开发和利用人力资源，实现组织的发展目标。公共部门在职业生涯管理中要倡导个性发展，即根据部门人员的职业生涯规划，了解个人的职业兴趣和职业目标后，与组织自身的发展战略相结合，合理地安排工作岗位，有计划地提供各种教育培训，积极创造条件让其获得成功，这样才能最大限度地保证个人能力与职业的匹配，充分激发个体的积极性和创造性，在实现个人目标的同时，促进组织目标的实现。

（4）职业生涯规划有利于减少人才流失。公共部门人才流失的主要原因包括报酬和待遇问题、专业不对口问题和社会角色问题。通过职业生涯规划，对人才进行具体的分析和评估，个人可以发现自己的兴趣和能力所在，从而准确认识自己和把握自己。公共部门可以据此安排符合个体发展的职业生涯通路，从而在条件成熟的时候让其承担一定的社会角色，使其才能得到充分发挥，归属感和成就感得到满足，这样才能够吸引和留住优秀人才，减少人才流失。

第二节　公共部门人力资源职业生涯管理理论与实践

一、公共部门人力资源职业生涯管理的基本理论

(一)职业生涯选择理论

1. 弗兰克·帕森斯的特质-因素理论

特质-因素理论(trait-factor theory)是职业生涯管理理论中最悠久的理论,源于19世纪官能心理学的研究。美国职业指导之父弗兰克·帕森斯将其运用于职业指导方面,提出了职业选择的"三步范式"法。其后,这一理论不断得到充实和完善,成为职业生涯管理中的奠基理论。

特质-因素理论的核心是人与职业之间的合理匹配,其理论前提是:每个人都有不同的特质,并且可以对其进行客观而有效的测量;每个人的特质又与特定的职业相关联;为了取得成功,不同的职业需要配备具有不同个性特征的人员;个人特性与工作要求之间配合得越紧密,职业成功的可能性就越大。因此,帕森斯的"三步范式"法要求:①清楚了解自己,包括天赋、能力、兴趣、志向、资源、限制条件等资料。②要对不同行业工作的要求、成功的要素、优缺点、薪酬水平、发展前景以及机会有较为明确的认识。③在这两组要求之间进行最佳搭配。

"三步范式"法被认为是职业选择和职业设计的经典方法,通过不断发展和完善,它形成了职业选择和职业指导过程中广泛运用的三个步骤:

第一步,进行人员分析,评价个体的生理和心理特征。

第二步,分析职业对人的要求,并向求职者提供有关的职业信息。

第三步,人职合理匹配,个人在了解自己的特点和职业要求的基础上,借助职业指导者的帮助,选择一项既符合自己特点又有可能获得的职业。

特质-因素理论之所以受到广泛的重视,产生深远的影响,在于它为人们的职业选择提供了最基本的指导原则——人职匹配原则。这一原则清晰明了、简便易行,具有很强的可操作性。但是,该理论也有其自身的局限性,如只强调个人特质要和工作要求相匹配,忽视了社会因素对职业选择的影响和制约作用,同时它以静态的观点看待个人的特质,忽略了个人和职业都是不断变化的。

2. 约翰·L. 霍兰德的职业个性理论

美国霍普金斯大学心理学教授约翰·L. 霍兰德是美国著名的职业指导专家,他于 1971 年提出了具有广泛社会影响的职业个性理论,也称职业性向理论(career orientation theory),其内容包括个性和职业类型的划分与匹配以及类型的测量工具等。

这一理论认为,对组织和个人都适宜的职业可以通过寻求个性与组织环境的要求之间的最佳配置方式推测出来。霍兰德认为,"一个人做出职业选择的依据就是寻找那些能够满足他或她成长的环境""对自己的工作环境知道得越多,他或她就越容易做出正确的职业选择"。

霍兰德提出了四个基本假设:其一,人的个性大致可以分为六种类型,即实际型(R)、研究型(I)、艺术型(A)、社会型(S)、企业型(E)和常规型(C),每一种个性类型的人都会对相应职业类型中的工作和学习感兴趣。其二,所有职业均可划分为相应的六大基本类型,即实际型、研究型、艺术型、社会型、企业型和常规型。其三,人们在积极寻找那些适合他们的职业类型,在其中,他们能够充分施展自己的技能和能力,表达他们的态度和价值观,并且能够完成那些令人愉快的使命和任务。其四,一个人的行为是其个性特征和职业类型特征共同作用的结果。

在上述假设的基础上,霍兰德提出了个性类型与职业类型的匹配模型。霍兰德认为,同一类型的劳动者与职业互相结合,能够达到适应状态。其结果是劳动者找到适宜的职业岗位,职业岗位获得了合适的人才,劳动者的才能与积极性会得到很好的发挥。为了直观阐明自己的思想,霍兰德提出了一个职业生涯匹配的六边形模型。

六边形的六个角分别代表六种类型。这六种类型之间具有一定的内在联系,即相邻、相隔和相对。最为理想的职业选择就是个体能够找到与其个性类型重合的职业类型,如实际型个性的人在实际型的职业中工作,这时能够达到人职协调,即个人能够最大限度地发挥自己的才能并具有较高的工作满意度。如果个人不能获得与其个性类型相重合的职业,可以寻找与其个性类型相邻的职业,比如 R 与 I、C,由于相邻的类型具有较高的相关系数,因此一致性高,个人经过努力和调整可以适应职业环境,达到人职次协调。相隔的类型如 R 与 A、E,它们既有一致性也有不同,但并不完全排斥。最差的职业选择是个人在与其个性类型相斥的职业环境中工作,即相对的类型,如 R 与 S,在这种情况下,个人无法适应工作,感受不到工作的乐趣。

霍兰德还制定了两种类型的测定工具,帮助择业者进行职业决策:一种是测定职业选择量表(VPI),要求被试者在一系列职业中做出选择,然后根据测定结果确定个人的职业倾向领域;另一种是自我指导探索(SDS),在测试感兴趣的活动、能力和喜欢的职业的基础上,查寻比较适合自身特性的职业。霍兰德的理论由于操作性较强,因此成为当今人力资源职业生涯管理中最完整和最受重视的理论。

(二)职业锚理论

职业锚理论(career anchor theory)是由美国著名职业心理学家埃德加·H.施恩最早提出的。这一概念最初形成于对麻省理工学院斯隆管理学院1961—1963年的44名毕业生的职业发展的纵向研究,这44名毕业生自愿形成一个专门小组,配合和接受施恩所进行的关于个人职业生涯发展和组织职业管理的研究与调查,并于1973年就经历中的职业与生活问题接受面谈和调查。施恩在对他们的跟踪调查和对许多公司、个人及团队的调查中,逐渐形成了自己的观点,并提出了职业锚理论。该理论具有较强的实用性、可操作性和综合性,因而在职业生涯管理理论中占据格外重要的地位。

施恩认为,职业生涯发展实际上是一个持续不断的探索过程,在这一过程中,每个人都在根据自己的天资、能力、动机、需要、态度和价值观等慢慢地形成较为明晰的与职业有关的自我概念。随着一个人对自己越来越了解,他会越来越明显地形成一个占主要地位的职业锚。所谓"职业锚",是指个人经过搜索确定的长期职业定位,是"自身的才干、动机和价值观的模式",是在个人以往的工作经验中与自己的才干、动机、需要和价值观相符合,逐渐发展出的更加清晰全面的职业自我观,以及达到自我满足和补偿的一种长期稳定的职业定位。职业锚的核心内容主要由三个部分组成:一是自省的才华与能力,以各种作业中的实际成功为基础;二是自省的动机和需要,以实际情景中的自我测试、自我诊断的机会以及他人的反馈为基础;三是自省的态度和价值观,以自我与组织、职业环境的准则、价值观之间的实际碰撞为基础。

通过对麻省理工学院毕业生的研究,施恩提出了五种职业锚。

1. 技术职能型职业锚

以技术职能为职业锚的人员,有其独特的工作追求、人生需要和价值观,表现出如下特征:强调实际技术或某种职能业务工作;拒绝一般的管理工作;目标是技术和技能的不断提高,其成功更多地取决于领域内专家的肯定和认可,以及承担该能力区域内日益增多的富有挑战性的工作;在特定条件下职业锚也有可能被改变。

2. 管理能力型职业锚

这种职业锚的特点是：个人愿意从事全面的管理性工作，而且责任、权力越大越好；具有强烈的升迁动机，以提升、提职作为衡量职业成功的主要标准；具有将分析能力、人际沟通能力和情感能力强强组合的技能，具有卓越的管理才能；对组织有很大的依赖性。

3. 安全稳定型职业锚

这种职业锚的特点具体表现为：追求职业的稳定和安全，将此作为自我职业生涯追求的驱动力和价值观；对组织具有较强的依赖性；没有太大的抱负，对人生追求停留在维持正常的、较体面的工作，有较好的工作环境，获得一种可观的收入和接受一种能够维持自己晚年体面生活的退休方案；个人职业生涯的开发与发展往往受到各种限制。

4. 自主独立型职业锚

这种职业锚的特点是：最大限度地摆脱组织的约束；有较强的自我认同感，把追求工作的独立、自主、自由和减少约束作为第一需要，在工作中显得愉快，并把工作成果与自己努力紧密联系；与其他类型的职业锚有明显的交叉，常常将同时追求另一种职业锚看作是一种向较高层次发展的积极过渡。

5. 创造型职业锚

这种职业锚的主要特征表现为：有强烈的创造需求和欲望；意志坚定，勇于冒险；重视创造才能的施展，能力结构具有多元性。

在这五种类型职业锚的基础上，施恩后来又补充了另三种职业锚类型，即服务型职业锚、纯挑战型职业锚和生活型职业锚。无论是在个人的职业生涯发展中还是在组织的事业发展过程中，职业锚都发挥着重要的作用。职业锚是个人经过搜索确定的长期职业定位，清楚地反映出个人的职业追求和抱负，有助于识别个人职业抱负模式和职业成功的标准。透过职业锚，组织可以获得个人明确的职业发展信息，从而有针对性地对成员职业生涯的发展设计出科学合理的职业生涯通道，个人因此满足了自己的职业需要，深化了对组织的认同，有利于个人与组织稳固地相互接纳。同时，职业锚是个人职业工作的长期贡献区，相对稳定地长期从事某种职业，有助于增强个人的职业技能和工作经验，提高工作效率。此外，职业锚还体现了个人职业生涯选择的着重点。

（三）职业生涯发展阶段理论

1. 金斯伯格的职业心理发展过程理论

美国著名的职业生涯发展理论先驱、职业心理学家金斯伯格，通过对人从童年到青少年阶段的职业心理发展过程的研究，将个体职业心理的发展划分为幻想期、尝试期和实现期三个阶段。

（1）幻想期（4～11岁）。这一时期的儿童已逐渐获得了社会角色的直接印象，往往会想象他们将来成为什么样的人，并且在游戏中充分运用职业想象力扮演他们所喜欢的角色。这个时期儿童的职业心理发展特点表现为：属于单纯的兴趣爱好与模仿；不可能考虑自身的条件和能力水平；更不可能形成与社会需要相适应的职业动机，完全处于幻想之中。

（2）尝试期（11～17岁）。这一时期是由儿童向青少年过渡的时期。随着生理和心理的快速发展，以及知识的增长，儿童开始对职业问题进行积极探索，并且能够较客观地认识到自己的能力和价值观。金斯伯格按照兴趣、能力、价值与综合的职业心理发展顺序，把尝试期又分为四个阶段：

①兴趣阶段（11～12岁）。在这一阶段，开始注意并培养自身对某些职业的兴趣和爱好。

②能力阶段（13～14岁）。在这一阶段，开始注意不同职业的能力要求，衡量并测验自己的实践能力，同时自觉进行训练。

③价值阶段（15～16岁）。在这一阶段，逐渐了解职业的价值，并运用这些价值审视自己的职业兴趣和能力，以进行职业选择。

④综合阶段（17岁）。在这一阶段，能够综合有关职业信息，并综合考虑前三个阶段，从而正确了解未来的发展方向。

（3）实现期（17岁以后）。17岁以后是向成人迈进的年龄阶段，个体开始步入社会劳动并实现就业，对职业形成明确的、具体的、现实的认识。金斯伯格将这一时期也分为三个阶段：

①试探阶段。在这一阶段，根据尝试期的结果，进行各种试探活动，了解职业发展方向及就业机会，为选择职业生涯做准备。

②具体化阶段。在这一阶段，根据试探阶段的结果，结合自身情况做进一步的选择，使职业选择方向更加具体化。

③专业化阶段。在这一阶段，对个体职业发展的专业方向进行确认，并予以实践。

2. 萨柏的职业生涯发展阶段理论

美国著名职业心理学家萨柏结合职业发展的形态,将人的职业生涯发展分为成长、探索、建立、维持和衰退五个阶段,每个阶段又分为若干次阶段,并且每个阶段、次阶段都有各自不同的任务和特征。

(1)成长阶段(0～14 岁)。这一阶段又可划分为三个次阶段,即幻想阶段(10 岁之前)、兴趣阶段(11～12 岁)、能力阶段(13～14 岁)。这一阶段的主要任务是通过家庭、学校等组织活动,逐步建立起自我概念和自我职业角色意识,并把自我与职业角色联系起来。

(2)探索阶段(15～24 岁)。这一阶段又可分为三个次阶段,即试探阶段(15～17 岁)、过渡阶段(18～21 岁)、尝试阶段(22～24 岁)。这一阶段的主要任务是更多地认识自我,做出尝试性的职业决策和职业生涯规划。

(3)建立阶段(25～44 岁)。这一阶段又可分为两个次阶段,即适应阶段(25～30 岁)和稳定阶段(31～44 岁)。这一阶段的主要任务是通过尝试错误以确定前一阶段的职业选择是否正确,如果正确则长期发展。

(4)维持阶段(45～64 岁)。这一阶段的主要任务是维持已有工作,并努力做好,探索适当的发展和晋升的途径。

(5)衰退阶段(65 岁直至死亡)。这一阶段的主要任务是学习接受一种新的角色,变成选择性参与者后,再成为完全的观察者。

3. 格林豪斯的职业生涯发展过程理论

格林豪斯主要研究人在不同年龄阶段职业发展的主要任务,将职业生涯发展分为五个阶段。

(1)职业准备阶段(0～18 岁)。这一阶段的主要任务是发展职业想象力,培养职业兴趣和能力,对职业进行评估和选择,接受必需的职业教育。

(2)进入组织阶段(19～25 岁)。这一阶段的主要任务是在一个理想的组织中获得一份工作,在获取足量信息的基础上,尽量选择一种合适的、较为满意的职业。

(3)职业生涯初期(26～40 岁)。这一阶段的主要任务是学习职业技术,提高工作能力;了解和学习组织纪律和规范;逐步适应职业工作,适应和融入组织;为未来职业成功做好准备。

(4)职业生涯中期(41～55 岁)。这一阶段的主要任务是对早期的职业生涯重新评估,强化或转变自己的职业理想;学习新知识,努力工作,有所成就;成为组织中受尊敬的人。

(5)职业生涯后期(56 岁到退休)。这一阶段的主要任务是继续保持已有的职业成就,成为一名良师,维持自尊,准备引退。

4. 施恩的职业生涯发展阶段理论

施恩立足于人生不同年龄段面临的问题和职业工作主要任务,将职业生涯划分为九个阶段。

(1)成长、幻想、探索阶段。这一阶段的年龄一般为 0～21 岁,主要任务是发现和发展自己的兴趣和能力;学习职业方面的知识;发现和发展自己的价值观、动机和抱负,做出合理的受教育决策;接受教育和培训,开发工作所需要的习惯和技能。

(2)进入工作世界。这一阶段的年龄一般为 16～25 岁,个人充当的是应聘者和新学员的角色,主要任务是谋取可能成为职业基础的第一项工作;学会如何评估和申请一种职业,并做出现实有效的第一项工作的决策与选择;个人与雇主达成契约,成为正式职员。

(3)基础培训。这一阶段的年龄一般为 16～25 岁,主要任务是了解组织文化,尽快取得组织成员资格,并适应组织日常的工作程序,融入工作团队。

(4)早期职业的正式成员资格。这一阶段的年龄一般为 17～30 岁,主要任务是承担责任;发展与展示自己的专长;重估职业,决定去留;寻求良师和自己职业生涯发展的领路人。

(5)职业中期。这一阶段的年龄一般在 25 岁以上,主要任务是选定一项专业或进入管理部门;继续学习,成为职业能手;承担较大责任,确定自己的地位;开发个人的长期职业计划;寻求工作、家庭和自我三个方面的平衡。

(6)职业中期危险阶段。这一阶段的年龄一般为 35～45 岁,主要任务是现实地评估自己的才能、职业抱负、职业价值观及个人发展前途;在接受现状和争取看得见的前途之间做出具体选择;与他人建立良好的人际关系。

(7)职业后期。这一阶段的年龄一般为 40 岁直到退休,面临的主要任务是成为一名良师,对他人承担责任;深化职业技能,提高工作才干,以担负更大责任;选拔和培养接班人;如果只求安稳,就要接受和正视自己的影响力和挑战能力的下降。

(8)衰退和离职阶段。这一阶段的年龄一般为 40 岁到退休期间,主要任务是学会接受权力和地位的下降;学会接受和发展新的角色;评估自己的职业生涯,着手退休计划;培养工作以外的兴趣。

(9)退休。这一阶段的主要任务是适应角色、生活方式和标准的急剧变化;运用自己积累的经验和智慧,以各种资源角色帮带他人。

施恩通过研究还发现,个人在特定组织内存在三种职业流动方式:第一种是横向流动模式,即组织内部个人的工作或职务沿着职能部门或技术部门的同一等级发展变动。第二种是向核心地位流动模式,即由组织外围逐步向组织内圈方向变动。第三种是纵向流动模式,即组织内部个人工作等级职位的升降。

二、公共部门人力资源职业生涯管理

公共部门人力资源职业生涯管理包含个人对职业生涯的自我管理和组织的职业生涯管理,下面主要介绍个人职业生涯周期管理、组织职业生涯发展通道管理和职业生涯发展各阶段的管理。

(一)个人职业生涯周期管理

个人职业生涯周期分为早期、中期和后期三个阶段,每一阶段的管理具有不同的特点和任务。

1. 职业生涯早期阶段管理

职业生涯早期阶段是指一个人由学校进入组织并在组织内逐步"组织化",为组织所接纳的过程,这一阶段的年龄一般为 20～30 岁,一切尚在学习和探索之中,这一阶段对个人以后的职业生涯发展具有重大影响。

在这一阶段,个人的组织化起着关键作用。它是指新成员进入组织后,由一个自由人向组织人转化所经历的过程。它包括了解组织的相关政策、规章制度,熟悉组织的文化传统和价值观,熟悉上司、同事和下级,学会适应组织环境,建立心理认同,并逐渐融入组织等过程。通过个人的组织化,最终达成新成员与组织的相互接纳,建立一种"心理契约"。这种"心理契约"是通过各种不同的象征事件和实际事件形成的,是个人与组织相互接纳的"主观同意"。个人认同组织并作为其正式成员,承担组织赋予的责任和使命;组织对新成员予以认同并确认其任职资格,分配相应的工作和责任,为成员的职业生涯发展负责,同时提供各种帮助和报酬待遇。

2. 职业生涯中期阶段管理

个人在经历了职业生涯早期阶段,完成了个人与组织的相互接纳后,开始进入职业生涯中期阶段。这是一个周期长(从参加工作到 50 岁左右)且富于变化,既有可能获得职业生涯成功,又有可能出现职业生涯危机的阶段。

这一阶段的主要特点表现为：生命周期的重叠时间长，即组成人的生命空间的三大生命周期（生物的社会性周期、职业生涯周期和家庭生命周期）重叠时间可长达 25 年之久甚至更长；心理压力大；职业发展呈现多元化，不断追求晋升和增加工资；对职业重新认知等。个人在这一阶段的主要任务是通过建立更为明确的组织认同和个人职业认同，重新定义自己的职业目标，保持积极进取的精神和乐观心态，维护好职业工作、家庭生活、自我发展三者间的平衡，努力克服职业生涯中期危机，争取职业生涯的成功。

3. 职业生涯后期阶段管理

这一阶段的年龄一般为 50～60 岁，虽然开始感到身体衰老，进取心逐渐下降，但在事业上仍然有发展的可能，个人在这一阶段应该做到调整心态，学会接受和发展新角色；增强活力，学会将具体工作重心转移到团队建设上来；总结经验，继续向前发展；做好退休前的准备工作。

（二）组织职业生涯发展通道管理

组织在职业生涯管理中的主要任务之一就是为组织成员的职业发展"修筑"职业通道，指明可能的发展方向及发展机会。组织成员沿着本组织的发展通道变换和晋升工作岗位，最终实现职业生涯的目标。具体来说，职业生涯发展通道是个体在一个组织中所经历的一系列结构化的职位，表明在一种职业中个人发展的一般路线或理想路线。

职业生涯发展通道一般可分为四种类型：

（1）传统职业通道。

这是一条职业工作纵向向上发展的通道。组织成员为达到一个较高的本专业职务工作层次，必须沿着组织设计好的、一级接一级向上发展的职业生涯通道前进。这种模式可以清晰地展示向前发展的职位序列，但是由于职位数量的限制给人们提供的晋升机会十分有限，因此个人很可能长期都得不到晋升机会，从而可能削弱人力资源的积极性。

（2）网状职业通道。

这是一种纵向发展的工作序列与横向发展的职业机会的综合交叉模式。这种呈网状分布的通道模式可以使个人拓宽和丰富自己的工作经验，便于找到真正适合自己的工作，同时为个人带来更多的职业发展机会，减少在组织中发展的压力。

（3）横向职业通道。

这是一种以工作性质为重点的通道模式，可以使组织成员横向选择自己感兴趣的工作,充分发挥自己的个性特点,不断迎接挑战,以求得自我广阔的发展空间。

(4)双重职业通道。

这种模式主要用来解决某一领域中具有专业技能但并不期望或不适合通过正常升迁程序调到管理部门的人员的职业发展问题。这种模式就是在组织中建立一种平行的职业轨迹,一种是管理职业,另一种是技术职业。这体现了组织对人才发展的高度重视,可以使组织同时具有高水平的技术人员和高技能的管理人员。

对于公共部门来讲,由于其组织结构主要是根据韦伯的科层制模式来设计的,强调等级节制,因此主要采用传统职业通道。但是,从 20 世纪 90 年代开始,公共部门组织结构不断进行改革重组,呈现出了扁平化和多元化的趋势,逐渐开始采用其他种类的发展通道,以更好地开发和利用组织的人力资源。

组织对职业生涯发展通道的管理主要基于职务分析、素质测评和绩效考评三个环节。通过职务分析了解各项职务的工作内容和任职要求,然后根据性质归纳为不同的职业群,并在这些职业群内部和职业群之间设计职业通道,整合成一个完整的职业生涯系统。素质测评主要用来了解组织成员的个性和能力差异,每个人具有不同的职业锚、才干、价值观和目标,通过测评可以对组织成员有更客观准确的认识,从而为其提供合适的职业生涯通道。绩效考评是进行职业通道选择的现实条件,只有了解了组织成员的绩效状况,才能知道组织成员是否能够胜任工作或者是否能晋升到更高的职位上,才能为其提供不同的训练方式,做到人适其职、人尽其能。

当前,公共部门应该重视对职业生涯发展通道的科学管理,积极创造条件,为人力资源提供施展才能的舞台,促进其职业生涯的合理发展。

(三)职业生涯发展各阶段的管理

人们的职业生涯会经历不同的发展阶段,综合一些专家学者对职业生涯发展阶段的研究,一般而言,职业生涯可分为四个发展阶段,即职业探索阶段、职业确立阶段、职业生涯持续阶段和职业衰退阶段。由于各个阶段具有不同的特征和任务,因此组织应对各阶段采取不同的职业生涯管理措施。

1. 职业探索阶段的管理

在这一阶段,个人通过自我判断、分析信息等方法,选择、确定自己的职业发展方向并为此做出努力和准备。组织要帮助成员准确认识自己,制定初步的职业生涯发展规划。公共部门可以实施"顾问计划",给新入职的成员安排一名导师,为其提供职业咨询和帮助,使其较快融入组织环境。

2. 职业确立阶段的管理

职业确立阶段是个人重新审视自己的能力及职业选择的准确与否,并在此基础上确定下一步的职业前程的重要时期。在这一阶段,组织应该准确把握成员的特点和他们对于培训、学习、成长、晋升等方面的需求,帮助他们发展职业生涯规划,明确职业生涯发展方向。比如通过建立职业档案使组织成员明确自己的工作表现和未来发展方向,建立个人申报制度,使组织了解个人对工作的期望和想法。

3. 职业生涯持续阶段的管理

职业生涯的持续阶段是一个时间长、变化多,既可能获得事业成功,又可能引发职业危机的敏感时期。职业高原现象是这一阶段最明显的危机,即个人获得进一步晋升的可能性很小,往往只能处于原地踏步的状况。组织可以通过满足成员心理成就感的方式来代替晋升实现激励效果,比如提供培训机会,或者通过横向职业流动、职位轮换等方式使个人获得更多锻炼机会,还可采用工作丰富化和工作扩大化等途径克服这一现象。

4. 职业衰退阶段的管理

职业衰退阶段是职业生涯的最后阶段,组织应做好人力资源退休前期和后期的计划和安排,帮助组织成员做好退休前各项心理和工作方面的准备,帮助他们顺利实现向退休生活的过渡。比如通过召开座谈会等方式做好思想工作,帮助组织成员制订具体的退休计划,解决他们的后顾之忧。

第三节　我国公共部门人力资源职业生涯管理面临的问题与对策

随着知识经济时代的到来,公共部门人力资源管理进入了"知识行政"和"信息行政"阶段。为了适应时代发展所进行的行政体制改革,公共部门呈现出了扁平化、小型化和多元化等特点和趋势,这些新变化使得公共部门的职业生涯管理面临着一系列新的问题。

一、我国公共部门人力资源职业生涯管理面临的问题

基于"新公共管理"模式的示范性影响,当今世界各国纷纷推进公共管

理改革。传统官僚制公共行政模式下所提倡的公共部门人力资源终身雇佣制被打破,职业生涯的发展不再具有往日的稳定性,随时可能面临职业危机。在这种背景下,"易变性职业生涯"这一新兴概念应运而生,它是指由于个人兴趣能力、价值观、工作环境的变化,以及组织经营环境和内部政策的变化,个人会经常性地改变自己的职业。从个人角度来看,这表明个人与组织的心理契约发生了改变,个人不仅追求职业的安全稳定,更强调自身的心理满足感,关注自己的兴趣和价值。对组织来说,这打破了传统组织结构的僵化和封闭,不断地输入新的血液,从而增强了组织的活力和生机。

社会环境的日益复杂以及公共部门组织结构的扁平化,使得公共部门人力资源面临越来越少的职业晋升空间,"职业高原"现象日益严重。由于上升的空间受到限制,因此组织成员倾向于在组织的不同部门间流动,甚至在不同组织和不同专业间流动,职业流动模式更加多样化。

此外,由于科学技术的迅速发展,公共部门人力资源必须紧跟时代前沿,不断学习新知识,掌握新技能,增强新本领。公共部门人力资源未来的职业生涯发展应该是连续的学习,是自我导向的发展,只有不断加强和更新自己的知识结构,才能始终保持自身的竞争力,以适应时代的发展需要。

二、公共部门人力资源职业生涯规划与管理的对策

时代发展给公共部门人力资源职业生涯发展带来了一系列新的特点,这意味着公共部门人力资源职业生涯管理面临着新的挑战。例如,组织结构的扁平化使得晋升机会少,"职业高原"现象日趋严重;老龄化社会的来临使得组织必须面对大量老年劳动力的管理;夫妻双职工的职业生涯管理也是当前的一大挑战。

为了有效应对这些挑战,我们可以采取下列措施:

(1)丰富和改善人力资源的工作内容。

针对"职业高原"现象,可以通过重新设计工作,使工作内容扩大化和丰富化,在不能给成员提供晋升的情况下,使成员也能获得一种心理满足感。

(2)妥善应对和解决人力资源老龄化问题。

对于组织成员老龄化问题,要对那些老年员工的需求进行调查,从而调整人事管理方法和政策。对组织成员愿意退休或愿意继续工作的原因和理由进行调研;如果有可能,应根据老年人的身体状况重新设计职业;对

涉及老年员工的人事决定要慎重,职业评价鉴定系统要考虑到老年员工的特点。

（3）推行灵活、弹性的职业工作日程安排。

夫妻双职工的管理是当前组织职业生涯管理中面临的最具有挑战性的职业管理问题。夫妻双职工面临着双重问题,既要承担职业工作任务,又要承担家庭责任,这两方面的问题常常交织重叠、相互影响,使夫妻双方负担沉重,也不利于改进他们的工作绩效。因此,组织要想成功地解决夫妻双职工问题,首先要采取较灵活、弹性的职业工作日程安排,尽量不在同一时间内给他们安排对照顾家庭有影响的工作任务;其次要采用特别咨询的方法来指导夫妻双职工的工作;最后要建立有利于帮助夫妻双职工处理工作与家庭冲突的服务机制等。

第十一章　公共部门人力资源流动管理

经济全球化的发展,使得中国的人力资源也进一步融入世界人才的循环当中,也把中国的公共部门人员资源配置推到世界的舞台上,尽快进行国际化人才流动已经成为首要任务。人力资源的合理流动,一方面可以实现资源的优化配置;另一方面,有利于个人才能的发挥。

第一节　公共部门人力资源交流与调配

一、公共部门人力资源交流与调配的含义和意义

公共部门人力资源的交流与调配是指公共部门为了工作需要,对公共部门内部的人力资源流动和部门之间的人力资源流动进行计划、组织、协调和控制等活动的总称。

交流调配是公共人力资源管理的一项不可缺少的措施,它体现了公职系统的开放性,推进了人力资源的发展,具体来说,主要有以下几个方面的意义。

(1)丰富公职人员经历,提升能力。公共管理机关通过有计划的调配交流,使公职人员接触新事物,开阔眼界,经受锻炼,增长才干。实践证明,换岗有利于成才,公职人员长期在一个单位、一个岗位上工作,容易造成思想僵化、耳目闭塞、才力枯竭。换一个新的工作环境和新的工作岗位,可以激发他们努力学习、积极探索的精神,从而保持整个公职系统的朝气与活力。

(2)有利于人尽其才,做到人事相宜,优化人才结构。公职人员的交流调配,既考虑到他们个人的要求,也考虑到实际工作的需要。在公职系统中,存在着一些专业不对口、学非所用、用非所学、无法胜任或难以发挥等现象。通过交流调配,不断调整人员结构和人与事的配置,实现人尽其才,优化人才结构的管理目标,调动公职人员的积极性,从而提高行政工作效率。

(3)保持生机和活力,防止腐化。国家行政机关中人际关系较复杂,从

调适公职人员人际关系,以及廉政建设的角度看,必须实行人事回避制度。由于各种原因,目前我国不少公共部门内的公职人员存在着各种各样的亲属关系,还有的地方重要领导人员是本籍的。这使"人情风""关系网"等不正之风难以根除,影响了公务的执行,影响了党和人民群众之间的联系。因此必须通过公务员的交流调配,净化单位内的人际关系,才可以较为有效地防止和解决上述弊端。

(4)解决公职人员的实际生活困难。公职人员因家庭、个人原因会在工作和生活中遇到各种实际困难,如夫妻两地分居、上班路途遥远、赡养老人等问题,这些问题如果解决不好,不仅会影响公职人员正常的学习和生活,而且会挫伤他们的工作积极性。为此,各级组织、人事部门应区别不同情况,采取多种措施,通过有效的交流调配来解决公职人员的实际困难。

(5)它是我国吸取人类先进管理方式的有益尝试。定期对国家公职人员进行交流调配,这是实行公职人员制度的国家通常采用的做法。比如,日本规定:国家高级公务员,一般两年左右调动一次工作;中初级的公务员一般三年左右调动一次工作。奥地利《官员法》规定:凡有夫妻、联姻或承嗣关系的官员,在一个部门内若有一方对另一方下达指示权、监督权或者管理钱财账目的情况,就必须将一方调往另一个部门。这些做法,在实践中证明确有成效。我国《国家公务员暂行条例》中对公务员交流调配制度的有关规定,在一定程度上吸收了这些国家的有益经验,是吸收国外先进管理方式的尝试。

二、公共部门人力资源交流调配的原则

公职人员的交流调配往往要涉及多个单位,多重关系和多种因素,一般来说,人事主管机构和各单位的人事管理部门在开展这些工作时,必须遵循一定的原则,保证交流调配成果的积极性。

(一)依法进行的原则

公共人力资源的交流调配具有法制性,公职人员要按照法定的形式、程序、条件及要求进行交流调配。如《国家公务员暂行条例》第56条规定:"各级国家行政机关接受调任、转任和轮换的国家公务员,应当有相应的职位空缺。"这里说的职位空缺,一方面是说有与编制余额相应的职位空缺,不能因接受调任、转任和轮换的公务员而出现冗员现象,如果没有这种空缺,就不能进行交流;另一方面,也强调所接受的交流人员要与相应职位所要求的条件相吻合,如果不吻合,也不能进行交流。只有依法进行交流调

配,才能防范交流中任人唯亲、裙带关系等不正之风的出现,真正保证有能力的人员被调配到适当的工作岗位上去。

（二）量才使用的原则

公职人员由于受教育的程度不同,成长道路的不同因而具有思想上、性格上、能力上和业务专长上的差异。成功的交流应该是尽可能将公职人员调配到适合其发挥能力和特长的职位上,使其才能及至潜能得以充分发挥,达到人事相宜的目标。

（三）科学性和有序性相结合的原则

即公职人员的交流调配必须列入计划,有针对性地进行,不能造成混乱,必须保证行政效率的提高和公职人员队伍的稳定。如以调任为例,从对象上看,既包括在职的国家公职人员,也包括在公职人员系统之外工作的有关人员;从调任的范围上看,既包括行政机关中的公职人员调离公职人员系列,也包括非公职人员系列的人员调入公职人员系列;从调入的条件上看,不仅是调入者符合拟任职务所要求的思想水平、业务能力等要求,同时还要对调入者进行旨在使其了解行政管理工作特点和必备知识的培训,然后才能上岗;对调出公职人员系统者,还要搞好其与接受单位的交接。正是这一系列的规定,才保证了调任的科学性和有序性,使调任形式富有成效。

（四）合理兼顾组织与个人利益的原则

公共部门是一个庞大有序的整体,其宗旨在于为最大数量的人谋取最大的幸福,这就决定了公职人员有义务服从组织因工作需要而作出的交流调配安排,并按规定的期限到职就任,不得拖延或拒不服从安排。当然,公职人员也有其切身利益和合理要求,在不违反政策和有关规定的前提下,组织可以灵活地、实事求是地处理好这些问题,使公职人员减少后顾之忧,调动其积极性。

三、公共部门人力资源交流调配的形式

我国现行的公职人员交流调配措施主要是针对国家行政机关的公务员,它根据交流调配对象的不同与交流范围的不同,采用调任、转任、轮换和挂职锻炼四种基本形式。

（一）调任管理

《国家公务员暂行条例》第57条第一款指明："调任，是指国家行政机关以外的工作人员调入国家行政机关担任领导职务或者助理调研员以上非领导职务，以及国家公务员调出行政机关任职。"调任的目的是为了满足国家建设和工作需要，调剂行政机关的职位余缺，调整公务员队伍结构，加强行政机关与其他机关的联系和交流，促进公务员和其他组织工作人员的个人成长与发展等。

调任包括调入和调出两个基本内容。所谓调入，就是《国家公务员暂行条例》第57条第一款中规定的"国家行政机关以外的工作人员调入国家行政机关担任领导职务或者助理调研员以上非领导职务"的部分。这种做法有利于吸收政府行政部门系统以外的优秀人员加入国家公务员队伍，扩大选拔优秀公务员的范围。但是，为把住入口的质量关，还必须对调入者有相应的要求和程序，《国家公务员暂行条例》第57条第二款明确规定："调入国家行政机关任职的，必须经过严格考核，具备拟任职务所要求的政治思想水平、工作能力以及相应的资格条件。考核合格的，应当到行政学院或者其他指定的培训机构接受培训，然后正式任职。"这一法定限定，为保证非公务员系统的人员调入公务员系统的质量提供了重要保证。所谓调出，是指《国家公务员暂行条例》第57条第一款规定的"国家公务员调出行政机关任职"的部分。由于该条第三款明确指出："国家公务员调出国家行政机关后，不再保留国家公务员的身份"，其作为国家公务员所享受的待遇也将随之消失，所以调出的工作必须十分慎重。一般来说，应由本人申请，经管部门审批，其相应的工资和其他待遇，也要由接收单位确定。

（二）转任管理

《国家公务员暂行条例》第58条第一款规定："转任，是指国家公务员因工作需要或者其他正当理由在行政机关内部的平级调动（包括跨地区、跨部门的调动）。"从定义上看，转任具有以下特点：第一，转任是一种"平级调动"。不能在公务员的转任过程中改变公务员的职务或级别，确因工作需要而必须晋升或降职的，则按有关规定中限定的条件和程序办理。转任作为公务员交流的一种形式，也关系到对公务员的积极性及国家公务效率的影响，必须慎重行事。第二，转任是公务员在行政系统中的内部流动活动。只有符合法定条件，公务员无论是跨职业、跨单位，还是跨地区、跨部门，都可以交流调配，不涉及公务员身份的确认和消失问题。转任适应以下几种基本情形：

（1）对超编人员的调整和空缺职位的补充。

（2）根据工作需要和合理使用人员的原则,通过转任对公务员进行职位调整的工作。

（3）因为工作的需要,有组织、有目的地抽调人员充实或加强某一方面。

（4）对在工作中由于用非所长、专业不对口,人员关系不协调,以及人员自身身体条件等原因,需要调整职位的。

（5）解决有关人员个人生活困难的。

（三）轮换管理

《国家公务员暂行条例》第 59 条第一款规定:"轮换,是指国家行政机关对担任领导职务和某些工作性质特殊的非领导职务的国家公务员,有计划地实行职位轮换。"实行轮换制度的意义在于:一是对锻炼和培养公务员领导骨干具有积极作用。通过有计划地进行职位轮换,使公务员在不同的工作职位上工作,开阔视野和思路,增长知识和才干;二是有利于公务员队伍的廉政建设。特别是一些特殊工作性质的岗位,诸如管理人、财、物以及审批计划、指标或执法监督的公务员,时间一长,往往易受这种特殊工作的诱惑而走上以权谋私甚至是犯罪的道路。所以,定期对这类公务员进行轮换,可以维护公务员队伍形象和加强行政机关作风建设。

国家公务员的职位轮换,按照国家公务员管理权限,由任免机关负责组织。进行公务员轮换应注意以下几个问题:第一,轮换是行政机关对其所属公务员的单方面管理行为,通过行政指令调动实施。轮换也属于行政机关内部交流,但一般在本系统上下级机关之间和同级政府各部门之间进行,也可在本单位内部进行。第二,轮换工作必须有计划地组织实施。轮换的人员、轮换的具体方式、轮换的工作衔接、轮换的周期等都应作细致的通盘考虑。如果涉及公务员的职务任免问题,还要由有关部门配合相应的组织和人事部门来组织。所以《国家公务员暂行条例》第 59 条第二款补充规定:"国家公务员的职位轮换,按照国家公务员管理权限,由任免机关负责组织。"

（四）挂职锻炼

《国家公务员暂行条例》第 60 条第一款规定:"挂职锻炼是指国家行政机关有计划地选派在职国家公务员在一定时间内到机关或者企业、事业单位担任一定职务。"

挂职锻炼是我党培养青年干部的优良传统和做法,它的目的是为了培养年轻干部,开发公共部门的人力资源,以便形成良好的干部梯队。挂职锻炼的主要对象是:一是无领导经验的公务员,为取得全面的领导经验,到基层单位担任某一领导职务的锻炼。二是初任的青年公务员,缺乏实践经验,到基层单位任职,从事具体业务工作,了解实际,积累经验和增长才干。挂职锻炼不涉及公务员行政隶属关系的改变。它不改变双方单位的编制,不办理公务员的调动手续。只在一定时间内改变挂职锻炼公务员的工作关系。公务员在人事行政上仍受原机关管理,只在业务上受接收单位的领导和指导。挂职者需"担任一定职务",这样做是为防止挂职无所事事,使挂职锻炼流于形式,挂职锻炼者担任一定的职务,可以在实际工作中得到切实的锻炼,达到增长才干的目的。挂职锻炼的去向是"基层机关或者企业、事业单位",这里的"基层"是个相对概念,根据有关文件的规定,一般地市(含地市)以下的机关属国务院和省级政府公务员挂职的基层机关;地市级政府中公务员挂职的基层机关,是县级以下的机关(含县级);县级政府机关公务员挂职锻炼的基层机关,则是乡、镇或街道机关。至于去企业、事业单位挂职,则由选派机关根据具体情况决定。另外,挂职具有一定的计划性,在我国挂职锻炼的期限一般为一至两年,这样既可照顾公务员所在单位的工作,也可使挂职锻炼的公务员有充分时间达到锻炼的目的。

第二节　公共部门人力资源离职管理

一、公共部门人力资源的辞职

(一)辞职的含义

公共部门人力资源的辞职是指公共部门人力资源由于某种原因,依照法律、法规的规定,终止其与公共部门的任用关系,从而脱离公职部门的行为。

公共部门人力资源辞职包括辞去公职和辞去领导职务。辞去公职即辞去现任职务,脱离原公共部门的工作关系,终止原有的义务、权利关系和享受的待遇。辞去领导职务即辞去现任领导职务,脱离自己所处的领导职位,终止相应的义务、权利关系和享受的待遇。

公共部门辞职制度的建立,为公职人员的择业留有余地,为长期被埋没的人才提供施展才能的机会,创造出一种留住人才、凝聚人心的条件,有利于人才的健康成长。同时,辞职制度的建立还为公共部门人力资源的分流提供有效途径,有助于公共部门人力资源结构的优化,调动广大公职人员的积极性和创造性。此外,公共部门人力资源辞职制度使他们可能根据社会的需要,自身的兴趣、条件和发展潜力,自主地、适当地重新选择职业和单位,这有助于促进人才的合理流动和配置,提高公共部门的行政效率。

（二）辞职的类型

根据辞职原因的不同,可以将辞职分为因公辞职、自愿辞职、引咎辞职和责令辞职四种。因公辞职是指公共部门领导干部因职务变动而依照法律规定辞去现任职务的行为。基于职务变动原因而发生的因公辞职是公共部门人力资源的程序性行为,基本上不具有追究责任的含义。如我国公务员法规定:担任领导职务的公务员,因工作变动依照法律规定需要辞去现任职务的,应当履行辞职手续。自愿辞职是指公共部门人力资源因个人或者其他原因而自行提出辞去公职或现任领导职务的行为。如有些公职人员基于自身的健康状况、工作或专业志趣、人际关系状况、实际工作能力等个人原因或基于自己在社会公德、职业道德、政治言论、工作作风、工作纪律、职务行为等方面的原因申请辞职。如我国公务员法规定:担任领导职务的公务员,因个人或者其他原因,可以自愿提出辞去领导职务。

引咎辞职是指公共部门领导干部因工作严重失误、失职造成重大损失或者恶劣社会影响的,或者对重大事故负有重要领导责任,不宜再担任现职的,由本人主动提出辞去领导职务的行为。引咎辞职明显是自我追究责任的一种形式。我国公务员法规定:领导成员因工作严重失误、失职造成重大损失或者恶劣社会影响的,或者对重大事故负有领导责任的,应当引咎辞去领导职务。责令辞职是指党委及组织人事部门根据公共部门领导干部在任职期间的表现,认定其已不再适合担任现职的,通过一定程序责令其辞去现任领导职务的行为(拒不辞职的,应免去现职)。我国公务员法规定,领导成员应当引咎辞职或者因其他原因不再适合担任现任领导职务,而本人不提出辞职的,应当责令其辞去领导职务。

（三）辞职的特点

(1)辞职是公共部门人力资源的法定权利。我国宪法规定,劳动权是公民的基本权利之一。从广义上讲,劳动权包括择业权,而辞职是公共部门人力资源择业权利的一种形式。公职人员是否辞职,是辞去领导职务还是辞去普通职员身份,完全由公职人员个人自行决定,也就是说,公职人员对于他所享有的辞职权,既可以行使,也可以放弃。

(2)辞职必须经过法定程序。我国宪法规定:"中华人民共和国公民在行使自由和权利的时候,不得损害国家的、社会的、集体的利益和其他公民的合法的自由和权利。"公职人员辞职权利的行使必须按照法定程序进行,只有经过法定程序,辞职的法律行为才生效。

(3)辞职的主体受法律限制。即并非所有公职人员都可以辞职,尤其是一些在特殊岗位,从事特殊职业的公务员不得辞职。

(4)辞职享有辞职待遇。公职人员辞职后可按有关规定获得各种人事关系证明,并享有在特殊限制之外重新就业的权利。

(四)辞职的条件

公职人员辞职的条件可分为肯定性条件和限制性条件。

(1)肯定性条件。即指公职人员不愿意或不适合继续在公共部门任职,提出终止任职关系的请求。不愿意在公共部门任职的原因很多,如兴趣不足、学识不及、用非所长、另寻发展、薪酬以及自身性格等。不适宜继续在公共部门工作的原因也很多,如个人健康原因、能力局限等,还有因为过失造成的不良影响致使本人无法继续呆在原部门工作等。以上两种情况,都是公职人员自觉自愿的行为,不受其他外界强制。

(2)限制性条件。这是指对肯定性条件的限制和补充。公职人员辞职只有在既符合肯定性条件,又不在限制性条件之内才可能获得批准。如我国公务员法规定:公务员有下列情形之一的,不得辞去公职:未满国家规定的最低服务年限的;在涉及国家秘密等特殊职位任职或者离开上述职位不满国家规定的解密期限的;重要公务尚未处理完毕,且须由本人继续处理的;还在接受审计、纪律审查,或者涉嫌犯罪,司法程序尚未终结的;法律、行政法规规定的其他不得辞去公职的情形。

(五)辞职的程序

我国公职人员辞职必须经过以下程序:

(1)提出书面申请。公职人员辞去公职,应当向任免机关提出书面申请。任免机关应当自接到申请之日起 30 日内予以审批,其中对领导成员辞去公职的申请,应当自接到申请之日起 90 日内予以审批。

(2)由所在单位提出意见,按照管理权限报任免机关。

(3)任免机关人事部门审核。

(4)任免机关批准,将审批结果以书面形式通知呈报单位及申请辞职的公职人员。

(5)办理离职前公务交接手续,必要时按照规定接受审计。

二、公共部门人力资源的辞退

(一)辞退的含义和意义

公职人员的辞退,就是公共部门依照法定的条件,并依照法定程序,在法定管理权限内作出的解除公职人员全部职务关系的行为和制度。建立辞退制度的重要意义表现在以下方面。

(1)有利于改变传统人事制度中存在的"能进不能出"的弊端。中华人民共和国成立后,国家机关长期缺少辞退制度。公职人员身份一经确定,若无重大错误或触犯法律事件的发生,即使公职人员不称职,也将继续留在机关。存在着公职人员事实上的终身制,有损国家公职人员的形象。这项制度的推行,对于公职人员是一种鞭策,促使他们努力工作,积极向上,改变过去干好干坏一个样,不求有功,但求无过的官僚主义作风。

(2)有利于建立优胜劣汰的竞争机制。只有建立正常的新陈代谢机制,才能保持队伍的生机与活力。赋予公共部门必要的择人权,对已丧失任职条件,不适宜继续留在公共部门的公职人员予以辞退,实行优胜劣汰,是实现队伍新陈代谢的必要措施。它有利于营造"能者上、平者让、庸者下、劣者汰"的良好人事氛围。

(3)有利于提高公职人员素质,确保公共部门精简高效。由于公共部门工作复杂化程度逐步提高,会使原有的公务人员变得不称职,或不思进取,满足于现状,这将严重影响组织目标的实现。辞退制度作为公共人力资源管理必要的"出口",使广大公职人员产生危机感,进而化压力为动力,改善自身素质,提高工作效能。

(二)辞退的条件

辞退公职人员,不仅关系着被辞退者的切身利益,也关系着整个公职人员制度的建设。而要使这项工作做得好些,一个重要的前提条件,便是对公职人员的辞退条件作出明确、严格而又科学、合理的界定。就公务员队伍而言,辞退的法定条件主要有以下五点。

(1)连续两年被确定为不称职的公务员,可以辞退。公务员的年度考核结果是对公务员年度内履行岗位职责、公务员义务的鉴定。之所以规定两年的限制,充分考虑到了公务员的适应性因素。有的公务员由于种种客观原因,可能出现年度考核不称职现象,第二年经过努力,可以称职,甚至可以达到优秀标准。连续两年考核被确定为不称职者,说明已不能很好地完成和履行其所承担的工作和义务,不宜于继续留在行政机关工作。

(2)不胜任本职工作,又不接受其他安排的公务员,可以辞退。认定公务员是否胜任本职工作,从而决定对公务员的另行安排或予以辞退,是一项极为慎重的工作,必须本着对公务员本人负责和对行政机关负责的原则,对公务员的业务能力、思想水平、身体条件等作全面的考核。一般来说,对于在一个岗位上不胜任本职工作的公务员,主管机关和部门应考虑现职对公务员是否学非所用或用非所学,从而安排公务员到另一个较为适合其特点和能力的职位上工作。这样,对机关和公务员本身,都是有利的。在这种情况下,如果该公务员拒不接受对他的合理安排,就可以将其辞退。国外一些实行公务员制度的国家的有关法律也有类似的规定。如法国的《公务员总章程》规定,业务上确实不能胜任的公务员,如果不能再安排到另一职位上,则可以辞退。

(3)因单位调整、撤销、合并或缩减编制员额需要调整工作,本人拒绝合理安排的公务员可以辞退。政府机构的调整是社会发展过程中的必然现象,它与政府职能的转变密切相连。职能转变或消失,机构、编制也随之消失。职位变动的公务员应该从大局出发,主动配合政府进行合理分流。政府应充分保障公务员的权益,尽量对必须发生职位变动的公务员作出合理安排。如果公务员拒不接受有关的合理安排,行政机关有权将其辞退。

(4)旷工或者无正当理由逾期不归连续超过 15 天,或者一年内累计超过 30 天的公务员,可以辞退。所谓旷工,是指公务员没有正当理由,不经请假,就不在岗从事本职工作;所谓无正当理由逾期不归是指除不可抗拒力(疾病、自然灾害、意外事故等)外,公务员超过法定假的期限而不返岗工作。这两种情况,都构成公务员的违纪行为。超过一定的期限,必须承担相应的法律后果。作这样的规定,有利于严肃公务员纪律和工作作风,维护行政机关正常的工作秩序。国外一些国家也有类似的规定。比如,埃及的《国家文职工作人员法》,就规定了工作人员无正当理由缺勤达到 15 天以上,全年累计缺勤 30 天以上,必须予以辞退。

(5)不履行国家公务员义务,不遵守国家公务员纪律,经多次教育仍无转变或者造成恶劣影响,又不宜给予开除处分的公务员,可以辞退。权利和义务是相对应的,没有无义务的权利,也没有无权利的义务。赋予公务员必要的行政权力,是使其有效地开展工作,同时,公务员必须遵守纪律,履行法定义务。对拒不履行公务员义务,不遵守公务员纪律,经多次教育、劝诫仍无转变者,行政机关可行使其辞退权,以保持公务员队伍的基本素质和形象,严肃公务员的纪律。

为保障公务员权益不受侵害,国家公务员制度特别规定,有下列情形之一者,国家行政机关不能实施辞退:因公致残并确认丧失工作能力的;患严重疾病或负伤正在进行治疗的公务员;在孕期、产期及哺乳期的女性公务员。

（三）辞退的程序

辞退公职人员虽然也是公共部门的一项权力,但是这种辞退工作必须是既有利于保证公共部门的优化精干,又要保证公共部门不滥施这种权力,以确保公职人员的合法权益免受侵犯。基于此,我国辞退国家公职人员的程序,一般包含以下相互联系的三个环节。

(1)所在单位在核准事实的基础上,填写辞退公职人员审批表,在辞退建议中,必须说明辞退该公职人员的法定事由和事实依据,这样,才能体现管人与管事的统一,也有利于公职人员的身份保障。

(2)任免机关人事部门审核。对辞退事由进行核实,主要是对适用法律的准确性和依据进行审查,确认其情况是否属实,适用法律是否恰当,有无打击报复、公报私仇等不法行为。如果建议合乎法规要求,就可批准建议。如有问题,则可视问题的性质作出相应的不同处理:发现有打击报复等非法行为的,立即中止辞退程序,并追究有关人员的责任;如果建议的事由不充分和适用法规不当,则应将建议退回拟辞退公职人员所在单位;如果发现拟被辞退的公职人员应受惩戒处分或应受刑事处罚,还应作另案处理。

(3)任免机关以书面形式通知被辞退的公职人员本人,同时抄送有关人事部门备案。被辞退的公职人员有权知道自己被辞退的原因,如果认为自己的权利受到了侵犯,可依据辞退通知书按法定程序进行申诉。

（四）辞退的待遇

由于辞退不属于行政处分,所以与开除有着性质上的不同。公职人员辞退后的待遇也比开除后的待遇优越得多。我国关于被辞退人员的待遇规定如下:

(1)被辞退的国家公职人员,可根据国家有关规定享受待业保险。即被辞退的公职人员从暂时失去职业到再次就业期间,可获得物质上的帮助即待业保险,包括待业救济金、医疗补助费等。

(2)被辞退的国家公职人员,其个人档案由原单位或人才服务中心保存。

(3)被辞退的国家公职人员,不再保留国家公职人员身份,一定年限内不准重新录用到国家公共部门。符合条件,再次被录用的,其公职人员工龄合并计算。

第三节　公共部门离退休人员管理

一、离休

(一)含义

所谓离休,开始叫"长期供养",后来叫"免职休养""离职休养",是指国家公职人员在建国前参加中国共产党所领导的革命战争,或从事地下革命工作,或其他革命工作并脱产享受供给制待遇,达到国家规定退休年龄,或虽未达到规定退休年龄,但因健康原因不能胜任工作,依照法定程序退出工作职位,享有领取原工资额的退休金和高于退休标准的其他待遇,并接受有关部门的管理服务,以颐养天年。随着时间的推移具有享有离休待遇资格的人员将越来越少,直至没有。因此,离体只是暂时性退休形式,必将随着时间的推移而消失。

(二)建立公职人员离休制度的意义

公职人员离休制度是具有中国特色的公共人力资源出管理制度。它是在中国特定历史条件下的产物。建立离休制度意义重大,主要体现在以下几个方面。

(1)体现了党和国家对老干部的关心和爱护。党和国家不仅把离休制度载入了党章,而且还先后就离体的条件、待遇、安置和管理等一系列问题发布了许多文件,使离休制度不断得到充实和完善。

(2)是实现党和国家长治久安的必要条件。实行离休制度,让年老或有病的老干部退下来。实行新老干部有计划、有步骤地交替和合作。正是为了保证党和国家政策的连续性和稳定性,实现国家的长治久安。

(3)有利于稳定公职人员队伍。年老或丧失工作能力的人员离开职位后获得生活保障,使在职人员消除后顾之忧,尽心竭力地工作,创造业绩,这样可提高公职人员队伍的素质和保持公职人员队伍的稳定性。

(4)有利于发扬尊老敬贤的优良传统。离休金是干部离休前劳动创造的价值的延期支付,是应该享受的社会发展成果。同时,也是对老干部生平业绩的肯定。

（三）离休制度

公职人员离休制度是我国建立的公共人力资源出口管理诸制度中最具中国特色的。包括有关公职人员离休条件、离休待遇、离休安置、服务管理等方面的一系列规范和规定，是我们进行公职人员离休工作的行为规范和工作准则。

1. 离休的条件

离休的条件，是指公职人员办理离休手续应该具备的参加革命工作的时间条件和公职人员应该达到的年龄条件。

以参加革命工作的时间规定为依据，凡符合下列条件之一的公职人员可以离职修养：

（1）1949 年 9 月 30 日前参加中国共产党领导的革命军队的干部。

（2）1949 年 9 月 30 日前在解放区参加革命工作并脱产享受供给制待遇的干部。

（3）1949 年 9 月 30 日前在敌占区从事地下工作的干部。

（4）1948 年底以前在解放区参加革命工作并享受当地人民政府制定的薪金制度待遇的干部。

（5）在中国人民政治协商会议第一届全体会议召开之前加入各民主党派的成员，一直拥护中国共产党，坚持革命工作的，其参加敬命工作的时间可以从 1949 年 9 月 21 日算起，并可享受离休待遇。

以离休的年龄规定为依据，凡符合下列年龄状况条件的可以离职休养：

（1）中央、国家机关的部长、副部长、省、自治区、直辖市党委书记、副书记和省、自治区直辖市省长、主席、市长、副省长、副主席副市长及相当职务的干部，正职年满 65 周岁，副职年满 60 周岁。

（2）中央，国家机关的司局长、副司局长、省、自治区、直辖市党委部长、副部长和省、自治区、直辖市人民政府厅局长、副厅局长、地委书记、副书记和行政公署专员、副专员及相当职务的干部，年满 60 周岁。

（3）其他干部，男年满 60 周岁、女年满 55 周岁。

（4）上述干部，凡身体不能坚持正常工作的，可提前离休；确因工作需要，身体又能坚持正常工作的，经任免机关批准，可适当推迟离休时间。

（5）副教授、副研究员以及相当这一级职称的高级专家，经所在单位报请上一级主管机关批准，可适当延长离休年龄，但最长不得超过 65 周岁。

（6）教授、研究员以及相当这一级职称的高级专家。经所在单位报请省、自治区、直辖市人民政府或中央、国家机关的部委批准,可以延长离休年龄,但最长不得超过 70 周岁。

（7）学术造诣深,在国内外有重大影响的杰出专家,经国务院批准,可暂缓离休,继续从事研究或著述工作。

2. 离休后的待遇

公职人员离休的待遇,总的原则是:基本政治待遇不变,生活待遇略微从优。离休人员发给离休荣誉证书,落实安置地点、离休待遇高于普通退休待遇。

3. 离休公职人员的安置

国家公职人员离休以后可以根据具体情况和有关规定,就地安置和易地安置。易地安置的离休干部所需各项经费,由原单位汇交接受安置单位支付。干部易地安置后,由接受安置的地区负责管理和生活服务,享受与所居住地区同级干部相同的医疗生活待遇。随离休干部易地安置的配偶及待业子女、未成年子女,接受安置地区应准予落户。需要安排工作的,由当地人事、劳动部门负责安排。

4. 离休公职人员的服务管理

离休干部要按原单位或居住地区单独建立离休干部党支部,定期过好组织生活,建立定期集中的学习制度。

各级领导要主动关心离休干部,坚持平时重点走访和节日普遍慰问老干部的制度。经常了解老干部离休后的身体、思想、生活等方面的情况,反映他们的意见和要求,帮助解决好他们的某些实际困难,切实把离休老干部的晚年生活照顾好/安排好、服务好。

离休干部不占在职干部的编制,由发给离休工资的单位单列编制,定期报送编制主管部门。离休干部所需的各项经费由所在单位列入预算。

二、退休

（一）公共部门人员退休的含义

公共部门人员退休是指公共部门人员根据法律法规的规定,符合法定的年龄、工龄或其他条款时,按照法定的程序离开工作职位,按时领取退休金的行为。

（二）公共部门人员退休的作用

（1）有利于人员更新换代，增强公共部门人员队伍的活力。年老的公共部门人员退出公共部门，空出职位，由年轻人补上，这是一个自然规律。年轻人可以为公共部门人员队伍带来新的思想和活力，使公共部门永远充满生机。

（2）有效地避免了职务终身制。退休的条件在《公务员法》等法律法规中有明文规定，是带有强制性的，不受任何组织和个人意志的影响，是每个公共部门人员最终要履行的义务。符合退休条件的公共部门人员如果不离职，一方面其年老体衰、工作能力下降，会造成公共部门的工作质量和效率降低；另一方面，因其占有着一定的职位，无法为年轻人的进入提供岗位，会造成公共部门人员队伍的老化和冗员充斥。尤其是有一定领导权力的公共部门人员一般都不愿意轻言退休。所以退休制度的建立，可以对以上的情况进行控制，避免职务终身制。

（3）可以充分调动在职公共部门人员的工作积极性。一旦公共部门人员退休，就会有新的职位空缺，这就为年轻的公共部门人员提供了晋升的空间，进而会更加努力地工作以求得晋升。同时，完善的退休养老制度，也为年轻的公务员规划了一个未来的空间，让其能安心工作，不必为退休后的生活而担心。

（三）公共部门人员退休的条件

根据相关规定，我国公共部门人员的法定退休年龄是男性年满六十周岁，女性年满五十五周岁，另外，还有以下法定的规定。

（1）公共部门人员达到国家规定的退休年龄或者完全丧失工作能力的，应当退休。

（2）公共部门人员符合下列条件之一的，本人自愿提出申请，经任免机关批准，可以提前退休：工作年限满 30 年的；距国家规定的退休年龄不足 5 年，且工作年限满 20 年的；符合国家规定的可以提前退休的其他情形的。

在世界各国的退休制度中，在确定退休年龄时，有的国家一般还配以相应的工龄要求和参加社会保险的时间限制，要同时达到一定年龄和工作年限才可退休，如一些东欧国家；有的国家规定年龄和参加社保的年限同时达到法定的规定才可退休，如日本；有的国家规定根据身体条件可以提前或是推迟退休，如美国；有的国家规定根据不同的工作性质确定不同的退休条件，如法国。

（四）公共部门人员退休的待遇

一般来说，发达国家的退休待遇都是由社会养老保险制度来决定的。而我国根据《公务员法》等相关规定，公务员退休后，享受国家规定的退休金和其他待遇，国家为其生活和健康提供必要的服务和帮助，鼓励发挥个人专长，参与社会发展。

退休金的发放根据国家的有关规定分为以下两种情况。

(1)1993年9月30日以前已经退休的人员，参照同级在职人员的工资水平，适当增加退休金。退休人员一般按同职务在职人员平均增资额的90％增加退休费。离休人员按同职务在职人员平均增资额增加离休费。离退休前无职务的人员按中央和地方的有关规定确定增资额。

(2)1993年9月30日以后退休的人员，实行职级工资制。离休人员按原基本工资的100％发离休费。退休人员的基础工资和工龄工资按原标准的100％计发，职务工资与级别工资按照一定比例计发：工作满35年的按照这两项之和的88％计发；大于30年小于35年的按这两项之和的82％计发；大于20年小于30年的按这两项之和的75％计发。

其他待遇一般包括政治待遇和福利待遇两种。政治待遇是指公共部门人员退休后仍然享有各种政治权利，我国的公共部门大都设有专门负责退休人员管理的部门，这可以说是我国退休制度的一个特色。福利待遇又分为一般福利待遇和特殊福利待遇。一般福利待遇是指退休人员仍享有其在职时的公费医疗、住房标准、取暖、物价补贴等福利。特殊福利待遇指特殊贡献补助费、护理费、异地安家费。特殊贡献补助费是针对获得全国劳模、劳动英雄等称号的公共部门人员或是其他有特殊贡献的人员，以及被部队军以上单位授予过一定奖励的人员，在退休时，退休金标准可在一般标准基础上再提高5％～15％。护理费是对因工致残的退休公共部门人员所设置的费用。异地安家费是由原单位机关发给到异地安家退休人员的补助费用。

我国对退休人员的管理一般是由原单位负责，异地安置的由地方人事或民政部门负责，主要是管理退休人员的退休金的发放、福利的发放及其他相关的政治生活内容。由于管理机构比较分散，管理效果也不好，因而应该尽快建立和完善统一的养老保险制度，将公共部门人员的退休管理一并划入到统一的养老管理中。

第十二章　公共部门人力资源管理的战略转变与发展趋势

　　经济和社会的发展,关键在于人力资源,也即"人力资源是第一资源"。公共部门作为社会发展的领导力量,其自身的人力资源建设对于整个社会的发展有着重要作用。在人类步入 21 世纪的今天。公共部门所面临的行政环境正在发生着根本性的变化,经济全球化、社会信息网络化、管理科技化已经成为时代的强音。在这种背景下,传统的人事管理模式已经不能够满足时代的要求。因此,公共人力资源管理的变革和发展将成为一种常态。本章论述公共部门人力资源管理的战略转变与发展趋势。

第一节　公共部门战略性人力资源管理

　　人力资源战略管理是由公共部门所面对的不断发展环境促成的,是对人力资源管理作为组织一项关键功能的基本认同即发展人力资本价值和降低组织成本;人力资源管理战略是从职位管理为本向工作管理和雇员管理为本的转变,要求管理者理解如何才能使组织的人力资源管理功能相互关联,并与其内外环境相适应。

一、战略人力资源管理的内涵

　　战略管理是"企业高层管理者为保证企业的持续生存和发展,通过对企业外部环境与内部条件的分析,对企业全部经营活动所进行的根本性和长远性的规划与指导"。相对于传统人力资源管理,战略人力资源管理(strategic human resources management,SHRM)定位于在支持企业战略管理前提下的人力资源管理活动。

　　1984 年,密歇根大学罗斯商学院的丰布兰(Fom brun)、蒂奇(Tichy)和戴瓦娜(Devanna)等学者所著的《战略人力资源管理》(Strategic Human Resource Management)出版,该书提出的人力资源循环模型被后人称为"密歇根模型"。同年,哈佛商学院的比尔(Beer)、斯佩克特(Spector)、劳伦斯(Lawrence)、米尔斯(Mills)和沃尔顿(Walton)等学者所著的《管理人力资本》(Managing Human Assets),该书提出的人力资源领域导图模型被后人称为"哈佛模型"。这是两本先驱性著作,标志着战略人力资源管理领域的开端。

战略人力资源管理领域的学者纷纷对战略人力资源管理给出了自己的定义。

怀特(Wright)和麦克马汉(Mcmanhan)从功能角度提出,战略人力资源管理是为企业实现目标所进行和采取的一系列有计划、具有战略意义的人力资源部署和管理行为。该定义强调了人力资源的目标导向性、系统性、应变性以及战略匹配性等重要特点。

斯奈尔(Snell)提出,战略人力资源管理是通过能力获取、使用、保持与替换以及行为控制与协调实现人力资源管理与组织战略的系统整合。这一定义为人力资源管理与组织战略提供了一个系统构建的框架。

马特尔(Martell)和卡罗(Carol)提出,战略人力资源管理要符合长期性、匹配性、绩效性和参与性等特征,即要有长期的人力资源战略规划、人力资源管理与组织战略匹配、人力资源管理提升组织绩效并且直线主管参与人力资源政策制定。

达乐瑞(Delery)和多提(Doty)提出,战略人力资源管理实践包括内部职业机会、正规培训体系、业绩测评、利润分享、就业安全、员工意见投诉机制和工作设计等7个方面的内容。

科尔伯特(Colbert)从资源基础观的视角指出,人力资源管理体系是一个复杂的系统,受制度、情境和外部各种因素的影响。企业竞争优势的形成也不仅源于组织战略的有效实施,而且是企业在其成长过程中长期积累的结果。

艾伦(Allen)和怀特提出,人力资源在企业管理中承担战略角色,使得组织绩效提升成为战略人力资源管理的核心。

上述定义只是从不同角度给出的,反映了战略人力资源管理概念界定的各种不同观点,本书认为:战略人力资源管理是根据组织战略发展和个人职业发展的需要,将人力资源视为组织的核心能力的源泉,通过具有战略意义的人力资源管理相关实践活动形成组织竞争优势并支撑企业战略目标实现的过程。

二、战略性人力资源管理的特点

近年来,战略管理的一个显著的变化就是从关注企业绩效的环境决定因素转为强调企业的内部资源、战略与企业绩效的关系。例如,企业能力理论认为,与外部条件相比,企业的内部因素对于企业获取市场竞争优势具有决定性的作用。从企业资源基础的理论出发,许多学者相信,传统的竞争优势来源(如技术、财务资源的获得)已不再能以稀缺的、不可模仿的和不可替代的方式为企业创造价值。由于人力资源的价值创造过程具有路径依赖和因果关系模糊的特征,其细微之处竞争对手难以模仿。所以,企业的人力资源将是持久竞争优势的重要来源,有效地管理人力资源而不是物质资源,将是企业绩效的最终决定因素。这一研究显著提高了人力资源在形成竞争优势方面的地位,促进了从提高企业竞争力角度对人力资源管理的研究,并直接导致战略人力资源管理的兴起。

战略人力资源管理把人力资源管理视为一项战略职能,以"整合"与"适应"为特征,探索人力资源管理与企业组织层次行为结果的关系。其着重关注以下几方面内容:

(1)人力资源管理应完全整合进企业的战略。

(2)人力资源管理政策在不同的政策领域与管理层次间应具有一致性。

(3)人力资源管理实践应作为日常工作的一部分被直线经理与员工所接受、调整和运用。

因此,正如罗纳德·舒勒所指出,战略人力资源管理由哲学、政策、计划、实践和过程等构件组成。

然而,尽管大量的战略人力资源管理研究都冠以"战略"的标牌,但学者们对"战略"却有着多种不同的认识。如亨德里和佩蒂格鲁的战略人力资源管理主要关注环境因素与人力资源管理政策间的关系,把人力资源管理政策视为因变量。舒勒和杰克逊的战略人力资源管理则是针对波特的三种一般竞争战略,提出与之相联系的人力资源管理战略,强调每一种不同的竞争战略需要不同的人力资源管理政策组合。德利瑞和多蒂的战略人力资源管理则干脆识别出一些具有战略性的人力资源管理工作,其中包括:内部职业机会、正规培训系统、结果导向的评估、利润共享、雇用保证、员工参与和工作描述。更多的战略人力资源管理研究者则关心各种人力资源管理实践与企业绩效间的关系,并认为由于这一关系对企业的生存与发展是至关重要的,因而这一关系是战略性的。战略概念的不同导致战略人力资源管理领域存在着多种不同的观点,同时也预示着研究者需要对新兴的战略人力资源管理给予更多的关注。

三、公共部门战略性人力资源管理

所谓公共部门战略性人力资源管理,就是指将公共部门人力资源管理与公共部门的战略性目标紧密联系起来，以此改进人力资源管理部门的管理方式，发展组织文化，提高管理绩效的人力资源活动方式。战略性人力资源管理作为一种新的人力资源管理模式，是统一性和适应性相结合的人力资源管理，它要求组织的人力资源管理和组织的总体战略完全统一，人力资源政策在组织中的各个层面要完全一致，组织内各个部门的负责人和员工要把人力资源政策的调整、接受和应用作为他们日常工作的一部分。

战略人力资源管理的理念，首先由美国人提出，产生于20世纪80年代中后期。近年来这个领域的发展令人瞩目。对这一思想的研究与讨论日趋深入，并被欧、美、日企业的管理实践证明是获得长期可持续竞争优势的战略途径。相对于传统人力资源管理，战略人力资源管理（strategic human resourees management，SHRM）定位于在支持组织的战略中人力资源管理的作用和职能。目前，学术理论界一般采用 Wright ＆ Memanhan（1992）的定义，即为组织能够实现目标所进行和所采取的一系列有计划、具有战略性意义的人力资源部署和管理行为。

第二节 人力资本管理

一、人力资本理论

（一）人力资本理论的发展轨迹

1. 人力资本理论的思想渊源

作为一个完整的理论体系，人力资本理论的兴起始自20世纪60年代，但作为一种经济学思想，对这一范畴的研究却早已有之。人力资本理论的思想渊源向上可以追溯到具有现代意义的经济学创始之前。

（1）古典经济学之前的人力资本思想。人力资本思想在英国古典政治经济学创始人威廉·配第那里得到萌芽式的阐述，他提出的"土地是财富之母，劳动是财富之父"的著名论断具有极强的人力资本含义。他被认为是首次严肃地运用了人力资本概念的人。

（2）古典经济学时期的人力资本思想。在《国富论》中，亚当·斯密提出了以下的观点：第一，人的能力及其差别主要是后天人力投资的结果，应被视为资本；第二，人力资本投资的主要途径是学校教育和生产实践；第三,人力资本投资可以增加产出和国民财富;第四,人力资本投资需要花费一定的成本,但最终会获得回报。

亚当·斯密之后,经济学家们基本上形成了共识:人的知识和技能是财富的源泉,是一种重要的生产要素。在这一时期内,马克思关于劳动的许多理论观点也是人力资本理论的重要思想基础。他认为,劳动是创造社会财富的主要源泉,人类的具体劳动创造商品的使用价值,抽象劳动创造商品的价值。

(3)新古典经济学时期的人力资本思想。新古典经济学时期的标志性人物是19世纪末20世纪初最著名的经济学家阿尔弗雷德·马歇尔。马歇尔对人力资本理论发展的贡献是相当大的。主要有以下几个方面。

其一,他在威廉·配第关于核算人的价值的论述的基础上提出了移民的价值估算问题。

其二,在论述劳动及工资决定时,马歇尔多次提到劳动者增强本领、提高技能的过程就是人力资本投资和提升的过程。

其三,马歇尔分析了人力资本投资过程中的一些影响因素,如经济状况、家庭受教育程度和预见能力等。

其四,马歇尔特别强调教育作为人力资本投资的重要功能,甚至得出"所有资本中最有价值的是对人本身的投资"的结论;同时还明确区分了普通教育与工业教育。他认为,普通教育只是培养人的"一般能力",而后者则主要是培养"专门能力"。

此外,马歇尔还谈到了教育具有的间接的、非利益性的利益,强调"教育作为国家的投资"的意义。

2. 人力资本理论的形成

在西方主流经济学中,资本是作为生产要素而存在的,在土地不变的前提下,人们更多地研究劳动与资本在经济增长中的地位和作用,人力资本投资很少被纳入经济学的核心内容。20世纪60～70年代之后,建立在资本与劳动的同质性假定之上的传统经济理论对现实中的许多问题与现象无法给出合理的解释,这种状况直接导致对传统资本理论的突破和人力资本理论的兴起。

正是由于这些挑战,舒尔茨等人力资本论者认识到传统经济理论"缺乏一个完整的资本概念",因而主张放宽资本概念,将人力资本纳入原来的资本概念中。在这些经济学家的推动之下,人力资本理论才被纳入经济学的研究范围。

人力资本理论形成的标志是舒尔茨在1960年美国经济学会年会上所

发表的题为《人力资本的投资》的著名演讲,因此,他也被后人誉为"人力资本之父"。以此为开端,人力资本研究引起了经济学界的广泛关注。人力资本理论从一开始就形成了两种研究思路:一种思路被称为人力资本理论的宏观研究思路;另一种思路被称为人力资本理论的微观研究思路。

舒尔茨的人力资本理论主要有五个主要观点。

第一,人力资本存在于人的身上,表现为知识、技能、体力(健康状况)价值的总和。一个国家的人力资本可以通过数量和质量以及劳动时间来度量,如时间是人力资本的组成部分。有效、合理地使用与分配时间的能力,也是人力资本的构成部分。

第二,人力资本是投资形成的。投资渠道分为五种,包括营养及医疗保健费用、学校教育费用、在职人员培训费用、择业过程中所发生的人事成本和迁徙费用。

第三,人力资本投资是经济增长的主要源泉。舒尔茨认为,人力投资的增长无疑已经明显地提高了投入经济起飞过程中的工作质量,这些质量上的改进也已成为经济增长的一个重要源泉。有能力的人是现代经济丰裕的关键。

第四,人力资本投资是效益最佳的投资。人力投资的目的是为了获得收益。

第五,人力资本投资的消费部分的实质是耐用性的,甚至比物质的耐用性消费品更加经久耐用。

舒尔茨的观点震动了经济学界,影响日益深远。有的学者认为,舒尔茨的人力资本理论与知识经济思想同出一源。学习和研究人力资本理论对于深刻认识和理解已见端倪的知识经济大有裨益。舒尔茨人力资本理论的精华之所在是,批判和否定了传统的经济学普遍强调并夸大物力资本作用的观点,充分发掘和肯定了人力资本在促进经济增长中的核心作用。他不仅第一次明确地阐述了人力资本投资理论,使其冲破重重歧视与阻挠而成为经济学的一个新的研究领域;同时进一步研究了人力资本形成的方式与途径,并对教育投资的收益率和教育对经济增长的贡献作了定量的研究。他对未来持乐观态度,他认为决定人类前途的是人的能力而不是空间、土地、自然资源等其他方面。

3. 人力资本理论的发展

人力资本理论的研究和应用热潮,在经过20世纪70年代末到80年代前期短时间的冷化之后,在20世纪80年代,尤其是80年代后期,人力资本理论研究的势头更加猛烈。以罗默的《收益递增和长期增长》及卢卡斯的《论经济发展机制》为标志，经济学者们的研究视野进一步拓宽，尤其是开始注意研究发展中国家的经济发展，强调人力资本存量和人力资本投资。

人力资本虽然具有许多与其他资本一样的共性，但还具有自己鲜明的特点，概括为：

（1）人力资本是存在于人体之中，与其承载者不可分离，不能够直接转让和买卖，只能被出租，或转让使用权。

（2）人力资本的形成与效能的发挥都与人的生命周期紧密地联系在一一起，而且受其个人偏好的影响。

（3）一个人可能拥有不同形式的人力资本，但其总量是相当有限的，同时一个人所具有的非互补的人力资本也不能同时使用。

（4）人力资本的形成一般是在消费领域，当然有时也在生产领域。

（5）人力资本不仅是一种经济资源，而且还是一种含义更为丰富的社会资源。

人力资本理论突破了传统理论中的资本只是物质资本的束缚，将资本划分为人力资本和物质资本。这样就可以从全新的视角来研究经济理论和实践。该理论认为物质资本是指现有物质产品上的资本，包括厂房、机器、设备、原材料、土地、货币和其他有价证券等，而人力资本则是体现在人身上的资本，即对生产者进行普通教育、职业培训等支出和其在接受教育的机会成本等价值在生产者身上的凝结，它表现在蕴含于人身中的各种生产知识、劳动与管理技能和健康素质的存量总和。按照这种观点，人类在经济活动过程中，一方面不间断地把大量的资源投入生产，制造各种适合市场需求的商品；另一方面以各种形式来发展和提高人的智力、体力与道德素质等，以期形成更高的生产能力。这一论点把人的生产能力的形成机制与物质资本等同，提倡将人力视为一种内含与人自身的资本——各种生产知识与技能的存量总和。

（二）人力资本的主要特点

人力资源与人力资本的区别在于：人力资源是一种数量化概念，人力资本则是一种质量概念；人力资源反映不出人的素质差异，而人力资本能反映人的能力差异；人力资源是未开发的资源，而人力资本是人力资源开发的结果；人力资源自然状况强，不能反映人的素质的稀缺性，作为人力资本理论，它揭示由人力投资所形成的资本的再生、增殖能力，可进行人力开发的经济分析和人力投入产出研究；人力资源理论不仅包括了对人力投资的效益分析，而且作为生产要素，其经济学内容更为广泛和丰富。现代人力资源理论是以人力资本理论为根据的,人力资本理论是人力资源理论的重点内容和基础部分,人力资源经济活动及其收益的核算基于人力资本理论。相同点是:两者都是在研究人力作为生产要素在经济增长和经济发展中的重要作用时产生的。

人力资本的主要特点:

(1)人力资本存在于人体中,与其承载者不可分离。

(2)由于人力资本存在于人体中,并与其承载者不可分离,因此它不能转让和买卖。

(3)人力资本的形成与效能的发挥与人的生命周期紧密地联系在一起,人的年龄及其变化对人力资本具有决定性影响。

(4)一个人所能拥有的人力资本相当有限,这种有限性主要来自一个人的体力、精力和生命年限等自然条件的约束。

(5)人力资本的形成与效能的发挥还受其承载者个人偏好的影响。

(6)人力资本不仅是一种经济资源,而且还是一种含义更为广泛的社会资源。

(三)中国人力资本的现状分析

关于人力资本现状的观点是比较一致的,主要表现在下列几个方面:

(1)中国的人口数量虽然多,但真正高质量的人力资本却严重不足。

(2)人力资本存量不足,特别是中国农村(尤其是中西部)的人力资本严重匮乏。

(3)人力资本发展水平与发达国家相比存在重大差距。

(4)我国的人力资本利用效率低下。

(5)中国的人力资本结构是一种"小托大式"结构:高智能、高技术劳动力所占比重极小。

关于人力资本现状形成的原因,归纳起来主要有以下几个方面:

(1)认识上的误区,没有充分发挥市场在与人力资本有关的资源配置中的积极作用。人力投资成本与收益扭曲,影响了人力资本投资。

(2)资金的限制,政府财政投资是教育投资的主渠道,但受财政收入的限制、社会资金投资教育受体制的限制,居民特别是农村和中西部落后地区的居民的人力资本投资受收入水平的约束。另外,人口数量的过度膨胀限制和影响了人口质量的改善和提高。这造成教育投资总量不足,结构不合理。

(3)体制上的障碍,包括投资体制单一、就业体制僵化与人力流动机制的缺乏、行政官僚的管制过多。

（4）外部因素的影响，主要是"智力外流"造成大量人力资本的损失。有些学者研究表明我国中西部是人才的净流失地区。

（四）公共部门的人力资本理论

公共部门的工作人员在经济转型中的作用机理越来越远离微观干预，其对成本—收益分析的理性化程度逐渐提高，也就是公共部门工作人员更加注重以最小的投入获得最大限度的宏观经济增长拉动效应。

公共部门人力资本，可界定为公共部门工作人员为了实现公共服务的目标，后天获得的具有经济价值和社会价值的知识、技术、能力和健康等因素之整和。公共部门人力资本作为人力资本的一种重要类型，它具有和一般人力资本相同的一些内涵，比如体现经济价值的知识、技术、能力、健康和努力程度等因素。但是，在这些要素之中，最为核心的是公共部门人力资本充分运用公共权力为公民个人或其他组织服务的能力。在经济转型期，突出表现为制度创新能力、体制协调能力和宏观调控能力等。

二、人力资本管理的内容

人力资本管理是现代企业的重要特征之一。人力资本管理是一个广义概念，至少包括两个层面的内容。

一是企业把人力资本作为一种生产要素（即人力资源）进行的经营管理活动，亦称人力资本管理。人力资本管理所从事的主要工作，仍是过去人事管理、人力资源管理阶段的事务性工作，即在管理中主要处理工作中人的问题，以及人与企业的关系，如人员（人力）规划、员工招聘与遴选、员工工资与福利、员工考核与调配、职位升降、教育培训、劳资关系等。但是，人们必须更换工作思路，即首先必须将立足点从传统的人事管理、人力资源管理，转移到企业整体的人力资本管理上来。这些事务性工作要按照企业可持续发展的目标，制定出本企业的人力资本计划，加大人力资本投资与开发的力度，采取各种手段促使人力资本在企业内外的寻优配置，发挥出人力资本最大的增值能力。

二是企业把人力资本作为主要交易对象进行的买卖活动，即人力资本的运作或运营。企业人力资本运作效果也已充分地显示出来：日益风行的猎头公司和专业人才培训中心，通过对人力资本的投资和运作，使得人力资本在交易中最大程度地体现其价值和实现最佳配置，自身也从运作中赚了大钱。这一层面的人力资本运作虽不是每一个企业经营之必备，但会影响到企业人员的招聘、任用、激励制度，培训与教育等具体的人力资源管理活动。企业人力资本的管理,首先要充分调动每一个员工的积极性,发挥蕴藏在他们身上的人力资本这一无形资产的巨大潜能,推动企业物质资本扩张。其次要通过人力资本扩张追求企业全面的价值增值。

第三节 公共部门人力资源管理的挑战与未来趋势

一、公共部门人力资源管理的挑战

(一)公共人力资源管理的环境变迁带来的挑战

20世纪80年代以来,各国公共部门所面临的行政环境普遍有了变化。从生态学的视野来看,任何一个公共组织的产生和变革均与其所处的行政环境密切相关,正如行政学者利格斯所说的那样:"当我们研究一个国家的行政制度和行政行为时,不能只是从行政本身作孤立的描述和比较,而必须进一步了解它与周围环境的相互关系。"从这个角度出发,近年来公共部门管理环境的变化是导致公共人力资源管理变革的直接诱因。

1. 公共人力资源管理的环境变迁

(1)经济全球化。虽然"经济全球化"这个词至今还没有一个公认的定义,但是其已经显示出巨大的生命力,并给世界各国的经济、政治、军事、社会和文化等方面带来的深刻的影响。特别是20世纪90年代以来,以信息技术为中心的高新技术的迅速发展,大大缩减了各国之间的空间距离,使得世界经济越来越融为一个整体。经济全球化已经成为世界经济发展的必然趋势,也是各国经济未来发展依赖的外部环境。经济全球化给人类带来前所未有的繁荣和发展机,遇,同时也带来了巨大的风险和严峻的挑战。

经济全球化必然导致对全球人力资源的争夺。据统计,很多发达国家近两三年内对IT人才的需求至少有20%~30%的缺口,许多企业不是没有良好的机会和市场,而是人力资源的缺乏。这种争夺也必然包括公共部门之间,以及公共部门与私营部门之间的人力资源争夺战。经济全球化带来各国公共部门的零距离接触,并要求它们在提供公共服务时更加注重透明、效率和责任,这也就是政府能力的提高。而政府能力的一个重要表现就是公共部门人力资源素质的高低。因此,公共人力资源的国际化程度也就成为衡量一国公共人力资源总体素质高低一个重要标准。经济全球化要求公共人力资源的综合素质不断提高,也就是培养出具有智能型、复合型和多功能型的公共人力资源。

（2）社会多元化。随着网络社会的来临，社会结构呈网络化发展，社会利益的多元化趋势加强。这就对政府的公共服务能力提出了更高的要求，即要求政府的公共服务更人性化。由于公众的公共服务需求呈现的多样化、无序化，依靠维持一个常任制的庞大公务员队伍已经不能满足社会公众的需要，客观上就需要对传统政府人事管理体制进行革新。

另外，与社会多元化相适应，新一代社会公民的生活特点也发生着重要变化，即追求更多的空间与自由。新一代人追求更多的对自身命运的控制和在工作与非工作生活之间的平衡。他们倾向于迎接更多的挑战，而不是从一而终的雇主，固定的工作场所、一周五天的工作时间，以及一个规则的作息时间的工作方式。据美国 2002 年联邦人力资本调查显示，在超过 10 万人的问答者中，每三个联邦雇员中有一个以上的人正在考虑离开政府部门。由于公民生活的这些特点，政府中出现人力资本缺口将是常态。因此，只有不断更新公共人力资源管理模式才能够适应时代的要求。

（3）办公电子化。随着知识经济时代的到来，计算机和网络技术得到了前所未有的发展。互联网的运用彻底改变了传统的时空观念，并创造了不受地理边界约束的全球工作环境和视野。信息技术的发展，特别是网络技术的发展，对传统的组织运行机制提出了更高的要求。特别是组织内部信息技术的发展，直接导致公共部门的组织结构从传统金字塔式的高耸结构向"空心化"的扁平结构转变。在信息技术高度发展的今天，办公自动化和无纸化已经普及，原来可能需要多个工作人员在较长时间内才能完成的事情，现在只需要少量工作人员就可在短期内完成。

正因如此，也使得公共部门越来越认识到创造和使用这些信息技术的"人力资源"的重要性。此外，同计算机技术在其他领域的广泛应用一样，现代公共人力资源管理也在大量应用信息技术、公共人力资源管理日益呈现电子化的趋势。通过信息技术在公共人力资源管理中应用，可以减少公共人力资源管理部门的行政负荷，增加公共人力资源管理部门的战略管理角色、优化公共人力资源管理的流程、提高公共人力资源管理的工作效率。这主要包括公共人力资源管理的信息系统建设、电子人事政策法规、电子人力资源数据库、电子招聘、电子福利支付及电子绩效考评体系等。

（4）公共行政现代化。政府运行的外部环境和社会基础所发生的巨大变化，必然要求公共行政的现代化。它主要表现在政府行为能力的极大提升，与之相适应的就是行政效率的提高和政府改革进程的加速，特别是对外部环境的各种变化和公众的要求反应更加快捷,实现政府管理的科学化和民主化。而这场改革的重中之重便是对公共人力资源管理的变革。

从世界范围内的政府改革来看。西方国家在经历20世纪70年代的滞胀之后,为摆脱财政、信任、管理等危机,纷纷重新审视原来的政府管理理念。这其中所包括对传统政府人事管理理念的再思考。20世纪80年代后出现的新公共管理(NPM)等理论也支持这些国家从过重的负担中走出来,倡导给政府"减肥"。继而由特勒•盖布勒等人所倡导的"企业精神如何改革公共部门"运动兴起,呼吁将政府部门的主要活动纳入到市场选择的范畴中来,用新的标准来衡量政府的产出。在普遍要求重新审视政府绩效、缩小政府规模的背景下,既有的公共人力资源管理模式受到了前所未有的挑战。如英国、澳大利亚、新西兰等国家加大对政府自身的改革力度,在政府中实行"公司化改革",采用业务外包的方式将许多原本属于政府管理范围内的事情外包给社会,缩小了政府常任制公务员的数量。公共行政的现代化必然要求对传统的人事管理模式进行革新,实现公共人力资源、管理模式的现代化。

2. 环境变迁对传统公共人力资源管理的挑战

传统公共人力资源管理模式建立在工业社会和科层制的基础之上,强调以"常任制"为代表的公共人力资源管理制度。虽然传统的公共人力资源管理制度在应对工业社会时期的公共服务供给和公共管理现代化方面发挥了重要作用,但是在管理环境日新月异的今天,已经不能够适应时代的需要,呈现出种种不适。

(1)职务常任制难以适应时代需要。职务常任制被认为是经典文官制度的重要内容之一。在职务常任制之前的政府人事管理模式是一种"政党分肥"制度,公职被竞选成功的党派视作一种"战利品"而进行分配。这一制度极易带来政府管理的非连续性和定期的人员清洗。职务常任制度就是为了克服和避免"政党分肥制"而设计出来的,以保证政府工作人员任用的公正性和整个政府管理的连续性。职务常任制对工业经济时代的政府公务管理和发展起到了不可替代的作用,但在新的公共人力资源管理环境下已经很难适应时代的需要。

信息技术的高度发展是近一二十年的事情,而网络技术的膨胀性发展则是最近十年的事情。这就从客观上决定了当今公共部门中40岁以上的大多数工作人员对信息技术的掌控不足,而这部分工作人员大多又处于整个公共部门的中间层次,随着电子政务的深化,有些人已经不适应新经济下的政府工作,构成了所谓的中层"黑洞"。同时,由于长期生活和工作模式的惯性,这部分人对信息技术的教育和开发往往又存在不同程度的抵触心理。因此,如何打破职务常任制,就成为电子政府发展的瓶颈。此外,为了适应经济全球化和公共行政现代化的需要,在公共人力资源管理方面,如何打破传统的"只能进、不能出"人力资源管理局面和保持一支具有高素质的公共人力资源队伍也对职务常任制提出了挑战。20 年来,西方公务员制度正经历着一场"静静的革命",传统公务员制度的一些重要原则和核心特征正在被抛弃;合同制的出现致使永业制原则名存实亡;政治中立原则已经受到挑战;独立管理原则被动摇。以美国为例,曾经恪守的职务常任制已经被打破,为了保持公共部门的适应性,自 1993 年以来,其所裁减的公务员数量竟达 30 万人,除公共部门转制外,对一些年龄较大、身体条件差和业绩平平的公务员也鼓励其提前退休。

(2)烦琐的职位分类不适应新的公共人力资源管理环境。长期以来,职位分类被认为是公共人力资源管理的基石。由于传统的职位分类建立在工业经济的社会大分工基础之上,随着工业经济中专业分工的细化,公共人力资源的职位划分日趋烦琐,越来越不适应新的公共人力资源管理环境。这种职位分类方法在提高公共人力资源专业化的同时,也造成了公共部门的"部门主义"和公共服务的低效率,"工业时代的政府官僚机构既庞大又集权化,提供的服务千篇一律地标准化而又不看对象"。因此,传统职位分类的突破成为改革的必经之途。

首先,随着信息技术的发展,公共部门之中操作性的例行事务将逐渐被智能机器所取代,一些蓝领性的工作将走向终结,传统的职位分类方法急需调整。

其次,随着公共管理的职能范围的调整和发展,新行业和新职位不断涌现,原有的职位分类已经不能够完全涵盖。

最后,传统职位分类所带来的条条框框和公共部门的"职能分割"已经严重制约着公共服务部门的服务效率和服务质量的提高,成为整个公共部门改革的羁绊。如加拿大政府为了适应新环境下公共人力资源管理的需要,废除了原有的 72 套分类标准,代之以一种能够适应所有公共部门工作特征的评价体系,使人员分类更加简便易行,降低了管理成本,提高了公共人力资源管理的效率;美国纽约州的公务员系统曾经是美国最大的地方公务员系统之一,具有 17 万多公务员,为了减少复杂性和增加灵活性,其对本州公共人力资源的职位分类进行了重新设计,消除了 2000 多个职位分类。

(3)公共人力资源的考核制度新的管理环境的要求相差甚远。考核制度是公共人力资源管理的重要内容,通过对公务人员的考核,使其明白个人成长的方向,找到现存的不足。它是公共部门制定薪酬、培训、晋升和奖惩等各项人事制度的客观依据。而现存的公务人员考核制度是工业经济下考核制度的延续,与新的管理环境的要求相差甚远,急需改革和完善。主要表现在以下几个方面。

其一,考勤制度。在传统的公共人力资源考核中,公务人员的出勤状况是进行人事考核的重要依据,如我国公务员制度就将"勤"作为考核公务员年度绩效的重要指标。然而,在新的行政环境下,随着电子政务的发展,虚拟政府和网上办公将成为一种趋势。公务员无须再待在办公室里来完成工作任务,甚至很多公务可以在家中进行。美国的一些州已经认可公务员在家办公的合法性。这样传统的上班观念将得到彻底改变,传统的考勤制度也就变得形同虚设。公共人力资源的考勤制度也将从工作时间为中心(按工作时间出勤)向工作任务(按时、按质和按量地完成工作任务)为中心的转移。

其二,绩效评估制度。传统的公共部门绩效评估大都是以个人绩效为核心。把评估结果作为对公务员个人评判的依据。在新的管理环境下,社会公共事务复杂多变,组织内部的力量整合和团队合作才是解决问题的唯一之途。因此,公共部门人力资源的绩效评估制度将趋向以组织绩效为中心,个人绩效评估是以组织绩效为前提而展开。同时,公共人力资源绩效评估已经不再是着重评判某个公务人员个体绩效,而是作为改革公共部门管理和提高整个组织绩效的重要方式。

(二)公共人力资源管理的模式转变带来的挑战

为了弥补传统公共人力资源管理模式的不足,适应新的管理环境的要求,通常需要将时代特征融入公共人力资源管理当中,实现公共人力资源管理模式的转变。

1. 从战术性向战略性的公共人力资源管理转变

由于传统的公共人力资源管理长期扮演着一种职能性和顾问性的角色,就使它深深地带上了"行政事务性"的烙印。因而,无论从形式上,还是从高层管理者的心理来看,公共人力资源管理部门都只不过是组织中的一个普通部门而已,公共人力资源管理活动仅仅是操作性的,根本谈不上什么战略地位的问题。这种视野无疑极大地阻碍了公共人力资源工作在组织战略实施过程中作用的发挥,反过来又导致了组织战略实施的失败。

20世纪80年代初期,德鲁克等人提出要将人力资源管理和组织战略计划作为一个整体来考虑,戴瓦纳等人所撰写的《人力资源:一个战略观》一文成为战略性人力资源管理研究领域的标志。其后的 20 年间,关于战略性人力资源管理的研究呈爆炸性增长。从欧美的一些发达国家来看,公共人力资源管理已经从传统的战术性人力资源管理向战略性人力资源管理的转变。所谓战略性公共人力资源管理,就是指将公共人力资源管理与公共部门的战略性目标紧密联系起来,以此改进人力资源管理部门的管理方式、发展组织文化、提高管理绩效的人力资源活动方式。其试图通过确保组织获取具有良好技能和良好激励的员工,使组织获得持续的竞争力,从而形成组织的战略能力。战略性公共人力资源管理是对公共人力资源管理作为组织一项关键功能的承认,因而,把公共人力资源管理的功能上升到战略的地位,必将在公共部门的战略形成和战略实施过程中发挥重要作用。

2. 从刚性向柔性的公共人力资源管理转变

与工业社会的科学管理相一致,传统公共人力资源管理模式是以简单化、感性化为特征的刚性管理。这种管理模式是以控制、规章制度、惩罚等手段来管理和控制公共部门的工作人员,表现出了较强的强制性色彩。这种公共人力资源管理模式建立在不尊重组织中的“人”的特性、不顺应“人”的行为规律的基础之上。此时的公共人力资源管理强调比较多的是组织的权威性、等级性、执行性和各种行为的规范性,漠视公共部门工作人员的情感、个性、欲望和能力、习惯运用行政手段推行管理工作,按照“长官意志”办事、缺乏必要的沟通和合作。刚性管理过于强调以“规章制度”为本,是一种机械的、非人性化的管理模式,其结果是严重压抑公共部门工作人员的能动性和创造性。

柔性管理就是以高素质的公共部门工作人员为核心的现代公共人力资源管理模式,要求用“柔性”的方式去开发和管理公共人力资源。柔性化的公共人力资源管理能够避免传统公共人力资源管理模式的种种不足能带来下列种种好处:

(1)公共人力资源在组织中的地位空前提高,将组织内部的工作人员视作内部顾客,在尊重人的人格独立和个人尊严的基础上,提高公务人员的向心力、凝聚力和归属感。

(2)在公共部门之中采用较为灵活的组织形式、工作人员的积极性得到提高,能够实现组织内部的跨职能合作。

(3)人力资源管理部门的地位得到提高,人才可以在整个公共组织内部进行流动,实现公共人力资源的优化配置。

从某种意义说,柔性管理与近年来我国政府等公共部门所提出的人本管理具有一致性,都是强调在公共管理过程中,将公共人力资源视作组织的创造性资源,鼓励和激发他们的潜在能量,实现管理的最高境界——自我管理。

3. 从封闭式向开放式的公共人力资源管理转变

传统公共人力资源管理的最大特征就是封闭性,其缺点主要表现为:

(1)人力资源部门所有的情况非常普遍,强调人力资源的"部门主权",虽然口头上也讲要促进人力资源合理流动,但在实际工作中却对人力资源流动进行种种限制。

(2)按身份对人力资源进行划分,实行"身份鸿沟",主观上将人力资源划分为干部、工人等,并与他们的薪酬紧密结合起来,造成了"同工不同酬"的不平等局面;重视部门内部的管理,忽视与外部的联系。

(3)过于强调公共部门就业性质的永业性,形成了"能进不能出"的公共人力资源管理局面。在外部管理环境日益多样化和灵活化的今天,这种封闭性的公共人力资源管理模式只会加速公共部门的衰败和落后。

开放式公共人力资源管理的优点主要表现为:

(1)强调人力资源的自由流动,利用市场机制实现人力资源管理的最优配置。

(2)最大限度地开发和利用人力资源,避免人力资源的浪费,为人力资源的合理配置提供公平竞争的管理氛围。

(3)主张对公共部门"减肥",消除机构臃肿和人浮于事,实现公共部门人力资源管理的灵活性。

可以说,近年来西方国家的公共人力资源管理所进行的很多改革,都是试图改变传统公共人力资源管理的封闭性,实现公共人力资源管理的灵活性和有效性。如英国、澳大利亚、新西兰等国家加大对政府自身的改革力度,在政府中实行"公司化改革",采用业务外包的方式将许多原本属于政府管理范围内的事情外包给社会,由于大量的业务外包,缩小了政府常任制公务员的数量。

二、我国公共人力资源管理的发展方向

鉴于传统人事管理模式所存在诸多弊端,以及人事管理向公共人力资源管理演进的必然趋势。我们应该加速我国公共人力资源管理的完善和发展。当前,我国公共部门正处在体制改革的攻坚阶段,只有加深公共人

力资源管理的研究,充分重视公共人力资源管理在公共管理中的作用,吸收国外以及其他行业人力资源管理的有效经验,才能建立起一套符合中因实际的公共人力资源管理模式。

(一)建立科学的公共人力资源管理体制

鉴于我国传统人事管理模式的种种弊端,以及人事管理中出现的种种人治现象,当务之急是加快政府人力资源管理体制的建设。

1. 完善公共人力资源管理的分类机制

公共人力资源群体是一个庞大的群体。如果不划分出各个不同层次、不同类别的管理机制、管理中极易出现混乱的局面。因此,就必须从以下几项工作着手。

(1)必须严格划分公共人力资源管理的范畴,根据公共部门特殊性,进行科学的分类,什么样的公共组织构建什么样的人力资源管理机制,而对目前"干部"概念进行理清。

(2)分类管理的最重要的目的就是扩展公共人力资源的效用,高层次行政决策需要具有前瞻性的目光和高素质的人力资源,而例行性行政决策只需要有程序性的工作知识与能力的人力资源就可胜任。

(3)科学分类的目的就是为了针对不同的公共人力资源的特性,设计出不同的人力资源管理体制,特别是政府人力资源管理体制要能与企业、事业单位的人力资源管理体制区别开来。

2. 发展公共人力资源管理战略

公共部门进行人力资源管理不能只注重短期行为,或只抓人力资源管理某个部分环节,而要从长期和整体上来制定人力资源管理战略。

具体来说,也就是应该从整体性人力资源开发的高度来进行公共人力资源管理。对我国公共人力资源管理来说,应加大人力资源开发的力度,建立整体性的人力资源管理方略,或者说是实行大人才战略,即从内部全方位地启动人事部门,围绕盘活人力资源这个目标,将录用、调配、职称评聘、任免、奖惩、培训、交流、工资福利、保险、辞退及退休管理,都纳入到人力资源管理的总体中来;而从外部应把人力资源观念延伸到全社会,延伸到全市、全省、全国的高度来开发和管理公共人力资源。

3. 健全公共人力资源管理的法律体系

在公共人力资源管理法制化的过程中应注意三个层次的法律、规则体系的建立。

第一层次要加速制定基本法,从根本上明确公共人力资源管理在国家各项制度中的地位和作用,明确公共人力资源管理工作的性质、任务、内容,保证政府人力资源管理工作规范有序的运作。

第二层次是制定和完善各类干部管理法,我国已经颁布了《公务员法》,尽管该法对我国公共人力资源管理提供了较完善的法制框架,如涉及公务员的义务、权利、录用、考核、奖励、纪律等诸多的环节,但其中还有许多有待完善的地方。

第三层次是制定各种具体操作的单项法规,也就是在公务员法规定之后,再制定详细的具体环节的执行规范,这样就构建出了关于公共人力资源管理的宏观与微观层面上的法律体系。

(二)改进公共人力资源管理的方法

1. 加大公共人力资源管理的理论建设

发展出既能体现人力资源学科特性,又能体现公共部门与其他单位的区别的理论。可以说公共人力资源管理不但需要管理学、心理学、人才学等综合性知识,还需要政治学、行政学、法学及党建理论。公共组织的公共性、非营利性等特点就决定了公共人力资源管理有别于企业等私营部门的人力资源管理。因此,公共人力资源管理应不断地吸收新的人力资源管理理论在中国的应用,实现理论力法与国际人力资源管理相接轨。

2. 充分运用现代科学技术

充分运用现代科学技术提供各种现代化的人力资源管理方法和技术手段。近年来,随着因特网在中国的发展,昔日只可能在国外发生的变化也正在中国经历着变革。电子政务的发展,为公共部门提供了快捷,便利的信息沟通系统。昔日烦杂的人力资源管理环节,近年来已经可以在网上进行。如近年来我国的国家公务员录用考试就同时设立了网上报名和实地报名两种方式。同时各地公共部门也相继推出了各种人才信息网、电子招募大厅,为公共人力资源管理提供了更广阔的空间。

正是由于各种信息沟通的加快,使公共组织也相继发生了变化,中层逐渐缩小,人力资源主管能够直接控制的员工数目增多,也就为人力资源管理计划在实际工作中更好的实施提供了保证。

另外,近年来公共部门普遍进行减员、增效的改革,也从另一个方面改变了公共人力资源管理方法。过去公共人力资源管理大多是对公共部门中的永久性工作人员进行管理。而现在各地政府为了控制公务员编制、经费总额,将公共部门的一部分工作采用"外包制""合同制"给其他单位办理,或是雇用临时性人员,这部分临时性的公共人力资源也需要有效管理。可以说这种趋势使公共人力资源管理的范围得以加宽,而临时性公共部门工作人员的管理方法也有别于永久性工作人员的管理方法。

(三)加大公共人力资源的开发力度

公共人力资源质量的提高,关键的一步就是加大公共人力资源开发的力度。人力资源的开发就是以发掘、培养、发展和利用人力资源为主要内容的一系列有计划的活动和进程。

1. 建立充满活力的用人机制

公共人力资源管理中的起点就是选拔任用合格的人员。可以说在实际工作中要真正做到"选贤任能",如果没有好的制度,是不可能做到的。用人实质上就是对具有一定能力的人,通过科学的管理,做到人与事的结合,使其能力能够得到充分的发挥,使用过程也是人力资源开发的过程。要建立和完善充满活力的用人机制,做到"能者上,庸者下",实现"能进能出"的目标。

要达到这样的目标就必须做好用人过程中两个机制的创新:

一是创新竞争机制,在完善公共人力资源竞争机制方面进一步打破身份、地域限制,扩大企事业单位管理人员进入公职人员队伍的比例,吸收更多的优秀人才进入公务员队伍,"与私人部门争人才"。

二是创新激励机制,有效的激励除了组织上的荣誉、精神上的鼓励外,还必须建立有效的分配制度来激励政府工作人员。

公共部门只有建立科学有效力的人才激励机制,才能有效地增强人的内在动力,促进或诱导人的行为按预定方式行动,从而保证人才创造性的激励、工作绩效提高目标的实现。

2. 加大对公共人力资源的培训力度

为了满足社会对公共部门的需要,公共部门需要不断地提升自身素质。毫无疑问,公共部门人力资源培训将在这个转型中充当着至关重要的角色。培训将直接根据行政发展的前景对公职人员全方位地灌输新的管理理念、管理思想、管理原则、管理方法和管理技术。

具体说来在培训活动中,要切实符合公共管理现代化的要求,做到:

一是培训的主要内容要遵守实用原则。我们以往一些培训是安排单位的富余人员,或成为解决单位纠纷的一种手段,并且培训的内容与实际工作差别较大,只搞些形式,实质上类似于休假。

二是培训的方式要多元化,目前我国公共部门人力资源的培训中尚有"填鸭式"教学,即单纯从课本上传授知识,这样的培训很容易形成教学与应用脱节,因此应采用"小组讨论""角色扮演""情景模拟"等新形式。

三是加大对公共人力资源培训的投入,虽然培训公务员要花费一定的成本,然而如果具有人力资源是第一资源的观念,就会在人力资源的开发上加大自身的投入、形成良性循环。

(四)树立公共人力资源管理的新思维

1. 服务观念

世界各国在行政现代化的进程中,提出了服务行政理念。而服务行政推行的一个重要方面就是政府人力资源观念的革新,从"官本位"向公共服务提供者的理念转变。管理也就是服务,服务好,才能管理好。公共人力资源管理就要强调这一观念的转变,将公共人力资源从"官"转变成"仆",也就是为公众服务的服务者。

2. 能力建设观念

人力资源能力是人力资源总体水平的重要标志。只有能力较高的人力资源队伍才可以保证公共管理的持续发展。根据这一理念,首先要重视人力资源的能力建设,而不能搞忽视质量的数量建设。人力资源管理主要是围绕着如何提高人力资源的能力,以更好地实现人事结合。公共人力资源是国家公务的履行者、行政权力的行使者、社会事务的管理者,因此公共人力资源能力关系到政权的巩固、社会的进步、经济的发展。在全面加紧人力资源能力建设的今天,公共部门作为领头人,更应该加速自身的人力资源队伍的素质建设,只有公共人力资源的能力提高,才有可能适应社会的需要。公共人力资源管理中应该强调公共人力资源的思维能力、风险决策能力、依法行政能力、国际协调能力等多种能力。

3. 效率观念

通过采用先进科学技术的公共人力资源管理,为其提高管理效率提供了可能。目前有些地方在办事过程中拖拖拉拉,不讲效率或者搞文山会海、公文旅行,该办的不办。对我国公共部门来说,如何依法行政,如何提高行政效率,是一个迫切需要解决的问题。而这个问题的解决,却有赖于公共人力资源总体素质的提高。因而在当前的公共人力资源管理中,公共部门应该加强自身队伍的效率观念,强化公共服务效率。

三、公共部门人力资源管理发展的总体趋势

随着时代的变化,社会经济的发展,科学技术的进步,组织形式的不断革新以及作为人力资源管理的对象——人的变化,人力资源管理在管理理论、管理实践和管理方式上都在不断地变化。经济的全球化趋势改变各个领域的管理哲学与管理实践,其中人力资源管理首当其冲。人力资源管理实践必须符合并且适应现代管理理论的新趋势,传统的人力资源管理受到挑战。

(一)组织的扁平化、开放化、网络化、学习化

随着网络化时代的到来,经济变成网络体系,并由变化速率和学习速率所推动。组织日益变得扁平化、开放化,组织的层次在逐步减少,充分授权、民主管理、自我管理等网络特征已经出现,以团队为基础的组织及管理方式正在形成。

组织为了适应知识经济时代发展的需要,组织学习日渐成为不断提高并且持续保持组织适应能力的重要手段。而学习型组织则是通过持续有效地组织学习获得生存和发展机会的最具有竞争优势和最具有适应能力的组织形态。人力资源管理部门必须有效地组织系统学习,将建立和完善学习型组织作为其重要工作领域。

(二)人力资源的知识化或专家化

知识经济和知识管理时代的到来使组织的人力资源管理发生重大的变化,知识化与专家化的人力资源已成为组织人力资源管理的一个重要的组成部分。

对专家化人力资源的管理必须有别于传统的人力资源管理。如何进行有效的管理,主要表现在:公平、有吸引力的薪金与福利;公开、高效的信息沟通;公正平等的招聘政策;跨文化培训与管理;开放的知识分享与民主决策以及持续有效的系统激励模式。

(三)重视激励、沟通和绩效管理

重视建立新的激励机制来适应组织所面临的新挑战。新的激励机制

需要提高柔性战略下员工对组织的忠诚度,这需要报酬制度的创新。同时我们需要重新设计新的激励机制来鼓励知识的分享,培养更大范围内有效的沟通,有效的沟通是组织的一种资源。

信息和知识系统帮助组织在不同的业务单位之间整合和分享有价值的信息与知识,并且能够有效促进知识库的建构。人力资源管理也需要不断更新组织的绩效评价系统。

(四)文化培训和跨文化管理

经济全球化所带来的管理的文化差异和文化管理问题,已经成为人力资源管理领域的一个重要问题。当今和未来人力资源管理的一项职责就是克服组织内由文化差异引起的文化冲突,其有效的途径是实行跨文化管理和跨文化培训,强调经济全球化情况下跨文化的人力资源管理。在跨文化管理中,全球观念、系统概念、多元主义是培训文化开放与包容的思想基础,而有效的不同文化的交流与对话,特别是深度对话是实现文化整合和文化共享的重要途径。跨文化培训已经成为人力资源管理的重心所在,是实现文化整合的有力工具。

(五)强调战略性人力资源管理

将人力资源管理与组织发展战略目标的实现结合在一起。人力资源管理部门逐渐成为能够创造价值并且维持企业核心竞争能力的战略性部门,人力资源管理的变化必须与组织的其他领域互相匹配,才能保证组织在新的经营环境下保持并且维持竞争优势。

(六)加强行政(公共)伦理建设,重视解决人力资源管理中的道德问题

随着多元文化趋势和价值冲突的日益加剧,组织知识管理和网络化经营需要不同的文化、不同的价值的整合与共享,组织精神价值的整合作用、组织伦理操守的激励与约束作用已被越来越多的组织所重视。而人力资源管理的重要任务就是正确地揭示其价值内涵并且有力促其传播,尊重员工个人的价值有效整合于组织伦理价值之中。

(七)人力资源管理外包

人力资源管理活动的外包已经逐渐发展起来,即将组织的人力资源管理活动委托组织外部承担。人力资源管理外包的工作包括工资、福利、招

聘和培训等方面。

总之,未来人力资源管理总体发展趋势有以下特点。

(1)人力资源管理将更加具有弹性和适应性。

(2)组织的限制将变得越来越少,招聘方式成为组织竞争优势的来源。

(3)在经济全球化背景下,组织的竞争优势就是知识以及掌握知识的人。

参考文献

[1]边慧敏.公共部门人力资源开发及管理[M].北京:高等教育出版社,2009.

[2]蔡文.公共部门人力资源管理[M].上海:复旦大学出版社,2017.

[3]段华洽.公共部门人力资源管理[M].合肥:安徽大学出版社,2010.

[4]方振邦.公共部门人力资源管理概论[M].北京:中国人民大学出版社,2019.

[5]甘月文.公共人力资源的管理激励——基于高校图书资料部门的个案分析[M].北京:线装书局,2012.

[6]葛玉辉.公共部门人力资源管理[M].北京:清华大学出版社,2016.

[7]李德志.公共部门人力资源管理与开发[M].3版.北京:科学出版社,2016.

[8]李和中,常荔.公共部门人力资源开发与管理[M].武汉:武汉大学出版社,2007.

[9]李和中.公共部门人力资源学[M].武汉:武汉大学出版社,2008.

[10]李涛.公共部门人力资源开发与管理[M].北京:中央民族大学出版社,2019.

[11]李志.公共部门人力资源管理[M].重庆大学出版社,2019.

[12]廉茵.公共部门人力资源管理[M].2版.北京:对外经济贸易大学出版社,2013.

[13]梁丽芝.公共部门人力资源管理[M].湘潭:湘潭大学出版社,2010.

[14]刘帮成,胡近.公共部门人力资源开发与管理[M].上海:上海交通大学出版社,2009.

[15]马辰威,吴敏,张洁."互联网＋"背景下公共部门人力资源管理[M].成都:四川大学出版社,2019.

[16]倪星,谢志平.公共部门人力资源管理[M].沈阳:东北财经大学出版社,2015.

[17]宋晓梅.公共部门人力资源管理案例分析[M].呼和浩特:内蒙古大学出版社,2016.

[18]孙柏瑛,祁凡骅.公共部门人力资源开发与管理[M].4版.北京:中

国人民大学出版社,2015.

[19]孙柏瑛.公共部门人力资源管理[M].2 版.北京:首都经济贸易大学出版社,2013.

[20]唐志红.公共部门人力资源管理[M].成都:西南交通大学出版社,2017.

[21]滕玉成,于萍.公共部门人力资源管理复旦博学[M].上海:复旦大学出版社,2018.

[22]王健.公共部门人力资源战略与管理[M].天津:天津人民出版社,2017.

[23]鄢龙珠.公共部门人力资源管理[M].厦门:厦门大学出版社,2010.

[24]杨文杰,杨勇刚,李林.公共部门人力资源与社会保障管理研究[M].保定:河北大学出版社,2013.

[25]杨艳东.公共部门人力资源管理[M].郑州:河南大学出版社,2013.

[26]尹蔚民,何宪.公共部门人力资源开发与管理[M].北京:中国劳动社会保障出版社,2013.

[27]张强,吴克昌.公共部门人力资源管理[M].武汉:华中科技大学出版社,2013.

[28]章海鸥,谢媛.公共部门人力资源管理[M].武汉:武汉大学出版社,2009.

[29]章小波.公共部门人力资源管理[M].广州:广东人民出版社,2017.

[30]赵曼.公共部门人力资源管理[M].武汉:华中科技大学出版社,2008.

[31]中国法制出版社.中华人民共和国行政法律法规全书[M].北京:中国法制出版社,2019.